Michel Reimon
Christian Felber

Schwarzbuch Privatisierung

Was opfern wir
dem freien Markt?

UEBERREUTER

ISBN 3-8000-3996-6

Covergestaltung: verlagsbüro wien / Kurt Hamtil

Printed in Austria
7 6 5 4 3 2 1

Ueberreuter im Internet: www.ueberreuter.at

Inhalt

Informationen über Hintergründe und neue Entwicklungen bei Privatisierungen, den GATS-Verhandlungen und anderen Themen finden Sie laufend aktualisiert unter www.reimon.net

Vorwort

»Privat« ist ein äußerst sympathisches Wort. Was privat ist, gehört einem, gehört *zu* einem, ist vertraut und intim. Man kann damit machen, was man will.

Aber was passiert, wenn plötzlich Dinge, die jeder Mensch braucht und auf die jeder Mensch Anspruch hat, zur Privatsache einiger weniger werden? Wenn sie also privatisiert werden? Trinkwasser, zum Beispiel, oder Gesundheit, Altersvorsorge und Bildung ... Was, wenn diese wenigen damit machen, was sie wollen? Ebendies geschieht, weltweit, und »Privatisierung« wird ein Wort, das immer mehr Menschen als bedrohlich empfinden.

Nach der Privatisierung haben die britischen Wasserversorger ihre Tarife um fast 50 Prozent erhöht und 20.000 Haushalten vorübergehend den Hahn abgedreht, weil sie die Rechnungen nicht mehr bezahlen konnten. Die Hepatitis-A-Fälle verdoppelten sich binnen weniger Jahre. In Südafrika brach eine Choleraepidemie aus, in Bolivien ein Aufstand. Auch in Atlanta, Grenoble und Potsdam wurde das Experiment mit der Wasserprivatisierung schnell wieder abgebrochen.

Private Spitäler lassen schwer kranke Kinder unversorgt, weil die private Krankenkasse der Eltern stundenlang nicht zurückruft und die Bezahlung genehmigt. Schulen werfen »Problemkinder« raus, damit sich nach der Privatisierung der Notenschnitt bessert. Private Bahnlinien schalten mit öffentlichen Geldern errichtete Warnsysteme ab, um die Betriebskosten zu sparen. Gewinnorientierte Gefängnisse streichen die Ausbildungsprogramme für Häftlinge und finanzieren die Wahlkämpfe von Politikern, die für längere Haftstrafen eintreten.

Privatisierung ist nicht nur der Verkauf von öffentlichen Unternehmen. Privatisierung ist auch die Aufgabe von vormals öffentlichen Aufgaben, der leise Rückzug der Gesellschaft aus ihrer kol-

lektiven Verantwortung. Und: Privatisierung bedeutet die Ausdehnung privatwirtschaftlicher Geschäftsmethoden auf früher gemeinnützige Bereiche. Die Grenzen sind fließend und daher stoßen wir in diesem Buch auch immer wieder auf Beispiele, in denen nicht »privatisiert«, sondern »liberalisiert« wurde.
Wir haben darauf geachtet, diese beiden Vorgänge präzise zu unterscheiden – aber voneinander trennen konnten und wollten wir sie nicht. Beide gehen immer Hand in Hand, denn niemand liberalisiert einen Markt, damit dann öffentliche Anbieter um die Kunden wetteifern.
Bei Krankenhäusern, Seniorenheimen, Schulen und Wasserversorgern existieren private und öffentliche Anbieter schon lange parallel – ohne Probleme: Bei den Privaten handelte es sich meist um gemeinnützige Unternehmen mit zumeist kirchlichen oder genossenschaftlichen Eigentümern – und nicht um profitorientierte, multinationale Aktiengesellschaften.
Das könnte sich deutlich ändern durch die Verhandlungen der Welthandelsorganisation zum GATS-Abkommen. Damit sollen weltweit Dienstleistungen liberalisiert werden. Das Wort Privatisierung kommt im Vertragstext nicht vor – und doch wird genau das die Folge des GATS sein. Es könnte den größten Ausverkauf öffentlicher Dienstleistungen aller Zeiten nach sich ziehen. Aber noch ist die aktuelle Verhandlungsrunde nicht abgeschlossen, noch kann man sich dagegen wehren.
Deswegen also jetzt ein »Schwarzbuch Privatisierung«.
Aufgrund der aktuellen Brisanz des Themas haben wir uns für inhaltliche Schwerpunkte entschieden und auf Privatisierungen bei der lebensnotwendigen Grundversorgung konzentriert. Dinge, die für jeden Menschen gewährleistet sein sollten: Gesundheitsversorgung, Altersvorsorge, Bildung, Wasser, Strom-, Verkehrs- und Kommunikationsnetze, dazu die öffentliche Sicherheit. Schwerpunkte zu setzen bedeutet, an anderen Stellen blinde Flecken in Kauf zu nehmen, dessen sind wir uns bewusst: Werften, Raffinerien, Berg- und Stahlwerke etwa – von den schweren Industrien verabschiedeten sich die Regierungen weltweit im Eiltempo. Vieles ging dabei schief und doch ließen wir diese Fälle schweren

Herzens beiseite. Auch auf die oft dubiosen Umstände der Ausverkäufe von Goldeseln wie Tabakfirmen oder Kasinos können wir leider nicht näher eingehen, es fehlt der Platz.
Das Buch sollte kompakt werden. In der kurzen Geschichte des globalen Privatisierungswahns sind die Desaster und Missstände aber bereits so zahlreich, dass wir selbst im Bereich der öffentlichen Dienstleistungen nur einen Bruchteil der Fälle behandeln konnten – es sind einfach schon zu viele. Und täglich trudeln von irgendeinem Eck der Welt neue Hiobsbotschaften ein.
Lassen Sie sich dennoch nicht verunsichern. Die Totalprivatisierung und ihre Folgen sind ein Versagen der derzeitigen globalen Politik. Die ist zwar fundamentalistisch marktgläubig, aber deswegen noch lange kein Naturgesetz. In Demokratien gibt es immer eine Alternative!

Michel Reimon
Christian Felber

Wien, Juli 2003

1

Der Zug nach Nirgendwo

Die Entgleisung(en) von Railtrack

17 Sekunden.
So lange dauerte es, bis der Zug der Great North Eastern Railway zum Stillstand kam, nachdem er über einer schadhaften Schiene entgleiste. Das stellten die Sachverständigen später fest. In diesen 17 Sekunden starben vier Menschen in den Trümmern des umgestürzten Speisewagens, weitere 30 wurden zum Teil schwer verletzt. Dann, so gaben Überlebende zu Protokoll, war es wieder gespenstisch ruhig. Die Menschen kletterten aus den Wracks der Waggons und versuchten zu verstehen, was gerade geschehen war.

Das Unglück von Hatfield (1)

Es ist Freitag, der 17. Oktober 2000, 12.23 Uhr. Der Zug von London nach Leeds besteht aus einer Lokomotive, sechs Waggons zweiter Klasse, dem Speisewagen, zwei Waggons erster Klasse und einem Schlusswagen.
Laut Frank Hyland, dem späteren Leiter der Untersuchungskommission, ist die automatische Geschwindigkeitskontrolle auf 115 Meilen pro Stunde gesetzt, als der Zug in der Nähe von Hatfield unter einer Straßenbrücke durchfährt. 43 Meter hinter der Brücke befindet sich eine schadhafte Schiene. Die Lokomotive rollt darüber hinweg, aber die Sachverständigen werden anhand von Spuren an ihrer Unterseite feststellen, dass die defekte Schiene in

diesem Moment schon begonnen hat sich aufzulösen. Unter dem Druck des Zuges zersplittert sie in über 300 Metallfragmente. Die ersten beiden Waggons schaffen es noch über die Schwachstelle, aber der dritte entgleist. Er neigt sich nach links und rammt einen Signalmasten.

Auch der vierte Waggon entgleist, aber wie durch ein Wunder bleibt er aufrecht. Der fünfte dagegen gerät in Schieflage. Der sechste wird von ihm mitgerissen, neigt sich noch stärker nach links. Der siebte schließlich – der Speisewagen – kippt, fällt auf die Seite, schlittert weiter.

Die Menschen in der ersten Klasse haben Glück; die Kupplung mit dem Speisewagen hält nicht stand und bricht, ihre Waggons werden nicht umgeworfen. Das automatische Bremssystem schaltet sich ein. Der Speisewagen reißt die Strecke auf, als er von den Gleisen schlittert. Er kracht gegen einen Strommasten, der das Dach zerfetzt, dann gegen noch einen.

Etwa 600 Meter hinter der fehlerhaften Schiene kommen beide Teile des Zugs zum Stehen. Vier Menschen, die zufällig im hinteren Teil des Speisewagens saßen, sind in diesem Moment bereits tot. Die anderen, die sich ebenso zufällig im vorderen Teil aufhielten, werden schwer verletzt überleben, unter anderem auch dank der Rettungsteams, die kaum zehn Minuten später an der Unfallstelle eintreffen.[1]

Im Laufe des Nachmittags wird die Tragödie von Hatfield das Hauptthema in allen Nachrichtensendungen. Die Öffentlichkeit reagiert aufgebracht und nennt den Schuldigen schon beim Namen, bevor die Untersuchungskommission überhaupt ihre Arbeit aufnehmen kann: Railtrack, das Unternehmen, das für den Betrieb und die Instandhaltung des britischen Schienennetzes verantwortlich ist.

Das Zugunglück war nicht das erste dieser Art: Beinahe auf den Tag genau ein Jahr zuvor waren in Paddington 31 Menschen gestorben, weil ein Signal für den Lokführer nicht einsehbar war. 1997 stießen in Southall zwei Züge zusammen, weil wichtige Sicherheitsvorrichtungen an der Strecke aus Kostengründen abgeschaltet waren. Sieben Tote und 150 Verletzte waren die Folge.[2]

Beide Male lag die Verantwortung für die Fehlerquelle im Bereich von Railtrack, einer einst staatlichen Gesellschaft, die erst wenige Monate vor dem Southall-Crash an die Börse gebracht worden war. Massive Einsparungen und Entlassungen hatten den Aktionären ein Kursfeuerwerk und üppige Dividenden beschert. Die Sicherheit war dabei aber offensichtlich unter die Räder gekommen. Oder auf der Strecke geblieben. Die Zeitung *The Guardian* nannte es schlicht »Price was too high to save this lifes«.

Die Uhr tickt

John Major war jener Mann, den die britischen Konservativen zum Parteichef und Premierminister machten, als selbst sie Margaret Thatcher nicht mehr ertrugen.[3] Das war 1990. In dem Jahrzehnt zuvor hatte die Eiserne Lady Großbritannien hart und entschlossen umgekrempelt. Sie hatte die einflussreichen Gewerkschaften entmachtet, den einst umfassenden Sozialstaat praktisch abgeschafft und die großen Staatsbetriebe zerschlagen und verkauft.

British Gas, British Airways, British Telecom – sie alle wurden gewinnorientierte Gesellschaften in Privatbesitz.

Die staatliche Eisenbahngesellschaft British Rail überlebte Thatchers Amtszeit. Denn Pläne zur Privatisierung der Bahn waren in der Bevölkerung so unpopulär, dass sogar die Eiserne Lady gezögert hatte. Als John Major in der Downing Street einzog, waren die Staatsbahnen der letzte Klotz am Bein des schlanken Staates, den sich die Tories wünschten. Aber das war nur eine Frage der Zeit, denn Transportminister Cecil Parkinson ließ keinen Zweifel offen: »Die Frage ist nicht, ob wir [die Eisenbahn] privatisieren sollten, sondern wann und wie.«

Tatsächlich griff auch Major das heiße Eisen nicht sofort an und bemühte sich vor allem im Wahlkampf 1992, das Thema möglichst nicht hochzuspielen. Er gewann.

Aber sowohl er als auch andere führende Köpfe der Tories rechneten damit, dass das ihre letzte Chance war. Die Konservativen waren seit über einem Jahrzehnt an der Macht. Irgendwann würde sich die Waage wieder zugunsten der Labour Party neigen, wahrscheinlich schon bei den nächsten Wahlen. Und die zeigte kein Interesse, das radikale Privatisierungsprogramm der Konservativen zu vollenden.

Also galt es, die verbleibenden Jahre zu nutzen, Thatchers Weg zu Ende zu gehen und das neoliberale Konzept vom schlanken Staat unumkehrbar umzusetzen. British Rail samt seinen Tausenden Bahnhöfen, Zehntausenden Kilometern Fahrstrecken und Hunderttausenden Beschäftigten musste daher dem freien Markt übergeben werden – so schnell es nur ging.

»Unser Ziel ist einfach«, sagte der neue Transportminister John MacGregor. »Die Qualität der Leistungen für die Öffentlichkeit und für die Kunden sollen verbessert werden.«[4]

Nur drei Monate nach der Wahl, im Juli 1992, wurde der entsprechende Gesetzesantrag eingebracht. Andere Privatisierungen waren nicht sehr erfolgreich verlaufen, vor allem, weil sich schnell mächtige private Monopole gebildet hatten, die kaum bessere Leistungen erbrachten als die alten staatlichen Monopole.[5] Daher sollte British Rail in mehr als 100 Einzelgesellschaften zerschlagen werden, die die Regierung dann zum Verkauf anbieten wollte. Allein 25 Gesellschaften sollten für den Personentransport auf den britischen Schienen zuständig sein. Vielen Menschen erschien das als Schnapsidee, entworfen am Schreibtisch, fernab jeder Realität. Nick Harvey von den Liberalen Demokraten nannte den Entwurf einen »Freifahrtschein für exzentrische Geschäftsleute, die gerne mal mit der Eisenbahn spielen wollen«. Damit meinte er wohl Richard Branson, Chef von Virgin Music, Virgin Cola, Virgin Air und bald auch Virgin Rail.

Im Unterhaus protestierten Abgeordnete aller Parteien, auch viele Konservative. Sogar im sonst eher bedächtigen Oberhaus brach eine erhitzte Debatte aus. Einer der Hauptstreitpunkte: Eine eigene Gesellschaft namens Railtrack sollte sich ausschließlich um den Betrieb des Schienennetzes kümmern. Bahnmanager hielten das für keine gute Idee. Und John Prescot, Transportminister im Schattenkabinett von Labour, warnte schon damals: »Dieser Gesetzent-

wurf lässt die finanziellen Anforderungen für eine adäquate Infrastruktur [...] völlig außer Acht.«[6] Er sollte Recht behalten.
Im November 1993 war die Zerschlagung von British Rail beschlossene Sache, ein entsprechendes Gesetz passierte das Parlament und wurde von der konservativen Mehrheit abgesegnet. In Anbetracht der Größenordnung der Aufgabe war das schnell gegangen, aber die Zeit drängte weiter. Das Gesetz allein reichte nicht, die Unternehmen mussten auch verkauft werden, um ihre Privatisierung unumkehrbar zu machen. Die Uhr tickte.
Im März 1994 wurde ein Zeitplan für die Angebotslegung für die Nachfolge-Unternehmen der zerschlagenen British Rail veröffentlicht. Zusätzlich zu Railtrack und den 25 Gesellschaften für den Personentransport mussten noch weitere 80 ausgegliederte Teilbetriebe privatisiert werden, entsprechend hektisch und unübersichtlich waren die Verhandlungen. Aber schon im Dezember 1995 wurden die ersten Teile verkauft.
1996 wurde das große Jahr des Abverkaufs. Alles musste schnell gehen, die Regierung verhandelte schon unter Druck. Manche Unternehmen wurden so billig abgegeben, dass die ursprünglichen Käufer sie binnen kürzester Zeit mit Gewinn weiterverkauften.
In diesem Jahr ging endlich auch das Sorgenkind Railtrack an die Börse. Dummerweise herrschte am freien Markt nicht sehr viel Nachfrage nach einem solchen Unternehmen, zumindest nicht von Seiten potenzieller Investoren. Also entschied sich das Finanzministerium, ein wenig nachzuhelfen, und erließ dem Unternehmen alle Schulden – im Namen der britischen Steuerzahler verzichtete es auf rund eine Milliarde Pfund. Nun fanden sich auch Kaufinteressenten. Railtrack war damit in die Selbständigkeit entlassen. Oder dem freien Markt überlassen, je nach Sichtweise. Im April 1997 wurde mit Scotrail der letzte Überrest der British Rail verkauft.
Im Mai waren Wahlen. John Major übergab die Schlüssel von Downing Street 10 an Tony Blair. Eine Wiederverstaatlichung der Eisenbahn war unmöglich, sagten Labour-Politiker danach. Die Unternehmen zurückzukaufen wäre schlicht und einfach zu teuer. Zufrieden waren die Briten mit dem neuen System kaum: Die

Fahrpläne und Tarife der vielen Anbieter waren nicht aufeinander abgestimmt, die Unpünktlichkeit der Züge dramatisch gestiegen, die Garnituren dreckig und ungepflegt.

Am 5. September 1997 war dieses Chaos der Zeitung *Die Zeit* eine Notiz wert: »Privatisierungsfans sollten hin und wieder in Großbritannien Bahn fahren. Seit dort 1995 die Staatsbahn in 25 Privatunternehmen zerlegt wurde, hagelt es Proteste wegen Verspätungen und überteuerter Tickets. Tester der britischen Verbraucherzentrale bekamen bei der Fahrplanauskunft bis zu 60 Prozent falsche Antworten. Die Tickets wurden ihnen schon mal zum doppelten Preis verkauft. Lahme Beamte kann nun keiner mehr verantwortlich machen, schuld ist die Marktwirtschaft. [...] Mit dem Bus zu fahren hilft leider auch nicht, denn der ist mittlerweile ebenfalls privatisiert. Kein Wunder, dass sich so mancher Brite heute nach den alten Zeiten zurücksehnt.«[7]

Am 19. September begann in Southall die Serie tödlicher Unglücke auf dem vernachlässigten Streckennetz. Bis zur Wiederverstaatlichung von Railtrack im Frühling 2002 mussten 55 Menschen sterben.

Major Mistakes

John Major und seine Regierung hatten bei der Privatisierung gepfuscht. British Rail war ein großes, schwerfälliges und ineffizientes Unternehmen gewesen, das Milliardenzuschüsse aus Steuergeldern verschlang und bei den Kunden unbeliebt war. Die Privatisierung schuf ein großes, schwerfälliges und ineffizientes Firmengeflecht, das Milliardenzuschüsse aus Steuergeldern verschlang und von den Kunden gefürchtet wurde. Es gab ein paar Dinge, die den Kunden nicht ganz koscher waren.

Erstens war da die Sache mit den Tickets. Jede Gesellschaft hatte ein eigenes Tarifsystem. Viele waren für sich allein genommen schon kompliziert, sie zu vergleichen aber war eine Wissenschaft. Zwar mussten an allen Schaltern alle Tickets verkauft werden – aber Beratung war nicht vorgeschrieben. Wer das Pech hatte, dass auf seiner Route zwei, drei oder noch mehr Gesellschaften aktiv waren, konnte verzweifeln. Oder fliegen – einigen erschien das wirklich als Alternative, denn Bahn fahren war nicht wie versprochen billiger geworden, selbst wenn man den richtigen Tarif fand. Das lag an einem kleinen Planungsfehler bezüglich des Konkurrenzdrucks: Die Lizenzen für einzelne Strecken wurden exklusiv vergeben – sobald sie den Zuschlag erhalten hatten, verfügten die Betreiber für die Laufzeit dieser Lizenzen über ein begrenztes Monopol. Und auch kleine Monopole sind ziemlich resistent gegen die Mechanismen von Angebot und Nachfrage.

Zweitens waren da die unzumutbaren Waggons. Sie waren schmutzig und stanken. Auch beim Reinigungspersonal war massiv rationalisiert worden. Außerdem waren die Wagen alt. British Rail hatte lange kaum noch Geld in den Fuhrpark gesteckt, vor allem in den Jahren unmittelbar vor der Privatisierung herrschte ein regelrechter Investitionsstopp. Neue Waggons sind teuer und brauchen lange um sich zu amortisieren. Die Linien-Lizenzen wurden aber nur für fünf Jahre vergeben. Unter dem Strich, so rechneten viele Betreiber, war es also rentabler, mit den alten Waggons zu fahren und den Vertrag nicht verlängert zu bekommen, als neue zu kaufen – und vielleicht gar dasselbe Schicksal zu erleiden. (Aus diesem Grund sind die Laufzeiten der Lizenzen inzwischen auf bis zu 20 Jahre verlängert worden, die Situation soll sich langsam bessern.)

Drittens: Unzuverlässigkeit und Verspätungen. »Die Verbindung von Blackheath ins Zentrum der britischen Hauptstadt betreibt die zum französischen Vivendi-Konzern gehörende Firma Connex South Eastern. Seit einigen Wochen gibt ihr Fahrplan allenfalls Anhaltspunkte, wann die Vorortbahnen verkehren. Die Reisenden erleben, dass Verbindungen kurzfristig gestrichen werden, verspätet sind oder auf freier Strecke einfach mal stehen bleiben«, bemerkte die *Frankfurter Rundschau* beim Lokalaugenschein.[8] Die *Daily Mail* schuf gar eine Serie namens »Eisenbahnelend«. Darin wurden genüsslich Geschichten ausgewalzt wie jene von den Reisenden, die von Blackpool nach Halifax neun Stunden brauchten anstatt zwei.[9]

Eine Besserung der Situation war leider nicht in Sicht, denn es gab, viertens, keinerlei vernünftige Planung und Entwicklung. London ist ein Flaschenhals, benötigt dringend zusätzliche Schienenwege bis ins Stadtzentrum. Aber Investitionen in die Infrastruktur einer Bahn sind eine kostspielige Angelegenheit und amortisieren sich sehr langfristig. Ende der 1990er erwarteten sich Investoren zweistellige Wachstumsraten von ihren Aktien und das am liebsten pro Quartal. Niemand wollte ein paar hundert Millionen Pfund in Schienen stecken, die sich erst in Jahrzehnten rentiert hätten. Dazu kommt, dass viele positive Effekte des öffentlichen Verkehrs sich einfach nicht in Profit ummünzen lassen: Was kümmert es eine Bahngesellschaft, wie viel Zeit, Geld und Energie in einer Stadt wie London jeden Tag im Stau verpuffen? Chris Austin von der Strategic Rail Authority, einer Eisenbahn-Behörde, die gegründet wurde, um die langfristige Planung zu übernehmen, kritisierte, dass die vielen verschiedenen Unternehmen nur auf ihren eigenen Vorteil bedacht seien, zu wenig kooperierten und kaum über ihren eigenen Tellerrand hinausblicken würden.[10]

Apropos Behörde. Das führt uns zu fünftens: dem Aufwand für die Regulierung. Die Grundidee einer Privatisierung lautet ja, ein Unternehmen dem Markt zu übergeben und der soll sich dann um alles kümmern. Weil er, so die neoliberale Sicht der Dinge, ohnehin alles besser kann. Da die Öffentlichkeit oft aber nicht ganz so bedingungsloses Vertrauen in den Markt hat, werden für sensible Bereiche meist Regulierungsbehörden eingerichtet. Das ist natürlich grundsätzlich absurd. Es geht ja auch niemand ins Solarium und trägt Sonnencreme auf, damit er nicht braun wird. Auf den Widerspruch von Liberalisierung und Regulierung werden wir noch genauer eingehen, hier sei nur festgehalten, dass beim britischen Bahnnetz der »Schutzfaktor« ständig erhöht werden musste:

Zunächst wurde der Posten des Rail Regulators geschaffen, der die Interessen der Öffentlichkeit vertreten sollte. Die änderten sich augenscheinlich immer wieder: »Die Funktionen und Pflichten des Rail Regulators sind dargelegt im Railways Act 1993, sowie berichtigt im Transport Act 2000, im Competition Act 1998

und, in Verbindung mit der internen Regulierung, im Channel Tunnel Rail Link Act 1996 und den Railways Regulations 1998.«[11]
Sicherheit und Hygiene an Bord der Züge waren so bedenklich, dass zu ihrer Kontrolle eine eigene Behörde geschaffen wurde, das Health and Security Council (HSC) mit einem ausführenden Arm namens Health and Security Executive (HSE).

Und schließlich entstand die bereits erwähnte Strategic Rail Authority, die einige Jahre nur inoffiziell existierte und in dieser Zeit den an Orwell, Kafka oder Monty Python erinnernden Namen Strategic Rail Shadow Authority trug. Das war der Sunblocker im Eisenbahn-Solarium.

Sechstens: Bei so vielen Behörden stellt sich natürlich die Frage der Effizienz. British Rail hatte eine sehr aufgeblähte Verwaltung gehabt, die teuer und ineffizient war und die Steuerzahler maßlos ärgerte. Die 106 Nachfolgefirmen brauchten alle einen eigenen – natürlich sehr schlanken – Verwaltungsapparat. Die Umstellung kostete 600 Millionen Pfund. Die Beschäftigten allerdings hatten nichts von dem Geld, sie verdienten ab jetzt weniger und arbeiteten mehr. Dennoch waren die laufenden Verwaltungskosten aller Unternehmen zusammen höher als die der British Rail zuvor, berechneten Fachleute.[12] Die Bahnunternehmen widersprachen dieser Darstellung auch nicht, sondern rechtfertigen damit unter anderem die hohen Ticketpreise. Die Kosten für die drei Regulierungsbehörden sind in dieser Analyse noch gar nicht eingerechnet.

Siebtens, für den Steuerzahler noch schlimmer: Auch die privatisierten Bahngesellschaften benötigten gewaltige Subventionen, um wirtschaftlich überleben zu können. Zwar waren diese um etwa ein Viertel niedriger als die der British Rail, doch dafür hatte das Finanzministerium ja auch viel von den Altlasten des Staatsbetriebes entsorgt. Die Subventionen waren den Unternehmen schon während der Privatisierungsverhandlungen vertraglich zugesichert worden, um den Konzernen den Einstieg ins Eisenbahn-Business schmackhaft zu machen. Schließlich, wir erinnern uns, drängte ja die Zeit. Was den Briten aber besonders sauer aufstieß, waren die hohen Gewinne, die die neuen Gesellschaften einfuhren. Verringerte Personalkosten und null Investitionen auf der einen Seite, teure Tickets und staatliche Zuschüsse auf der anderen – da blieb eine ganz schöne Spanne. Im ersten Jahr nach der Privatisierung machten die Erben der British Rail gemeinsam einen Gewinn von über drei Milliarden Pfund. Einen beträchtlichen Teil davon zahlten sie als Dividenden an ihre Aktionäre aus. Die Steuerzahler fühlten sich nicht veräppelt, sondern schlicht und einfach verarscht.

Achtens: Die Sicherheit sank. In fünf Jahren kam es zu ebenso vielen tödlichen Eisenbahn-Unglücken, die auf die vernachlässigte Infrastruktur zurückzuführen sind. Das erste davon ereignete sich in Southall. Sieben Menschen starben und 150 wurden verletzt, als ein Personenzug der Great Western Trains drei (!) Haltesignale passierte und in einen Güterzug krachte. Der Zug war mit zwei verschiedenen Warnsystemen ausgestattet, darunter das hochmoderne und teure ATP (Automatic Train Protection), das nur auf wenigen Strecken überhaupt installiert war. Aber selbst das ältere System hätte eine Notbremsung einleiten und den Unfall verhindern können. Doch aus Kostengründen waren beide Systeme ausgeschaltet. Great Western Trains wurde zu einer Strafe von 1,5 Millionen Pfund verurteilt.

Inzwischen erwirtschaftete Railtrack einen Gewinn von rund einer Million Pfund pro Tag.

Wenige Monate nach dem Urteil übersah ein Zugführer ein Signal beim Bahnhof Paddington. Wieder war kein Warnsystem aktiviert. 31 Tote und 159 Verletzte klagten an. Unter dem Druck einer empörten Öffentlichkeit schuf die Regierung Blair eine neue Regulierungsbehörde und zwang Railtrack, das ATP-System flächendeckend zu installieren – und auch in Betrieb zu nehmen. In der Folge begann (eine) fieberhafte Bautätigkeit, um jahrelange Versäumnisse nachzuholen. Das bedeutete plötzlich Baustellen auf jeder Strecke, noch mehr Verspätungen und endgültig das totale Chaos für die Fahrpläne.

»Statt einen Service wie in Deutschland oder Frankreich anzubieten, ist die britische Bahn auf dem Weg nach Absurdistan«, befand der *Spiegel*.[13]

Das Unglück von Hatfield (2)

Wie wohl jedes staatliche Bahnunternehmen in Europa war auch British Rail in dem Ruf gestanden, nicht sehr effektiv zu arbeiten – vorsichtig formuliert. 1992, als die Weichen zur Fahrt nach Absurdistan gestellt wurden, gab es 159.000 Bahnarbeiter. Fünf Jahre später, bei der Ankunft im Zielbahnhof, waren es nur noch 92.000. Hatten sich beim staatlichen Monopolisten 31.000 Arbeiter um die Instandhaltung des Schienennetzes gekümmert, so waren es jetzt nur noch 15.000 bis 19.000 Arbeiter.[14]

Eigentümer und verantwortlich für die Gleise war Railtrack. Aber das Unternehmen führte selbst keine Instandhaltungen durch, sondern vergab Aufträge an verschiedene Vertragsunternehmen, die ebenfalls aus der Privatisierung hervorgegangen waren. Die (verbliebenen) Arbeiter dieser Unternehmen waren ständig im ganzen Land unterwegs und kannten das Schienennetz. Sie meldeten Railtrack die reparaturbedürftigen Stellen. Railtrack hatte diese Teams bald im Verdacht, dabei vor allem an die eigenen Arbeitsplätze zu denken.

Ein Beispiel: Bei ganz feinen Sprüngen in der Oberfläche kann man eine Schiene maschinell abschleifen. Wenn diese wieder glatt ist, können sich die Sprünge nicht vertiefen – weil sie eben weg sind. Sind sie aber schon zu tief, muss die Schiene gewechselt werden. British Rail hatte nur eine Schleifmaschine besessen; die war bei der Privatisierung folglich nur an eine Firma verkauft worden. Die Arbeiter aller anderen Firmen hatten nun gar kein Interesse daran, einen leichten Schaden zu melden. Das wäre nur ein Auftrag für die Konkurrenz gewesen. Wenn sie dagegen behaupteten, dass die Sprünge so gravierend waren, dass die Schiene gewechselt werden musste, kamen sie vielleicht selbst zum Zug.

Bei Railtrack durchschaute man das natürlich und war bei der Auftragsvergabe vorsichtig. Es galt, die Kosten möglichst gering zu halten. Schließlich war nicht nur die Reparatur selbst zu bezahlen: Wenn eine Strecke gesperrt wurde, fielen Züge aus. Railtrack musste dann den Betreibergesellschaften Entschädigungen zahlen. Je länger eine Strecke gesperrt war und je stärker sie frequentiert wurde, desto teurer wurde es für Railtrack. Gerade bei den am stärksten belasteten Strecken lag also das größte Sparpotenzial ...

Der neoliberalen Ideologie zufolge ist ein solches Interessengewirr effizienzfördernd. Doch: Wenn früher ein Streckenarbeiter eine schadhafte Schiene entdeckte, meldete er das der Zentrale, es wurde ein günstiger Zeitpunkt für die Reparatur gesucht, die Strecke dann einige Stunden oder Tage gesperrt, die Schiene erneuert und die Strecke schließlich wieder freigegeben. Ziemlich sicher waren die internen Abläufe beim staatlichen Monopolisten nicht so kosteneffizient wie in jeder einzelnen der Nachfolgefirmen. Aber dafür gab es keine Reibungsverluste. In Summe funktionierte das öffentliche Modell, wo alle an einem Strang zogen, deutlich besser, das beweisen die Statistiken. So stieg die Zahl der schadhaften Schienen vom Sommer 1998 an binnen eines Jahres um 21 Prozent auf 937, wie ein Bericht der Regulierungsbehörde nachwies. Railtrack hatte zuvor nur 600 Schäden für diesen Zeitraum prognostiziert. Der Regulator Tom Winsor forderte energisch Maßnahmen, Railtrack verteidigte sich, Briefe gingen hin und her, aber nichts geschah. Winsor beschloss eine unabhängige Meinung einzuholen und beauftrage das Transportation Technology Center aus Colorado, die Situation zu untersuchen.

Unabhängig davon bemerkten Arbeiter von Balfor Beatty, einem der Wartungsunternehmen, Schäden an den Geleisen bei Hatfield und meldeten diese. Im Februar 2000 begutachteten Fachleute von Railtrack und Balfor Beatty die Stelle und kamen zum Ergebnis, dass Schleifen nicht reichte und die Schienen gewechselt werden mussten. Railtrack schrieb den Auftrag aus, Balfor Beatty bewarb sich. Den Zuschlag bekam aber das Konkurrenzunternehmen Jarvis, das einen Vertrag fürs Neuverlegen von Schienen hatte und nicht nur einen Wartungskontrakt. Für Mitte März wurde eine 27-stündige Sperre der Strecke beschlossen, in der die Arbeiten durchgeführt werden sollten. Der Waggon, der die Schienen transportierte, gehörte Railtrack, sollte aber von Jarvis-Leuten an die Schadensstelle gebracht werden. Wie die BBC später herausfand, gab es da wohl Koordinationsprobleme, und als der Reparaturtermin kam, waren die Schienen nicht vor Ort. Erst Ende April war dieses Problem behoben und die Arbeiter legten die Schienen neben die Gleise. Jetzt gab es aber keinen freien Zeit-Slot für die Reparatur und die dichteren Sommerfahrpläne standen unmittelbar bevor. Jarvis bot an, die Arbeit in fünf Blöcken zu acht Stunden zu erledigen, um die Behinderungen und Kosten möglichst gering zu halten. Jemand bei Railtrack fand das immer noch zu teuer und wollte die Arbeit in zwei Blöcken zu knapp viereinhalb Stunden erledigt sehen. Jarvis lehnte den Auftrag als unmöglich ab. Die Arbeit wurde auf November verschoben, wenn es wieder ruhiger wurde.

Der Streit zwischen Rail Regulator Tom Winsor und Railtrack-Chef Gerald Corbett eskalierte derweil. Seit einem Jahr gingen Briefe hin und her, der Ton wurde rauer, doch nichts änderte sich. In dieser Zeit waren wieder über 900 beschädigte Schienen entdeckt worden. Winsor deutete an, er könnte Railtrack die Konzession entziehen.[15]

Während dessen kontrollierten die Arbeiter von Balfor Beatty die Strecke weiterhin regelmäßig. Wöchentlich gingen sie die Strecke ab, alle drei Monate machten sie einen Ultraschall-Test. Im April zeigte dieser die Schäden der Schiene wie inzwischen gewohnt an, im Juli brachte die Messung kein Ergebnis. Das bedeutet, dass entweder das Gerät nicht funktionierte oder die Sprünge schon so groß waren, dass es kein Ergebnis mehr liefern konnte. Ob das Unternehmen, das bei der Auftragsvergabe übergangen wurde, Railtrack darüber ausreichend informierte, ist umstritten.

Im September jedenfalls wurde die Schleifmaschine nach Hatfield geschickt. Für die kaputte Schiene könnte das die richtige Behandlung zur falschen Zeit gewesen sein oder umgekehrt. Manche Experten glauben, dass das Schleifen bei tiefen Sprüngen die Situation noch verschärft.

Am 17. Oktober 2000, einen Monat vor dem neuen Reparaturtermin, zerbarst die Schiene schließlich unter dem Gewicht des Zuges von London nach Leeds und die vier Männer starben.

Railtrack-Chef Gerald Corbett kam zur Einsicht, die Privatisierung als solche sei »nicht geeignet, Sicherheit oder Investitionen zu optimieren«[16], und bot seinen Rücktritt an – zunächst allerdings vergeblich. Selbst der Verkehrssprecher der Konservativen, Bernard Jenkins, gestand öffentlich ein, dass die Privatisierung ein Fehler gewesen war.[17]

Acht Tage nach dem Unglück wurde der Bericht des amerikanischen Instituts fertiggestellt. Er wies nach, dass im Laufe der Privatisierung in den 1990er-Jahren die Netzerneuerung verringert worden war, obwohl mehr Züge eingesetzt wurden. Der Bericht empfahl mehr Kontrollen und Reparaturarbeiten.

Railtracks kurzes Glück und schnelles Ende

Railtrack war zu einem Kurs von 3,80 Pfund pro Aktie an die Börse gebracht worden. Ohne Schulden im Gepäck war dieser Preis ein Schnäppchen und so stieg das Papier bald auf 17 Pfund. Die Sparmaßnahmen machten das von McKinsey beratene Unternehmen bei Anlegern populär. Das änderte sich schlagartig, als nach jedem tödlichen Unfall die Sicherheitsauflagen verschärft wurden.

Zuerst das neue, teure Bremssystem, nun wurde Railtrack eine umfassende Sanierung des Netzes zwangsverordnet. Noch mehr Baustellen, noch mehr Geschwindigkeitsbeschränkungen, das hieß noch mehr Entschädigungszahlungen an die Zugbetreiber. Der Aktienkurs stürzte ab.

Im nächsten Februar, wir sind nun im Jahr 2001, entgleiste in Selby ein Zug. Das Unglück hatte nichts mit der Qualität des Streckennetzes zu tun, sondern wurde von einem Auto ausgelöst, das von einer Brücke auf die Gleise gestürzt war. Aber es gab zehn Tote und der Aktienkurs sank weiter.

Im März schrieb Railtrack das erste Mal rote Zahlen.

Das war zu viel für die (Groß-)Aktionäre. Gerald Corbett, dessen Rücktrittsangebot nach dem Hatfield-Unfall noch abgelehnt wurde, musste nun seinen Hut nehmen. Die Regierung gewährte einen Kredit in der Höhe von 4,7 Milliarden Pfund und sagte weitere Hilfen in der Höhe von 60 Milliarden zu.

Im Sommer befand sich die Aktie im freien Fall. Analysten der Bank ABN Amro wurden in der *Frankfurter Rundschau* mit folgendem wunderschönen Satz zitiert: »Um Railtrack weiterhin als Privatunternehmen von Anlegern finanzieren zu lassen, bedürfe es ›eines riesigen Transfers an Steuergeldern‹«.[18]
Im Herbst schoss der Staat 1,3 Milliarden Pfund zu, um die Instandhaltungsarbeiten zu beschleunigen. Railtrack versprach seinen Aktionären daraufhin 138 Millionen Pfund an Dividenden. Ein öffentlicher Aufschrei war die Folge.
Die Regierung reagierte und strich alle Subventionen; im Oktober musste Railtrack Konkurs anmelden. Die Aktien wurden vom Handel ausgesetzt. Am 7. November beantragte Verkehrsminister Stephen Byers die gerichtliche Bestellung eines Verwalters, der die Geschäfte leitet. Aktionäre bereiten eine Klage gegen die Regierung vor.
Im März 2002 einigte man sich, die Regierung zahlte den Aktionären eine Entschädigung von 200 Millionen Pfund und übernahm wieder die Schulden: diesmal 4,5 Milliarden Pfund. Railtrack wurde in eine öffentliche Stiftung mit Namen Network Rail umgewandelt. Gewinne sollen nun zur Gänze ins Streckennetz investiert werden.

Tausende Railtracks voraus?

Wenn die Privatisierung von British Rail für eines gut war, dann um zu beweisen, dass der freie Markt Grenzen haben muss. Es gibt Bereiche, die sich nicht dazu eignen, profitorientiert gemanagt zu werden – nicht weil es ökonomisch unmöglich wäre, sondern weil es gesellschaftlich nicht wünschenswert ist.
Das sollte keine Frage von ideologischen Grundsätzen sein, sondern von grundsätzlichen Interessen. Hunderttausende Briten benutzen die Bahn tagtäglich, um an ihren Arbeitsplatz zu gelangen. Das Verkehrsaufkommen ist in den Großstädten, allen voran London, schon jetzt so dicht, dass ohne öffentlichen Verkehr der Kollaps unvermeidlich wäre. Die Eisenbahnlinien sind, ganz ohne

falsches Pathos, Lebensadern der britischen Gesellschaft. Es liegt also im ureigensten Interesse der Bevölkerung, dass sie funktionieren. So pünktlich, so preiswert und so sicher wie nur möglich.
Neoliberale Politiker haben den Briten versprochen, dass das nach der Privatisierung besser wird. Sie haben sich fatal geirrt. Gelernt haben sie daraus wenig.
Hunderte Beispiele weltweit beweisen inzwischen, dass sich auch der Markt nicht um alles kümmern kann. Die Energiekrisen in Kalifornien und Norwegen, die Wasserprivatisierungen in Argentinien und Großbritannien, die Pensionsdesaster in Chile und den USA – je öfter und deutlicher die Schattenseiten des »Turbo-Kapitalismus« zu Tage treten, desto glaubwürdiger wird die Kritik am System.
Sozialbewegungen, GlobalisierungskritikerInnen und Gewerkschafter aus aller Welt stemmen sich den Total-Privatisierern immer vehementer entgegen. Die Begeisterung der Menschen für den schrankenlosen Markt schwindet; die Diktatur des Profits wird auch von politisch Uninteressierten immer stärker als Bedrohung empfunden.
Doch die Railtrack-Katastrophe könnte sich in den nächsten Jahren tausendfach wiederholen. Die Neoliberalen wollen dem wachsenden Widerstand zuvorkommen und schnell ein weltweites Abkommen namens GATS (General Agreement on Trade in Services) durchdrücken, in dessen Rahmen öffentliche Dienste dem freien Markt übergeben werden sollen. In 146 Staaten, den Mitgliedsländern der Welthandelsorganisation WTO, sollen dann Bildungs- und Gesundheitswesen, Wasserversorgung, öffentlicher Verkehr und über 100 andere Dienstleistungen völlig liberalisiert werden.
In Kraft trat das GATS schon zu Jahresbeginn 1995, aber noch ist es ein relativ zahnloser Tiger. Es besteht aus zwei Teilen: Den Vertragsbedingungen und der Liste der Länder und Dienstleistungen, für die diese Regeln gelten. Viele Vertragspunkte sind ausgesprochen brutal und demokratiefeindlich. Beispielweise können Liberalisierungen de facto nicht mehr rückgängig gemacht werden. Weil WTO-Recht über nationalem Recht steht, können demokratisch gewählte Regierungen im Katastrophen-Fall ohne Billigung

der Welthandelsorganisation nicht mehr regulierend in diese Bereiche eingreifen.
Aber: Noch ist die Liste der Bereiche, in denen das GATS Gültigkeit hat, nicht sehr umfangreich. Neoliberale Politiker und Manager drängen vehement darauf, sie auszuweiten. Eine neue Verhandlungsrunde ist im Gang, schon am 1. Januar 2005 soll sie abgeschlossen sein. Eine internationale STOPP-GATS-Kampagne von GlobalisierungskritikerInnen will genau das verhindern. Sie versuchen die lange Zeit geheimen Verhandlungen ans Licht der Öffentlichkeit zu zerren, wollen die Bevölkerung wachrütteln, sie zum Protest animieren. Sowohl in den westlichen Industrieländern als auch in der Dritten Welt soll Druck auf die Politiker ausgeübt werden, die grundlegenden Versorgungsaufgaben der Gesellschaft nicht auf dem Altar des freien Marktes zu opfern. Von Kanada bis Indien, von Schweden bis Neuseeland spannt sich dieses Netzwerk des Widerstands, und es wächst rasant. Auch in Deutschland, Österreich und der Schweiz steht das GATS im Kreuzfeuer der Kritik. Obwohl das Thema sperrig ist, beginnen sich die Medien dafür zu interessieren. Und mit der Information wächst die Ablehnung in der breiten Bevölkerung. Auch Menschen, die früheren Privatisierungen durchaus positiv gegenüberstanden, kämpfen nun dagegen, dass Schulen, Krankenhäuser und Wasserbetriebe an internationale Großkonzerne verkauft werden.
Für die Neoliberalen hat ein Wettlauf gegen die Zeit begonnen. Die neue GATS-Runde muss durchgehen, bevor die öffentliche Meinung umschwenkt und sie zu Fall bringt. Die Situation erinnert fatal an die hastige Railtrack-Privatisierung.
Doch diesmal tickt nicht eine Uhr, sondern deren Tausende. Auch hierzulande.

2

Der totale Markt

Eine kurze Geschichte der Privatisierung

»Wenn du es eilig hast, setz dich«, sagt ein altes chinesisches Sprichwort. Bevor wir uns also den aktuellen Bedrohungen zuwenden, atmen wir einmal tief durch und treten einen Schritt zurück, um das ganze Bild zu sehen: Der globale Privatisierungswahn folgt einer einheitlichen Logik, und die heißt »Neoliberalismus«. Heften wir uns also auf die Fersen dieser Ideologie.

Jeder ist seines Glückes Smith

Dazu können wir vorerst auf den Britischen Inseln bleiben, gehen aber mehr als zwei Jahrhunderte zurück. Vor der Ideologie des Neoliberalismus gab es natürlich den Liberalismus, genauer gesagt: den Wirtschaftsliberalismus. Dieser gründet auf einem außergewöhnlichen Buch, das 1776 erschien: »Der Wohlstand der Nationen«, verfasst vom schottischen Gelehrten Adam Smith.

Smith war der erste moderne Nationalökonom. In seinem breit angelegten Werk entwickelte er eine ganze Reihe von Ideen, die das, was die Menschheit unter Wirtschaft verstand, für immer veränderten. Gleich im ersten Kapitel stellte Smith die Arbeitsteilung vor: Bei der Herstellung eines Produktes sollte nicht mehr ein Handwerker alle Arbeitsgänge durchführen, sondern eine Gruppe von Arbeitern sich auf jeweils eine Tätigkeit beschränken. Was uns heute so normal erscheint, war vor knapp über 200 Jahren eine Sensation. Die Produktivitätsgewinne waren enorm, die

sozialen Auswirkungen auch: Smiths Idee beendete die Jahrhunderte alte Beziehung von Meistern und Gesellen, sie wurden jetzt Bourgeoisie und Arbeiterklasse.
Die vielen Waren mussten natürlich gehandelt werden und Smith machte sich auch darüber Gedanken. Auf einem freien Markt, so seine Idee, würde die Wechselwirkung von Angebot und Nachfrage wie von selbst Preise und Produktionsmengen steuern. Eine »unsichtbare Hand« würde diese Faktoren stets im Gleichgewicht halten und alle Ressourcen bestmöglich verteilen. Jede Regulierung von Seiten des Staates sei da nur hinderlich. Die Fürsten, so Smiths ausführlich behandelte Empfehlung, sollten sich um die Einhaltung der Gesetze kümmern, die militärische Sicherheit der Länder garantieren und diese nach außen hin repräsentieren – aber sonst bitte nicht weiter stören.
Dem ohnehin schon waidwunden Feudalismus rammte der Ökonom damit wenige Jahre vor der Französischen Revolution einen weiteren Dolch in die Brust. Das Bürgertum, vor allem reiche Händler, konkurrierten bereits seit langem mit den Fürsten um Einfluss und Macht, aber Smiths Werk legitimierte diese Machtverschiebung. Die Feudalherrschaft hatte ihre Legitimität von Gott hergeleitet. An seine Stelle trat nun der Markt.
Und vor den Augen dieser obersten, unfehlbaren Instanz waren nach Smiths Vorstellung alle Menschen gleich. Jeder war ab sofort seines eigenen Glückes Schmied.

Staat oder Markt?

Rund 150 Jahre später war Smiths Idee am Ende, die Welt in der großen Depression der 1930er Jahre. Westeuropa und Nordamerika litten unter Massenarbeitslosigkeit und bitterer Armut. Der freie Markt war schon länger ein diskreditiertes Konzept: Amerikas Präsidenten, vor allem Theodore Roosevelt und Woodrow Wilson, hatten seit der Jahrhundertwende alle Hände voll zu tun gehabt, in allen Wirtschaftsbereichen monopolistische Großkonzerne zu zerschlagen, die das Land im Würgegriff hielten.

Als 1932 der andere Roosevelt, Franklin D., zum Präsidenten gewählt wurde, übernahm er ein Land mit 13 Millionen Arbeitslosen. Er kündigte ein umfassendes Programm zur Stabilisierung der Lage an, den »New Deal«. Unternehmen sollten dabei in die Pflicht genommen werden und unter Kontrolle der Politik für eine gerechte Verteilung des Wohlstands sorgen. Der Zweite Weltkrieg verstärkte den Einfluss des Staates auf die Wirtschaft weiter, nicht nur in Amerika, sondern auch in Europa.

Nach dem großen Morden kam keiner der führenden Politiker auf die Idee, das in den Dreißigern so katastrophal gescheiterte radikale kapitalistische Experiment zu wiederholen. Egal ob in den USA, England, Frankreich, Deutschland oder Österreich – die Nachkriegswirtschaft war, wenn auch unterschiedlich strikt, reguliert. Der Westen machte zum Glück auch nicht den Fehler, der sowjetischen zentralistischen Planwirtschaft nachzueifern. Das ist aus der damaligen Perspektive alles andere als selbstverständlich, denn das Sowjetmodell galt als höchst erfolgreich. Binnen weniger Jahrzehnte hatten die Kommunisten immerhin aus einem der rückständigsten Länder Europas eine hoch industrialisierte Großmacht geformt.

Dass dieser Sozialismus ausgerechnet wirtschaftlich scheitern würde, dass das noch recht neue Experiment Planwirtschaft so eklatant schief gehen würde, war für die Menschen in den 40er- und 50er-Jahren keineswegs offensichtlich.

Die westeuropäischen und nordamerikanischen Länder gingen also einen Mittelweg. Die Konkurrenz mit dem Sowjet-Imperium war mehr geopolitischer Natur, als dass sich zwei fundamental entgegengesetzte Wirtschaftsideologien bekämpften.

In Deutschland zeichneten mit Ludwig Erhard und Walter Eucken zwar Liberale für den Wirtschaftsaufschwung der ersten Jahre verantwortlich, aber sie waren »Ordo-Liberale«. Sie glaubten an Marktwirtschaft, aber auch daran, dass diese Kontrolle brauche. Und sie glaubten, dass die negativen sozialen Auswirkungen von der Gesellschaft aufgefangen werden müssen.[1] Das Ergebnis waren die soziale Marktwirtschaft und das deutsche Wirtschaftswunder. Dieses beruhte zu einem nicht unwesentlichen Anteil auf öffentlicher Wirtschaft: 1969 besaß der Bund an mehr als 600 Unternehmen größere Anteile, dazu waren Verkehrsysteme, Telefon- und Postwesen sowie verschiedene Versorgungsunternehmen (Energie, Wasser u. a.) im Besitz von Ländern und Gemeinden.[2]

Noch weiter ging man in anderen Ländern. In England war schon in den 20er-Jahren die Stromversorgung verstaatlicht worden, weil die privaten Betreiber ineffizient gewirtschaftet und Investitionen vernachlässigt hatten. 1939 folgte die Verstaatlichung der British Overseas Airways Corporation mit denselben Argumenten. Und nach dem Krieg, als die Armut am größten war und tiefgreifende Reformen nötig, ging es richtig los: Die Kohlebergwerke, die Stahlwerke, die Eisenbahn, die Versorgungsunternehmen und die internationale Telekommunikation wurden verstaatlicht.[3]

Frankreich ging einen ähnlichen Weg, verstaatlichte Industrien und Medienkonzerne, die Elektrizitäts-, Kohle- und Gaswirtschaft. Die Eisenbahn war schon vor Hitlers Einmarsch verstaatlicht worden.[4]

In all diesen Ländern war man nach den Erfahrungen der Zwischenkriegszeit zu der Erkenntnis gelangt, dass man die Grundversorgung der Bevölkerung, also den öffentlichen Verkehr und die Energiewerke, die Wasserbetriebe, die Post, die Telekommunikation und nicht zuletzt das Gesundheitswesen nicht dem freien Markt überlassen dürfe.

Der wichtigste Ökonom jener Zeit war John Maynard Keynes, der vor dem Hintergrund des Crashs von 1929 seine »Allgemeine Theorie der Beschäftigung, des Zinses und des Geldes« entwickelte. Für Keynes stand fest, dass der ungezügelte Kapitalismus immer direkt in die Krise führen muss – er riet zur staatlichen Intervention. Mit seinen Rezepten erreichten Westeuropa und Nordamerika ein Wohlstandsniveau wie keine Gesellschaft zuvor.

Wie beschädigt dagegen das Ansehen von Adam Smiths Ideen bis weit in die Siebziger hinein war, zeigt eine Episode aus Großbritannien. Keith Joseph, der politische Ziehvater von Margaret Thatcher, gründete damals das Centre for Policy Studies, die Keimzelle der späteren neoliberalen Politik der britischen Konservativen. Doch zu Beginn gab man sich sehr moderat: »Nach Josephs Meinung hatte die Politik zu lange im Bann der 30er-Jahre und der Massenarbeitslosigkeit gestanden. [...] Joseph und seine Freunde wussten, dass sie noch eine winzige Minderheit waren. Sie quälten sich mit Bedenken wie zum Beispiel der Frage, ob sie das Wort *Marktwirtschaft* benutzen sollten, aus Furcht, dass ein solcher Begriff sie in der Öffentlichkeit in den Dunstkreis von Attila, dem Hunnenkönig, rücken könnte.«[5]

Die Chicago Boys

Keith Joseph wollte in Großbritannien die Ideen von zwei Ökonomen der Universität von Chicago umsetzen: Friedrich von Hayek und Milton Friedman.

Von Hayek, der Ältere der beiden, war in Wien aufgewachsen. Er hatte im Ersten Weltkrieg gedient und nach dem Zerfall der Monarchie Wirtschaftswissenschaften studiert. Wie viele andere war er vom gerade beginnenden Experiment des Sozialismus angetan. »Der Wunsch, die Gesellschaft wieder aufzubauen, führte viele von uns zum Studium der Ökonomie. Der Sozialismus versprach die Erfüllung unserer Hoffnungen auf eine rationalere, gerechtere Welt.« Es sei »beinahe unausweichlich«, dass jeder »warmherzige Mensch, sobald ihm das bestehende Elend bewusst wird, zum Sozialisten wird«.[6]

Doch das Studium der Ökonomie bewirkte eine Veränderung. Von Hayek verlor, auch unter dem Einfluss eines Wiener Lehrers, sein Vertrauen in den Sozialismus und wurde binnen weniger Jahre zum Marktfundamentalisten. Ein radikaler Gesinnungswandel, wie er für Leute mit extremistischen Ansichten nicht untypisch ist. Und von Hayek war Extremist. Er vertrat die Auffassung, dass Schwache keine Unterstützung der Gemeinschaft verdienen. »Soziale Marktwirtschaft ist keine Marktwirtschaft«, sagte er immer wieder. Selbst Mindestlöhne waren ihm ein Dorn im Auge, auch der kleinste Regulierungsversuch des Staates war für ihn schon ein Schritt auf dem »Weg zur Knechtschaft«, wie sein bekanntestes Buch heißt. John Maynard Keynes schrieb ihm nach der Lektüre: »Meinen Ideen zufolge unterschätzen Sie stark die Gangbarkeit des Mittelweges.«[7] Doch von Hayek, damals noch ein akademischer Außenseiter, obwohl er bereits an der London School of Economics unterrichtete, hörte nicht auf den einflussreichsten Ökonomen seiner Zeit, sondern machte sich daran, ihn vom Thron zu stoßen.

1947 organisierte er ein Treffen von 36 Intellektuellen im Schweizer Kurort Mont Pèlerin, um über die Erneuerung des Liberalismus zu diskutieren – und damit den Neoliberalismus aus der Taufe zu heben. Diese Runde traf öfter zusammen und wurde als Mont-Pèlerin-Gesellschaft bekannt. Eines der Mitglieder war ein junger Wirtschafts-Professor von der Universität von Chicago namens Milton Friedman. Friedman wurde von Hayeks engster Mitstreiter, vor allem nach 1950, als von Hayek London verließ und ebenfalls eine Professur in Chicago annahm. Von Hayek, Friedman und ihre gemeinsamen Schüler, die »Chicago Boys«, nahmen den Kampf gegen Keynes und die regulierte, soziale Marktwirtschaft auf.

Die Erfindung der Privatisierung

Vermutlich wäre das alles nur eine Fußnote in der Wirtschaftsgeschichte geblieben, wenn nicht Margaret Thatcher in die Downing Street 10 eingezogen wäre, denn Jahrzehnte vergingen, ohne dass die Chicago Boys nennenswerten Einfluss gewannen. Ihr erster »Erfolg« war Chile, wo sie unter dem Diktator Pinochet ihre Ideen in die Praxis umsetzen durften (siehe Kapitel 7). Von Hayek und Friedman publizierten damals in England beim Institute of Economic Affairs. Dort stolperte Keith Joseph über ihre Schriften. Angesteckt von ihrer Begeisterung für den freien Markt gründete der konservative Politiker 1974 sein Centre for Policy Studies und warb eine Parteikollegin für den Posten der Vizedirektorin an: Margaret Thatcher.

Im selben Jahr gab es vorgezogene Parlamentswahlen, bei denen die Konservativen eine schmerzhafte Niederlage einstecken mussten. Ein Machtkampf zwischen Keith Joseph und dem amtierenden Parteichef Edward Heath brach aus. Joseph sah wie der sichere Sieger aus, aber er gab im falschen Moment ein sehr unglückliches Interview über alleinstehende Mütter. Die Medien schossen sich auf ihn ein, er war erledigt, konnte nicht gegen Heath antreten. Also trat Margaret Thatcher an seine Stelle. Und zur Überraschung ganz Großbritanniens gewann sie den Parteivorsitz. Fünf Jahre lang trimmte Thatcher als Oppositionsführerin ihre Partei auf strikt marktwirtschaftlichen Kurs – doch im Wahlkampf 1979 wurde das Thema tunlichst verschwiegen. Thatcher gewann wohl mehr deswegen, weil die Labour Party schon so ablösereif war, als wegen ihrer eigenen Beliebtheit.

Ihre ganze erste Amtszeit versuchte sie, gegen den Widerstand der Gewerkschaften, der Opposition, der Bevölkerung und großer Teile der eigenen Partei, radikale marktwirtschaftliche Reformen durchzusetzen. Sie scheiterte beinahe vollständig. Aber dann besetzte die argentinische Militärjunta die Falkland-Inseln. Thatcher reagierte hart und entschlossen und eroberte die Eilande zurück. Zum Dank wurde sie wiedergewählt. Nun erst wagte sie sich an die ersten unpopulären Privatisierungen. Was heutzutage beinahe täglich auf der ganzen Welt stattfindet, war 1983 eine neue, revolutionäre und wild umstrittene Idee.

Sie war so neu und revolutionär, dass selbst die Bezeichnung dafür wild umstritten war. Für das, was Thatcher vorhatte, gab es nämlich damals noch nicht mal ein Wort: Es war noch nie versucht worden.

Ihre Mitarbeiter entdeckten das Wort »Privatisierung« in einem Aufsatz des konservativen Politikers David Howell aus den Sechzigern, der wiederum hatte es aus den Schriften eines amerikanischen Wirtschaftstheoretikers übernommen. Das Wort gefiel Howell angeblich nicht mal besonders, aber es beschrieb das, worüber er nachdachte, also verwendete er es. Auch die Eiserne Lady mochte es nicht. Sie soll sich lange Zeit geweigert haben, das Wort zu verwenden. »Ich mag es nicht. Es geht um freie Wirtschaft«, sagte sie einmal. »Aber wir mussten es akzeptieren. Es

war ein bündiges Wort.« Thatchers Energieminister Nigel Lawson sagte darüber: »Keinem von uns fiel etwas Besseres ein.«[8]
Was Thatcher vorhatte, das erklärte sie später so: »Ich wollte Privatisierung einsetzen, um mein Ziel einer Demokratie von Kapitaleigentümern zu verwirklichen. Das ist ein Staat, in dem die Bürger Häuser und Aktien besitzen, einen Anteil an der Gesellschaft haben und Vermögen, das sie an kommende Generationen weitergeben können.«
Thatcher wählte die Kohlebergwerke als erstes Privatisierungsopfer und handelte sich einen Streik von bisher ungekannten Ausmaßen ein. Über ein Jahr legten die Kumpel die Arbeit nieder, immer wieder kam es zu gewalttätigen Ausschreitungen – doch Thatcher blieb stur und erwarb sich so den Beinahmen »Eiserne Lady«. Sie war eine glühende Verehrerin von Hayeks, und nicht weniger radikal als er. Gegenargumente wischte sie mit den berühmt gewordenen TINA-Worten vom Tisch: »There is no alternative.« Als der Widerstand schließlich abbröckelte, hatte Thatcher die mächtigen britischen Gewerkschaften in die Knie gezwungen.
In den folgenden Jahren verkaufte sie einen Staatsbetrieb nach dem anderen. Manche davon fuhren Verluste ein und mussten erst saniert werden, bevor sie verkauft werden konnten. Andere machten die ganze Zeit Gewinne: Die öffentlichen Betriebe steuerten 1984 mehr als 7 Milliarden Pfund zur Staatskasse bei.[9] Aber das spielte keine Rolle: Es ging Thatcher nicht darum, ob der Staat Unternehmen führen konnte, sondern darum, dass er es nicht *sollte*. Die Privatisierungen waren ideologisch motiviert.

Die große PR-Kampagne

Margaret Thatchers treuester Verbündeter war der amerikanische Präsident Ronald Reagan. Auch Reagan war ein überzeugter Neoliberaler. Groß angelegte Abverkäufe konnte er mangels Staatsbetrieben nicht durchführen, aber bei der kleinen Schwester der Privatisierung, der Deregulierung, gab es auch in den USA viel zu tun. In allen wesentlichen Industrien und Dienstleistungsbranchen schauten Regulationsbehörden den Unternehmen auf die Finger. Die schlechten Erfahrungen vom Anfang des Jahrhunderts verblassten aber zunehmend, und so machte sich Reagan daran, die Schranken aufzuheben.

Dazu wurden Sozialleistungen gekürzt und Steuern für Spitzenverdiener gesenkt, das ganze Paket erhielt dann den Namen Reaganomics. Verantwortlich dafür zeichnete Milton Friedman mit seinen Chicago Boys.

Mit der Rückendeckung aus Weißem Haus und Downing Street begannen die einstigen Außenseiter der Wirtschaftswissenschaften die Schaltstellen der globalen Ökonomie zu unterwandern. Allen voran die Weltbank und den Internationalen Währungsfonds, die bald zu den neoliberalen Institutionen schlechthin wurden und diese Ideologie über den ganzen Erdball verbreiteten. Die Methode dabei war ebenso effektiv wie brutal: Jedes Land, das fortan einen Kredit von den beiden Finanzinstitutionen benötigte (und das waren viele), musste zuvor Reformen einleiten. Strukturanpassungsprogramme (SAPs) nennen sich diese Maßnahmen, und bis heute werden sie Ländern der Dritten Welt aufgezwungen.

Die SAPs spiegeln ein sehr einfaches Programm wider, das als »Konsens von Washington« bekannt wurde: Handelsliberalisierung, freier Kapitalverkehr, Investitionsliberalisierung, freie Wechselkurse, Steuersenkungen und – Privatisierungen. Anders formuliert: »Liberalisiere so viel du kannst, privatisiere so schnell du kannst, und sei diszipliniert in finanziellen Angelegenheiten.«[10] Die Auswirkungen dieser Politik werden wir in einem späteren Kapitel noch ausführlich kennen lernen.

Der Neoliberalismus war eine heftig umstrittene Ideologie, bis 1989 die kommunistischen Regime in Osteuropa zusammenbrachen. Dann begann die größte und erfolgreichste PR-Kampagne aller Zeiten: Anstatt einen Sieg der Demokratie über die Diktatur zu feiern, sprachen Politiker, Manager und Journalisten vom Sieg des Marktes über die staatliche Wirtschaft. Und da wurde gleich alles über einen Kamm geschoren, die öffentlichen Unternehmen

im Westen mit den von zentralistischer Planwirtschaft zu Grunde gerichteten Betrieben im Osten gleichgesetzt. »Der Staat kann kein Unternehmen führen, er sollte sich aus der Wirtschaft völlig zurückziehen.« So oder so ähnlich klang damals der Meinungs-Mainstream; seither hört man diesen Satz immer wieder, vor allem von jungen Menschen.
Wenn die neoliberalen Vordenker und Nachbeter von der Überlegenheit des freien Marktes sprechen, dann tun sie oft, als wäre das keine Meinung, sondern ein Naturgesetz. Mit dieser Argumentation versuchen sie auch, öffentliche Diskussionen über Privatisierungen oder das derzeit verhandelte GATS-Abkommen abzuwürgen. Schließlich unterliegen auch die Hebelgesetze oder die Schwerkraft nicht demokratischen Entscheidungen ... Ihre Argumente kommen meist im Stakkato: Private sind besser! Private sind billiger! Private sind *effizienter*!
Oder etwa nicht?

3

Ein krankes System

Privatisierung gefährdet Ihre Gesundheit

Gesundheit kann verschiedene Erscheinungsformen annehmen, eine davon ist der oft zitierte »gesunde Hausverstand«. Der sagt einem zum Beispiel, dass Gesundheit sich weder in Geld ausdrücken noch in Gold aufwiegen lässt. Dazu braucht man wirklich kein Studium der Ökonomie. Allerdings gibt es einen interessanten, global zu beobachtenden Effekt: Manche Menschen sind *nach* einem solchen Studium der Meinung, Gesundheit wäre doch eine Ware wie jede andere – und damit ein Fall für den freien Markt.

Medicare, das amerikanische Feigenblatt

Die öffentlichen Gesundheitssysteme leiden auch in den reichsten Ländern der Welt unter erheblichen Finanzierungsproblemen. Die Steuerquoten sind hoch, das Stimmvieh ächzt, die Kosten explodieren. Unter diesen Rahmenbedingungen verschaffen sich die Prediger der Privatisierung leicht Gehör. Und das, obwohl sie nicht ein einziges Beispiel für ein funktionierendes, marktwirtschaftliches Gesundheitssystem vorweisen können.

In keinem Land der Welt ist das Gesundheitswesen vollkommen privatisiert. Selbst in den USA gibt es ein Minimum an staatlicher Fürsorge, wenn auch gerade mal in der Größe eines Feigenblattes. Ansonsten kommen die Vereinigten Staaten dem neoliberalen Idealmodell des schlanken Staats und der Selbstregulierung des

Marktes recht nahe. Grund genug, einen genauen Blick auf ihr System zu werfen.
In den USA leben rund 270 Millionen Menschen. 125 Millionen davon werden von ihrem Arbeitgeber krankenversichert. Private Krankenversicherungen bieten hierfür verschiedene *Health Care Plans* an; das sind Versicherungspakete, die sich nach Leistung und Tarif erheblich unterscheiden können. Je größer der Umfang, desto höher natürlich die Prämie. Diese ist de facto ein Teil der Entlohnung, folglich werden nur gut verdienenden Angestellten auch teure Krankenversicherungen gewährt. Großkonzerne bekommen von den Versicherern Mengenrabatte, ihre Beschäftigten kommen im Schnitt also etwas besser weg als die von Klein- und Mittelunternehmen. Wer eine medizinische Leistung in Anspruch nehmen muss, die nicht durch den persönlichen Health Care Plan gedeckt ist, muss die Kosten aus eigener Tasche bezahlen.
Rund 70 Million Menschen sind entweder als öffentlich Bedienstete (Beamte, Soldaten) versichert oder zahlen die Prämien aus der eigenen Tasche (Selbstständige, Freiberufler, aber auch kurzfristig Arbeitslose). Diese Menschen sind im Wesentlichen bei denselben Health Care Plans versichert, aber dennoch privilegiert, wie wir noch sehen werden.
Die Zahl der Unterprivilegierten ist um ein paar Millionen Menschen größer. Sie gliedert sich in zwei Gruppen:
36 Millionen Menschen haben Anspruch auf die staatlichen Fürsorgeprogramme. Medicare ist die Krankenversicherung für alle Amerikaner ab dem 65. Lebensjahr. Wer jünger ist, braucht eine schwer wiegende Behinderung um sich zu »qualifizieren«, wie der offizielle Jargon heißt. Medicare besteht aus zwei Teilen. Teil A ist die Versicherung für Krankenhaus-Kosten. Sie ist für jeden gratis, der sich qualifiziert und mindestens zehn Jahre lang über seinen Gehaltszettel in die Versicherung eingezahlt hat. Wer das nicht hat, etwa weil ihn ein körperliches Gebrechen von der Arbeit abhielt, kann den Medicare-A-Schutz käuflich erwerben: um 316 US-Dollar pro Monat.[1]
Medicare übernimmt die anfallenden Kosten, wenn man im Krankenhaus behandelt wird – mit Einschränkungen: Die ersten 840

Dollar pro Jahr sind selbst zu bezahlen. Wer lange oder regelmäßig im Spital bleiben muss, zahlt ab dem 61. Tag einen Kostenbeitrag von 210 Dollar (täglich!), ab dem 91. Tag sogar 420 Dollar. Ab dem 151. Tag muss der Patient allein für seine Behandlung und Pflege aufkommen.
Medicare B ist da vergleichsweise preiswert. Um nur 54 Dollar pro Monat erhält man eine Versicherung für Arztbesuche, Ambulanzgebühren, Diagnosetests, Urintests, ambulante Therapien, Rollstühle, Blutkonserven. Nicht inbegriffen sind dagegen Leistungen wie Routineuntersuchungen, Brillen, Hörgeräte und zahnärztliche Behandlungen.
Medicare steht allen älteren Amerikanern, unabhängig vom finanziellen Status, zu. Für Wohlhabende ist dieses Leistungspaket natürlich kaum verlockend, weshalb private Versicherungsgesellschaften so genannte Medicare-plus-Pläne auf den Markt bringen. Sie bieten erweiterte Umfänge, verrechnen aber die von ihren Kunden in Anspruch genommenen Basisleistungen dem staatlichen Programm weiter.
Medicare-plus-Pläne beinhalten auch Schmerzmittel. Das ist kein unwichtiges Detail, denn es gibt belegte Fälle aus mehreren Krankenhäusern, in denen Ärzte »normalen« Medicaid-Patientinnen bei der Entbindung Schmerzmittel nur gegen Barzahlung verabreichten. Das ist zwar illegal und davon abgesehen nicht sehr nächstenlieb, aber durchaus gängige Praxis.[2]
Neben Medicare gibt es für Menschen ohne oder mit sehr geringen Einkommen noch die Medicaid-Programme, die sich von Bundesstaat zu Bundesstaat unterscheiden, aber alle keine Einladungen ins medizinische Schlaraffenland sind.
Die verbleibenden 42 Millionen Amerikaner haben keinerlei Krankenversicherung. Weil sie unter 65 sind, keinen festen Wohnsitz vorweisen können oder arbeitslos sind. Oder weil sie gerade genug verdienen, um ihren Anspruch auf Medicaid zu verlieren, aber nicht genug, um sich eine private Versicherung leisten zu können. Halbtagskräfte zum Beispiel, die von ihrem Arbeitgeber nicht versichert werden. Ihre Zahl steigt jährlich um einige 100.000. Und in diesen Statistiken sind jene Millionen noch gar nicht mitgerech-

net, die bei der Einreise illegalisiert wurden und daher in Statistiken prinzipiell nicht auftauchen. Wichtigste Tendenz: Die Zahl der Menschen ohne Krankenversicherung lag in den 1980er-Jahren noch bei 25 Millionen. Seither ist die Wirtschaft kräftig gewachsen – und der Anteil der Krankenversicherten gesunken.

Emergency Room

Aber auch wer krankenversichert ist, kann sich nicht immer behandeln lassen. Die Versicherungsunternehmen schließen Leistungsverträge mit ausgewählten Ärzten und Krankenhäusern ab. Dabei handeln sich die großen Versicherer Rabatte und Sondertarife aus, weshalb ihre Kunden auch nur zu diesen Vertragspartnern gehen sollen. Sucht ein Patient, etwa in einem dringenden Fall, ein anderes Krankenhaus auf, muss das dortige medizinische Personal erst Kontakt mit der Versicherung aufnehmen. Nur wenn die zusagt, die Kosten zu übernehmen, wird auch eine Behandlung durchgeführt.

Einzige Ausnahme: akute Notfälle. Krankenhäuser sind verpflichtet, Hilfe zu leisten, wenn Gefahr in Verzug ist. Erst im Emergency Room sind alle Menschen gleich. Aber auch das ist oft nur Theorie: Berühmt wurde der Fall von Charles Walker, einem 42-jährigen, von Geburt an teilweise blinden Obdachlosen, der mit einer abgebrochenen Messerklinge im Bauch die Notaufnahme eines Krankenhauses in Oakland aufsuchte. Die Ärzte untersuchten ihn, stellten keine lebensbedrohlichen Verletzungen fest und empfahlen ihm, sich einen Termin in einem anderen, sozial engagierten Spital geben zu lassen. Eine Untersuchung des Vorfalls ergab, dass die Ärzte ihre Vorschriften perfekt eingehalten hatten. Walker war nicht lebensgefährlich verletzt gewesen, er überlebte.[3]

Weniger Glück hatte Rudolpho Augiano aus Las Vegas. Er klagte in der Notaufnahme über starke Unterleibsschmerzen. Ärzte und Schwestern warfen zwar einen Blick auf ihn, führten aber keinerlei Tests durch. Dann schrieben sie auf den Befund: »chronisch obdachlos«. Natürlich hatte er keine Versicherung, natürlich forderte ihn eine Krankenschwester auf zu gehen. Augiano beschwerte sich, wurde laut. Die Oberschwester rief einen Wachbeamten, der beförderte den Obdachlosen aus dem Emergency Room. Rudolpho Augiano starb Minuten später auf dem Rasen vor dem Krankenhaus.[4]

Nicht nur unversicherten Obdachlosen wird Hilfe verweigert. Dawnelle Barris' Tochter Mychelle war 19 Monate alt, als sie eines Abends hohes Fieber und akute Atemnot bekam. Barris rief die Rettung, die das Baby so schnell wie möglich ins nächste Krankenhaus brachte. Dort wurde Mychelle mit dem Allernotwendigsten erstversorgt: Sie wurde beatmet. Das Krankenhaus hatte aber keinen Vertrag mit der Krankenversicherung der Mutter. Also rief jemand von der Verwaltung des Spitals bei der Verwaltung der Versicherung an und fragte nach, ob auch weitergehende Behandlungen bezahlt würden. Vier quälend lange Stunden vergingen, bevor endlich ein Arzt, der für die Versicherung arbeitete, zurückrief. Dieser Arzt, der Mychelle nie gesehen hatte und vielleicht Hunderte oder Tausende Kilometer entfernt war, untersagte weitere Behandlungen. Genauer: Er untersagte sie nicht, sondern stellte fest, dass die Versicherung das Krankenhaus nicht dafür bezahlen würde. Der Versicherungsverwaltungsarzt forderte Dawnelle Barris auf, ihre Tochter in ein Vertragskrankenhaus zu bringen, dort würde sie behandelt werden. Die Mutter bat um einen Krankenwagen. Der Arzt lehnte ab: Sie solle das Kind mit ihrem Privatwagen transportieren, schlug er vor und lenkte auch nach einem heftigen Streit am Telefon nicht ein. Als Barris ans (unbeaufsichtigte) Krankenbett ihrer Tochter zurückkehrte, wurde Mychelle von Krämpfen geschüttelt. Dawnelle Barris suchte erst einen Doktor, der der Kleinen helfen konnte, und rief dann noch mal ihre Versicherung an. Nun konnte sie den Versicherungsmenschen überzeugen, dass die Situation ausgesprochen ernst war. Er genehmigte einen Transport im Krankenwagen ins Vertragsspital. Sofortige Bluttransfusionen und sogar das Verabreichen von Antibiotika noch vor Ort untersagte er allerdings abermals.[5]

Als die kleine Mychelle endlich mit dem Rettungswagen im

»richtigen« Krankenhaus auf der anderen Seite der Stadt ankam, war es zu spät. Sie starb an Herzstillstand. Eine Autopsie ergab, dass ganz normale Antibiotika sie retten hätten können.
Ähnlich traurig ist der Fall des damals gerade sechs Monate alten James Adams aus Fairburn, Georgia. Er hatte hohes Fieber, als seine Mutter die Hotline ihrer Versicherung anrief. Die Schwester, die den Anruf entgegennahm, schickte die Familie nicht ins nächstbeste Krankenhaus, sondern in ein 42 Meilen weit entferntes Spital, in dem der Versicherung Preisnachlässe gewährt wurden. Auch hier kam es zum Herzstillstand, doch der kleine Jamie konnte wiederbelebt werden. Weil aber sein Blutkreislauf zu lange unterbrochen gewesen war, mussten die Ärzte alle vier Arme und Beine amputieren, um wenigstens das Leben des Babys zu retten. Ein Gericht sprach ihm später 45 Millionen Dollar Schmerzensgeld zu.[6]
Selbst wenn man in einem amerikanischen Spital aufgenommen und rechtzeitig operiert wird, ist man noch nicht in Sicherheit. Der 47-jährige Patient Dwight Lobb starb fünf Stunden nach einer Routineoperation an inneren Blutungen. Obwohl er über starke Schmerzen klagte, hatte über 90 Minuten niemand nach ihm gesehen. Die Station war unterbesetzt, weil das Pflegepersonal aus Kostengründen auf das absolute Minimum gekürzt worden war. Besser gesagt: unter das absolute Minimum.[7]
Das ist in amerikanischen Krankenhäusern mittlerweile Normalzustand. Kurt Laumann, ehemaliger Präsident der California Nurses Association, berichtet von einer Patientin, die dringend Hilfe benötigte, weil sie blutete. Aber sooft sie auch den Knopf der Glocke drückte, niemand hörte sie. Rettung kam erst, als die Patientin auf ihrem Telefon den Notruf 911 wählte. Und das, so Laumann, war nicht der einzige derartige Fall.[8]

Pflegebedürftig

Auch bei Laumanns Nachfolgerin Kit Costello läuten die Alarmglocken. »Wir diskutieren nicht mehr über qualitätsvolle Pflege,

wir reden von Pflege mit einem Mindestmaß an Sicherheit.«[9]
Amerikas Spitäler waren immer schon im Privatbesitz gewesen, doch die Eigentümer waren früher meist Kirchen oder Vereine. Diese Krankenhäuser wurden zum Wohle der Gemeinde (community) geführt und waren daher nicht profitorientiert. Der große Boom der Krankenhauskonzerne setzte erst Anfang der 1990er-Jahre ein, als Unternehmen wie Columbia/HCA oder Tenet begannen, systematisch Community-Krankenhäuser aufzukaufen, um damit Geld zu verdienen. Die Folge waren Rationalisierungsmaßnahmen jenseits jeder Rationalität.
Marc Gardner, Vize-Präsident von Columbia/HCA, der größten gewinnorientierten Krankenhaus-Kette der Welt und Manager jenes Spitals in Las Vegas, auf dessen Rasen Rudolpho Augiano gestorben war, packte später die Reue. Er wurde zum Kronzeugen der Regierung gegen seinen früheren Arbeitgeber. Seine Insider-Berichte aus der Gedankenwelt der Gesundheitskonzerne schockieren.
»Amerika muss wissen, dass es eine dunkle Seite der Spitalsbranche gibt und dass bisher noch nicht wirklich darüber gesprochen wurde. Glauben Sie mir, dies ist eine rücksichtslose, habgierige Zeit der Konzerne. Angestellte sind der größte Betriebsaufwand. Streiche ihn bis zur Schmerzgrenze (›Cut that to the bone‹). Streiche die Pflege bis zur Schmerzgrenze. Ich meine, streiche – alles, was dein Gewissen nur erlaubt. Wir strichen so viel, dass ich mit meiner Frau einen Plan aufstellte. Wenn sie jemals krank werden würde und Spitalsbetreuung bräuchte, würde sie in das Spital auf der anderen Seite der Stadt gehen.«[10]
Ein anderes Mal berichtete Gardner von einem neuen Personalplan, den eine hochrangige Managerin von Columbia/HCA am Schreibtisch entworfen und dann »seinem« Krankenhaus verordnet hatte: »Diese Personaleinsparungen waren sehr fragwürdig. Wenn du in Krankenhäusern das Personal verringerst, machst du mehr Geld, weil du weniger Kosten hast. Aber die medizinischen Fehler steigen signifikant. Ich saß im *Pharmacy and Therapeutical Committee*, das die Medikationsfehler überwachte. Die Fehlerrate schoss durchs Dach, als die neuen Personalrichtlinien

umgesetzt wurden. Das beinhaltete falsche Verschreibungen ebenso wie Krankenschwestern im Stress, die falsche Dosen verabreichten oder das richtige Medikament dem falschen Patienten gaben …«[11]

Auch wenn es einem der Hausverstand ohnehin sagt: Es gibt eine ganze Reihe von wissenschaftlichen Untersuchungen, die einen direkten Zusammenhang zwischen der Qualität der Pflege und den Heilungschancen von Patienten nachweisen. Für gewinnorientierte Konzerne ist das aber nebensächlich. Sie werden für Behandlungen bezahlt, nicht für Heilungen. Und je mehr »Kunden« eine Krankenschwester versorgt, desto rentabler ist sie.

Tenet, direkter Konkurrent von Columbia/HCA, kaufte zwischen 1995 und 1998 zehn Krankenhäuser in und um Los Angeles. Eines, das Woodruff Community Hospital, wurde sofort geschlossen, um die Rentabilität der anderen zu erhöhen. In den verbliebenen Krankenhäusern wurde rationalisiert. Vor der Übernahme kamen auf einen Patienten im Schnitt 15,4 Arbeitsstunden des Pflegepersonals, unter Tenet waren es nur noch 13,3 Stunden, also über 15 Prozent weniger. In einem Krankenhaus wurde gar mehr als ein Drittel eingespart.

In Extremfällen machte eine Schwester den Dienst von dreien und musste ein ganzes Stockwerk mit Essen, Medikamenten und frischer Kleidung versorgen. Die Zeitpläne für die Medikamenteneinnahmen waren so natürlich nicht zu halten, das Umkleiden der Patienten entfiel oft ganz. Behörden kontrollierten und beanstandeten diese Zustände mehrfach. Aber sie waren machtlos. Die Krankenhäuser zuzusperren wäre für die Patienten noch schlimmer gewesen.[12]

Aber nicht nur die Zahl, auch die Qualität des Pflegepersonals wurde von den privaten Krankenhausbetreibern in den 1990ern dramatisch gesenkt. Hilfsschwestern statt voll ausgebildetem medizinischem Personal und eine große Zahl an billigen Teilzeitkräften fuhren die Kosten weiter nach unten. Und selbst das reichte den Rationalisierern nicht: Das *Wall Street Journal*, nicht gerade eine Gewerkschaftspostille, berichtete von einem Krankenhaus in Fresno, in dem das Reinigungspersonal auch Pflegeaufgaben übernahm. Ein Highschool-Abschluss reichte als Qualifikation, um zwischen zwei Putzdurchgängen Kranken Essen zu servieren und auf ihre Rufsignale zu reagieren. Stundenlohn der Boden-und-Menschen-Pfleger: 10 US-Dollar.[13]

Die Manager machten auch vor den kleinsten und wehrlosesten Menschen nicht Halt. Ex-Columbia/HCA-Mann Marc Gardner berichtete von Einschnitten auf der Geburtenstation: »Babys beschweren sich nicht. Ein Baby merkt nicht, wenn es schlechte Pflege bekommt.«[14]

Ami go home

Was ist noch billiger als schlechte Pflege? Richtig: gar keine Pflege.

Amerikas Krankenversicherungen versuchen die Zeiträume, die sich ihre Kunden in der Obhut eines Spitals befinden, so kurz wie möglich zu halten. Die Krankenhäuser spielen mit, weil der wirklich profitable Teil ihres Geschäfts ohnehin die Behandlung ist. Die Zahl der Krankenhausbetten pro Einwohner wird daher möglichst gering gehalten, in einigen Regionen sank die Quote im letzten Jahrzehnt um bis zu 25 Prozent. Überkapazitäten gibt es keine mehr, jedes vorhandene Bett muss jeden Tag belegt sein, so will es die Kostenrechnung.

Auch in Kalifornien, einem hochgradig gefährdeten Erdbebengebiet: Experten rechnen in den nächsten Jahrzehnten mit einem Katastrophenbeben bisher ungekannten Ausmaßes – dem »Big One«. Niemand weiß, wann es kommt, niemand weiß, wie lange die Vorwarnzeit sein wird. Nur eines ist gewiss: Es wird nicht genug Krankenhausbetten geben.

Ein Gesundheitssystem, das jedes Quartal den Shareholdervalue steigern muss, denkt nicht voraus. Als sich die Lungenseuche SARS in Asien auf ihrem Höhepunkt befand, beschloss die Wiener Stadtverwaltung, vorbeugend eine Isolierstation einzurichten. Nicht nur für die aktuelle Bedrohung, sondern auf Dauer, auch für künftige Seuchenausbrüche. Ökonomisch ist das natürlich

»unvernünftig«, kein Profit maximierendes System würde so etwas machen. Dennoch stimmten alle politischen Parteien dem Vorschlag zu und die Wiener waren nicht unglücklich darüber.
Um mit dem absoluten Minimum an Betten auszukommen, werden in den USA drastische Schritte gesetzt: Frisch operierte Patienten werden nach Hause geschickt. Wieder wird bei den Schwächsten gespart: bei Müttern und Neugeborenen. Die durchschnittliche Erholungsfrist, die ihnen nach der Entbindung gewährt wird, schrumpft kontinuierlich. Ein 24-Stunden-Aufenthalt gilt mittlerweile als normal. Kaiser Permanente, ein Gigant der Branche, von dem gleich noch mehr berichtet werden soll, stellte den bisherigen Negativrekord auf. Mitte der 1990er-Jahre erließ das Management eine Richtlinie, nach der Mütter schon acht Stunden nach der Geburt wieder entlassen werden sollten. Monatelang wurde das tatsächlich praktiziert, bis der Gesetzgeber einschritt und diese Vorgangsweise verbot.[15]
In 31 Bundesstaaten immer noch erlaubt ist dagegen die Drive-in-Amputation. Ein kranker Körperteil wird abgenommen und kaum dass man aus der Narkose erwacht, muss man das Bett auch schon wieder frei machen. Wieder trifft es vor allem die Frauen: Diese Vorgangsweise wird größtenteils bei Brustamputationen gewählt. Die durchschnittliche Patientin ist 63 Jahre alt. Viele diese Frauen haben keine Familie mehr, sie sind verwitwet und kinderlos, oder die Kinder wohnen in einer anderen Stadt oder dürfen nicht von der Arbeit zu Hause bleiben, um am Bett der Mutter zu wachen. Wenn diese Frauen aus der Narkose zu sich kommen, sind sie alleine mit dem körperlichen Schmerz und dem seelischen Trauma. Trotzdem müssen sie sofort das Krankenhaus verlassen.
Eine Frau berichtete: »Die Operation wurde um 11.30 Uhr durchgeführt. Als ich aus der Narkose erwachte, kam die Sozialarbeiterin zu mir. Sie sagte, dass ich um 17 Uhr entlassen würde und mich darum kümmern sollte, dass mich dann jemand abholt. Ich weigerte mich zu gehen. Andere kamen um auf mich einzureden. Ich weigerte mich weiter. Ich fühlte mich betäubt und brauchte Pflege. Und ich sollte ohnehin am nächsten Morgen um 9 Uhr zu-

rückkommen um meinen Arzt aufzusuchen. Ich war 88 Jahre und 11 Monate alt. Zu Hause war niemand, der mir helfen konnte. Ich erklärte ihnen, dass mein Mann blind ist und auf beiden Ohren Hörgeräte braucht. Ich musste für ihn sorgen und nun erwartete man von mir, dass ich für uns beide sorgte, unmittelbar nach einer großen Operation. Nach einer langen Diskussion ›erlaubten‹ sie mir schließlich einen Aufenthalt von 23 Stunden, bis 9 Uhr am nächsten Morgen.« Nach ihrer Entlassung wurden der Frau zur Kontrolle nur drei Heimbesuche einer Krankenschwester genehmigt.[16]

Cindy Pearson vom National Women's Health Network kommentierte diese Praxis so: »Welchen Körperteil eines Mannes würden die wohl auf diese Art amputieren?«

Allerdings ziehen Versicherungen und Spitalsbetreiber nicht immer an einem Strang. Psychiatrische Behandlungen etwa sind teuer und durchaus ein lukratives Geschäft. Also werden nicht alle Amerikaner heimgeschickt. Ein Beispiel, das nicht unerwähnt bleiben darf, betrifft wieder Tenet. Der Vorwurf: Ärzte des Konzerns hätten Menschen in einem psychiatrischen Krankenhaus eingesperrt, bis ihre Versicherungsansprüche ausgeschöpft waren. Die Patienten durften nicht telefonieren, ihre Familien nicht sehen und klagten auch über Misshandlungen. 1997 einigte sich der Konzern mit rund 700 ehemaligen Patienten auf eine Schadensersatzzahlung von 100 Millionen Dollar.[17] Keiner der Geiselhalter musste ins Gefängnis.

Billige Methoden

Nicht nur in Krankenhäusern wird tödlich gespart, auch bei den Ärzten setzen die Krankenkassen den Rotstift an. Die meisten Vertragsärzte werden mittlerweile nicht nach Qualität, sondern nach Quantität entlohnt. Sie bekommen einen Fixbetrag pro Patient. Egal, ob sie sich mit ihm eine Stunde lang beschäftigen oder nur drei Minuten, ob Verdacht auf Brustkrebs besteht oder auf eine Erkältung, die Versicherung zahlt immer dasselbe Kopfgeld.

Jede Behandlung, jedes Medikament, das ein Arzt einem Patienten verschreibt, bedeutet für die Versicherung vor allem eines: Kosten. Daher werden Listen und Statistiken geführt, um Übeltäter auszuforschen: Mediziner, die öfter als der Durchschnitt teure Methoden wählen, die lieber zum neuesten Medikament greifen als zum alten, dessen Patent schon längst ausgelaufen ist und das sogar als preiswerte Kopie erhältlich wäre ... Ärzte, die unter dem Durchschnitt bleiben, bekommen finanzielle Belohnungen, die Letzten der Liste beißen die Hunde in Form von Kontrolleuren.

Die Mediziner sind machtlos, weil sie die Verträge mit den Versicherungen brauchen. Die Buchhalter sitzen am längeren Ast. Vor einigen Jahren sorgte der kalifornische Gynäkologe Daniel Fisher für Aufsehen, als er seine Praxis schloss und seinen 2600 Patientinnen einen Brief schrieb, in dem er das System anklagte. Es sei so korrupt und verrottet, dass ihm davon schlecht würde, und er höre auf, weil er sich nicht mehr in den Spiegel schauen könne. Er klagte, das System sei kontrolliert von Konzernen »mit dividenden-hungrigen Aktionären und hoch bezahlten Managern. [...] Das Hauptanliegen ist Profit. Und sie machen diesen Profit, indem sie so hohe Prämien wie möglich verlangen und so wenig wie möglich für die Patienten ausgeben.« Fisher gestand: »Ich begann den Druck zu spüren und änderte meine üblichen Verschreibungen von der besten Medizin, die ich kannte, zu der, die in meinem Profil am besten aussehen würde; und ich hasste mich dafür.«[18]

Ohne Fishers Tat abwerten zu wollen: Der Gynäkologe war 61, als er seine Praxis schloss. Viele Jüngere haben keine andere Wahl, als einfach weiterzumachen. Und vielleicht hin und wieder ein Zeichen zu setzen. 1997 inserierten 2300 Ärzte aus Massachusetts in einer medizinischen Fachzeitschrift einen Hilferuf: »Die Zeit, die wir mit den Kranken verbringen dürfen, schrumpft unter dem Druck, den Durchlauf zu erhöhen, als ob wir mit industriellen Gebrauchsgegenständen zu tun hätten und nicht mit Menschen. [...] Ärzte und Schwestern werden mit Drohungen und Bestechungen geschubst, die Loyalität zum Patienten aufzugeben und die Kränksten zu meiden, die unprofitabel sein könnten. Einige von uns riskieren eine Kündigung oder ›Auslistung‹, weil sie teure Behandlungen gewähren oder gar nur diskutieren, und vielen wird ein Bonus angeboten, wenn sie die Pflege minimieren …«[19]

Keine Klagen

Die Vereinigten Staaten sind berühmt-berüchtigt für Schadenersatzklagen und -urteile, bei denen der Rest der Welt den Kopf schüttelt. Auch im Gesundheitsbereich kommt es immer wieder zu hohen Schadenersatzzahlungen, aber in Anbetracht der systematischen Verfehlungen der Branche wundert man sich doch, warum die Versicherungen nicht in Grund und Boden geklagt werden. Die Antwort darauf klingt wie ein schlechter Witz: Die meisten Patienten können nicht klagen.

Der Grund heißt ERISA: Employee Retirement Income Security Act. Dieses Gesetz hätte eigentlich arbeitende Amerikaner vor Missbrauch bei ihren Gesundheitsplänen schützen sollen. Aber es enthält auch ein riesiges Schlupfloch, das es den Anbietern der Health Care Plans ermöglicht, aus ihrer Verantwortung zu fliehen. Das funktioniert so:

Durch ERISA kann eine Versicherung gezwungen werden, Leistungen zu erbringen, die sie zuvor abgelehnt hat. Schadenersatzforderungen kann man unter diesem Gesetz keine stellen, dafür gibt es die Konsumentenschutzgesetze der einzelnen Staaten. ERISA dagegen ist ein Bundesgesetz. 1987, mehr als zehn Jahre, nachdem es in Kraft trat, überzeugten allerdings findige Anwälte in einem Musterprozess eine Mehrheit der Richter des Obersten Gerichtshofes, dass ein ERISA-Verfahren die untergeordneten Prozesse in den Bundesstaaten obsolet macht. Mit anderen Worten: Klagt ein Patient in seinem Bundesstaat auf Schadenersatz, braucht die Versicherung nichts anders zu tun, als selbst einen ERISA-Prozess vor dem Bundesrichter einzuleiten. Und schon ist das Schlimmste, was ihr passieren kann, dass sie genau jene Leistung erbringen muss, die sie bisher verweigert hat. Keinen

Cent mehr. Das ist, meint die Foundation for Taxpayer and Consumer Rights, als würde die Höchststrafe für Bankraub darin bestehen, dass man das Geld zurückgeben muss – falls man erwischt wird.

Und es gibt noch ein übles Detail: Die »Entschädigung« steht nur dem Patienten persönlich zu. Gelingt es der Versicherung, das Verfahren so lange auszudehnen, dass der Kläger vor der Auszahlung stirbt, hat sie sich die Behandlungskosten endgültig gespart und bleibt straffrei.

Betroffen von ERISA sind jene 125 Millionen Amerikaner, die im privaten Sektor tätig, also über ihre Arbeitgeber versichert sind. Sie sind damit zum medizinischen Freiwild geworden, zu Bürgern zweiter Klasse. Studien zeigen, dass ihnen besonders oft Behandlungen verweigert werden.

Aber auch für die anderen hat sich die Versicherungswirtschaft etwas einfallen lassen: Arbitration, das Schiedsgericht.

Die Versicherungsverträge enthalten Klauseln, nach denen sich der Kunde verpflichtet, im Streitfall auf eine Klage vor Gericht zu verzichten und stattdessen einem privaten Schiedsgericht die Bewertung und Entscheidung zu überlassen. Die Urteile dieser Arbitration sind bindend. Die Verhandlungen werden meist von pensionierten Richtern geführt, beide Seiten können Anwälte hinzuziehen. Das ist natürlich teuer, so ein Verfahren kostet einen Kläger leicht 50.000 Dollar. Die Chance, zu gewinnen, ist bescheiden.

Denn beide Parteien müssen sich über die Person des Richters einig sein. Wer zu oft zu Ungunsten der Versicherung entscheidet oder zu hohe Strafen ausspricht, wird abgelehnt und bekommt von ihnen keine Aufträge mehr. Diese Verhandlungen sind privatisierte Prozesse; die Richter sind ganz gewöhnliche, gewinnorientierte Unternehmer.

Sprecher der Versicherungswirtschaft finden an dieser Praxis nichts Anstößiges und wehren sich heftig gegen ihr Verbot. Der freie Markt, argumentieren sie, würde das perfekt regulieren. Schließlich gebe es ja auch Unternehmen, die Verträge ohne Arbitration-Klausel anbieten. Diese seien durch das höhere Risiko natürlich um einige Dollar teurer. Aber der Konsument habe die

Wahl und damit sei alles gerecht. Das ist natürlich eine schwere Verzerrung der Wahrheit. Tatsächlich beinhalten alle großen Health Care Plans diese Klausel. Wer einen Plan ohne Arbitration wählt, muss eine sehr beschränkte Auswahl an Krankenhäusern, Ärzten und Zahnärzten in Kauf nehmen. Deswegen verzichten die meisten Kunden zähneknirschend auf ihr Recht, zu klagen.
In Kalifornien gibt es noch einen Grund: 1976 wurde die Höchststrafe bei medizinischen Schadenersatzprozessen auf 250.000 Dollar festgesetzt. Bis heute wurde dieser Betrag nicht an die Inflation angepasst, er entspricht nur noch etwa einem Fünftel des ursprünglichen Wertes ... und 250 Tausender Schadenersatz sind gerade für US-Verhältnisse »peanuts«.
Selbst wenn es mal zu Schadenersatzklagen kommt, haben Versicherungen noch einen Trumpf im Ärmel: Es ist schwer, sie für Behandlungsfehler zur Kasse zu bitten, weil sie gar nicht behandeln. Ein Beispiel: Drei verschiedene Ärzte betrachten eine neue Operationsmethode als letzte Chance für einen todkranken Patienten. Ein Arzt der Versicherung, der den Patienten nie gesehen hat, lehnt ab. Die entsprechende Operation wird von dieser Versicherung noch als »experimentell« eingestuft und ist daher nicht im Leistungskatalog enthalten. Der Patient stirb wenige Monate später, die Hinterbliebenen klagen die Versicherung. Doch die argumentiert vor Gericht: Sie hat nie die Behandlung untersagt, sondern nur die Zahlung abgelehnt, und das in Übereinstimmung mit dem Vertrag. Der Patient hätte sich jederzeit operieren lassen können; es ist ja nicht die Schuld der Versicherung, dass er zu arm dazu war. Das geht vor Gericht durch.

Die Gesundheitsmafia

Das amerikanische Gesundheitssystem ist durch und durch korrupt. Und das nicht nur im moralischen Sinn, sondern auch im juristischen. Das FBI rechnet Betrugsfälle in diesem Bereich zu den white-collar-crimes, benannt nach den weißen Hemdkragen der Schreibtischtäter.

Auf der Homepage der FBI-Zentrale heißt es dazu: »Betrug im Gesundheitssystem ist ein Bereich der White-collar-Verbrechen, der zu einem Problem von epidemischen Ausmaßen wurde. Die Schäden durch Betrug und Missbrauch werden von manchen auf bis zu 10 Prozent der jährlichen Gesundheitsaufwendungen der Nation geschätzt. Diese Verluste bedeuten eine ungeheure Bürde für die Gesundheitsprogramme, besonders für Medicaid und Medicare, und betreffen das Leben von Millionen Amerikanern, die auf diese Programme angewiesen sind, um ihre Gesundheitskosten [zu bestreiten].«[20]

Es geht um gefälschte Rechnungen für Medikamente, die nie ausgegeben wurden, Behandlungen, die nie durchgeführt wurden – und oft sogar um Patienten, die nie behandelt wurden. Ärzte betrügen die Krankenversicherungen, die wiederum die staatlichen Fürsorgeprogramme. Im akronymsüchtigen Amerika haben diese Verbrechen schon eine eigene Abkürzung: HCF, für Health Care Fraud. Bei den meisten der FBI-Lokalbüros findet sich HCF auf einem der ersten drei Plätze in der Kriminalstatistik. Oft gibt es eigene Untersuchungskommissionen, wie zum Beispiel in Louisiana. Das FBI-Büro in New Orleans etwa kann sich nicht erklären, warum in diesem Staat die höchsten Zahlungen pro Medicare-Patienten fällig sind. Sie verstehen nicht, warum der Aufwand für die Betreuung eines Patienten beinahe doppelt so hoch ist wie im Bundesdurchschnitt (3600 Dollar statt 1800 Dollar).[21]

In Texas deckte das FBI einen Fall auf, in dem eine Sozialversicherung Arztrechnungen für Medicare-Patienten an das staatliche Programm weiterreichte. Die darauf angegebenen Ärzte hatten allerdings gar keinen Vertrag mit der Versicherung und die genannten Patienten auch nie behandelt. Mehr als 5 Millionen Dollar waren so in die Kassen des Versicherers geflossen und von dort weiter in die Geldbörsen des Managements. Die FBI-Agenten konfiszierten Schmuck, Luxusautos und Grundstücke im Millionenwert. »Das beweist: Verbrechen zahlt sich nicht aus«, kommentierte die PR-Abteilung der Bundesbehörde den Fall.[22]

In Wirklichkeit führen die Beamten einen Kampf auf verlorenem Posten. Selbst wenn sie, wie 1997, einmal einen großen Erfolg landen. Damals konnte das FBI-Büro in Florida dem dortigen Management von Columbia/HCA (schon wieder) Betrug im großen Stil nachweisen, wenngleich auch nicht wesentlich einfallsreicher als bei der Konkurrenz. Mit falschen Belegen wurden auch hier Millionen aus den staatlichen Fürsorgeprogrammen gepresst.

Von Anfang an war klar, dass die Politik Columbia/HCA an dem Skandal nicht zu Grunde gehen lassen konnte. Der Konzern betrieb zu diesem Zeitpunkt rund 350 Spitäler; die Gesundheitsversorgung von ebenso vielen Gemeinden, Stadtteilen und Regionen war also von ihm abhängig. Dafür, dass die Politik das auch nicht vergaß, sorgte ein Dutzend Lobbyisten in Washington und weitere 19 in Florida. Und nicht zu vergessen: ein Abgeordneter dieses Staates, der im Gesundheitsausschuss des Senats saß und 30.000 Dollar Beratungshonorar von Columbia/HCA erhielt. Das alles hatte mit dem Skandal allerdings nicht direkt zu tun, die intensive politische Lobbyarbeit gehörte seit Jahren zu den Praktiken des Unternehmens.

Zwei Manager der mittleren Ebene gingen ins Gefängnis (nur um später in der Berufungsverhandlung aus Mangel an Beweisen freizukommen), die anderen bis hin zum obersten Boss Rick Scott mussten zurücktreten. Scotts Abschiedsschmerz wurde mit 10 Millionen Dollar Abfindung gelindert – zusätzlich zu den 269 Millionen, die sein Aktienpaket wert war.

Der neue Konzernchef Thomas Frist, ein Nachkomme des Gründers und daher Eigentümer eines noch größeren Aktienpakets, gelobte Besserung. Er verabschiedete ein neues Mission-Statement, in dem die Sorge für den Patienten über die Profite der Aktionäre gestellt wurde, und engagierte gar einen eigenen Vizepräsidenten für Ethik und »Corporate Responsibility«.

Damit hoffte er aus dem Schneider zu sein. So ganz hat es dann nicht gereicht, im Jahr 2000 bezahlte Columbia/HCA die Rekordsumme von 745 Millionen Dollar Wiedergutmachung, im Gegenzug wurde das Verfahren eingestellt.[23]

Zuvor war es schon zu Prozessen gegen den Konzern in Florida, Utah, Kalifornien, North Carolina und Texas gekommen. Und seither tauchen auch immer wieder Gerüchte in amerikanischen

Medien auf, dass noch nicht alle Leichen im Keller der Columbia/HCA gefunden wären.[24]

Ehrenwerte Gesellschaft

Korruption ist ein regelmäßiges Problem, wenn ein nicht profitorientiertes Krankenhaus an einen Konzern verkauft und in der Folge auf Profitorientierung umgestellt wird. Solche Krankenhäuser wurden zuvor oft mit Spenden gebaut und betrieben, von Gemeinden unterstützt und vom Staat steuerlich begünstigt. Der Gesetzgeber fordert daher, dass die Kaufsumme in eine Stiftung eingebracht wird und weiterhin dem Allgemeinwohl zugute kommt. Eine Gruppe von Treuhändern, die meist »geachtete Mitglieder der Gemeinde« sind, wird dann mit der Verwaltung dieser Fonds beauftragt.

Die Zeitung *The Nation* veröffentlichte im Dezember 2000 eine Reportage, in der sie üble Fälle von Missbrauch anprangerte. Wie den von Rapide, Louisiana, wo Columbia/HCA 1994 um mehr als 200 Millionen Dollar die Hälfte des Gemeindekrankenhauses übernahm und dieses profitorientiert führte – mit den üblichen Folgen: Die Qualität von Ausstattung und Pflege sank dramatisch. Abteilungen wurden geschlossen, die Hälfte des Ambulanzdienstes weiterverkauft. Dafür wurden die Preise kräftig angehoben. Dr. Lawrence Dreup, ein Chirurg, der als Personalvertreter im Treuhand-Rat saß, sagte gegenüber der Zeitung: »Ich wusste nicht viel über Columbia, als sie uns übernahmen, aber sie kamen über uns mit aller Macht. Wir dachten, dass die Stiftung unsere Verbündete sein würde. Aber als der Zeitpunkt kam und [die Treuhänder] aufstehen und dem Krankenhaus helfen sollten, konnten sie nicht.« Was den geachteten Bürgern von Rapide das Sitzenbleiben wohl erleichterte, war ihre Verfügungsgewalt über die 200 Millionen Dollar. 1996, zwei Jahre nach dem Verkauf des Krankenhauses, bedienten sich die Treuhänder schon ungeniert. Die Spenden, die die Rapide-Stiftung in diesem Jahr gewährt hatte, beinhalteten zum Beispiel 2,8 Millionen Dollar für das Alexandria

Museum of Arts (dessen Finanzchef einer der Treuhänder war), 16.000 Dollar für den Elternverein des Dartmouth College (auf das ein Kind eines Treuhänders ging), 310.000 Dollar für eine Agentur für wirtschaftliche Entwicklung (deren CEO ein Treuhänder war), 9000 Dollar für ein Sägemühlen-Museum in Familienbesitz (ein Familienmitglied war Treuhänder) und 479.000 Dollar für einen Flugsimulator für die Northwestern State University (ein Treuhänder war auch dort im Vorstand der Stiftung). In neun weiteren Fällen lag ebenfalls eindeutig ein »Interessenkonflikt« vor.

In Arlington, Northern Virginia, fädelte Columbia/HCA einen noch geschickteren Deal ein. Auch hier kaufte der Konzern die Hälfte des Krankenhauses der Stadt um 140 Millionen Dollar. Vor der Übernahme waren die Behandlungskosten um etwa 10 Prozent niedriger als im Krankenhaus der Nachbarstadt, zwei Jahre später waren sie 27 Prozent höher. Die Hälfte des erwirtschafteten Profits floss in die Stiftung. Die wurde ein fettes Sparschwein. Drei Jahre nach dem Einstieg von Columbia/HCA saßen die Treuhänder bereits auf über 400 Millionen Dollar. Klar, dass mit so viel Geld etwas geschehen musste. 7,5 Millionen wurden in diesem Jahr an 140 gemeinnützige Antragsteller verteilt – und 25 Millionen sollten verwendet werden, um gemeinsam mit Columbia in einer anderen Stadt ein neues, gewinnorientiertes Krankenhaus zu bauen. Die Geschichte flog auf, die Steuerbehörde nahm die Ermittlungen auf und binnen weniger Monate war die Stiftung aufgelöst.

Die California Health Care Foundation, CHCF, verwaltet über drei Milliarden Dollar, die von der Umwandlung einer gemeinnützigen Krankenversicherung in ein profitorientiertes Unternehmen stammen. Um die Vergabe von Förderungen ausgiebig diskutieren zu können, haben die Treuhänder als eine ihrer ersten Taten einen maßgefertigten Konferenztisch um 43.000 Dollar gekauft. Dort beschließen sie seitdem Zahlungen wie etwa 730.800 Dollar für ein Internet-Portal für Entscheidungsträger der Gesundheitsbranche oder 65 Dollar für die San Francisco Food Bank, die Nahrung an Obdachlose und Arme verteilt.

Im Haifischbecken

Das für manche tödliche Profitdenken breitet sich wie Krebs im amerikanischen Gesundheitswesen aus, überall bildet es Metastasen. Dass diese drastische Metapher zulässig ist, zeigt das Beispiel von Kaiser Permanente. Kaiser ist der größte Gesundheitskonzern der USA, größer noch als HCA, und er ist *nicht* gewinnorientiert. Doch Kaiser arbeitet am selben Markt, kämpft um dieselben Versicherten, die man früher Patienten nannte und die nun Kunden sind. Um bestehen zu können, beschloss das Management Mitte der 1990er, wie ein For-Profit-Unternehmen zu agieren, mit allen Konsequenzen.

Kaiser Permanente entstand in den 1930ern. Die Arbeiter am Los Angeles Aqueduct zahlten in eine gemeinsame Kassa und finanzierten sich so ein kleines Krankenhaus. Als das Projekt abgeschlossen war, bot der Industrielle Henry Kaiser dem leitenden Arzt an, ein ähnliches Modell für seine Werftarbeiter aufzubauen. Im Zweiten Weltkrieg wuchsen Werft und Versicherung parallel, Kaiser Permanente bot schließlich mehr als 200.000 Arbeitern medizinischen Schutz. Doch mit dem Frieden kamen die Kündigungen und bis Oktober 1945 fiel die Zahl der Versicherten auf 25.000. Was tun mit all den freien Kapazitäten wie Spitälern und Vertragsärzten?

Kaiser öffnete sich und bot seine Leistungen von nun an jedem an, der eine Versicherung abschließen wollte. Aber die Stiftung arbeitete weiterhin nicht gewinnorientiert, sondern für das Gemeinwohl. 1952 war sie mit einer viertel Million Mitgliedern bereits größer als je zuvor. 1963 wurde die Millionengrenze übersprungen, alle paar Jahre kam eine weitere Million dazu. Heute hält man bei deren acht, mit der neunten knapp vor Augen. Von Hawaii bis Washington, D.C., erwarb sich Kaiser in diesen Jahrzehnten den Ruf hervorragender Pflege.

Doch dann, Anfang der 1990er, betraten die großen, gewinnorientierten Konzerne die Bühne. Mit den bereits bekannten Rationalisierungsmaßnahmen unterboten sie Kaisers Versicherungsprämien. Kaiser bot bessere Qualität – und verlor scharenweise Kunden. Aber nicht, weil den Leuten ihre Gesundheit nichts wert gewesen wäre. Wir erinnern uns: Mehr als die Hälfte der Amerikaner arbeiten in der Privatwirtschaft und werden von ihren Arbeitgebern versichert. Für diese waren die neuen Anbieter eine willkommene Möglichkeit, ihre Personalkosten zu senken. Die Unternehmen sparten Geld, die Konsequenzen aus der schlechteren Versorgung trugen die Angestellten und Arbeiter.

Kaisers Management entschied sich, in den Ring zu steigen. Um Marktanteile zu gewinnen, arbeitete Kaiser fortan unter den Selbstkosten und nahm Verluste in Kauf. Der Business Plan für die nächsten Jahre sah vor, sämtliche medizinischen Leistungen um 3 bis 6 Prozent billiger als die Konkurrenz zu erbringen. Die Prämien wurden runtergefahren, die Qualität der Leistungen auch. Von 1995 bis 1997 wurde das medizinische Budget in Kalifornien um 800 Millionen Dollar gekürzt, obwohl die Mitgliederzahlen bald wieder stiegen.

Kaiser, wir erinnern uns, musste 1997 vom Gesetzgeber daran gehindert werden, Mütter und Neugeborene nur acht Stunden nach der Entbindung auf die Straße zu setzen. Im selben Jahr war die Versorgung in den Krankenhäusern in Texas schon so katastrophal, dass die Behörden mehrere sofortige Verbesserungen einforderten und eine Strafe von einer Million Dollar verhängten. Dabei muss man sich vor Augen halten, dass der damalige Gouverneur George W. Bush hieß … In Kalifornien waren die Kaiser-Krankenhäuser inzwischen so schlimm, dass der Bundesstaat damit drohte, die Medicare- und Medicaid-Verträge mit der Stiftung zu stornieren. Medizinische Entscheidungen, so die Behörden in einer Untersuchung, waren nachweislich abhängig von finanziellen Überlegungen. So wurde systematisch in jedem vierten Fall, in dem ein Versicherter in einem nicht zu Kaiser gehörenden Krankenhaus in die Notaufnahme musste, die Zahlung abgelehnt.[25]

Die kleine Mychelle Barris, die starb, weil ihre Antibiotika von einem Schreibtischtäter nicht bewilligt wurden, war ein solcher »vierter« Fall. Sie hatte einfach Pech gehabt.

Übrigens: Ihre Eltern waren weder durch ERISA geknebelt noch an eine Arbitration gebunden. Sie klagten und bekamen 1,35 Millionen Dollar Schadenersatz zugesprochen. Kaiser erhob Einspruch und verwies auf die 250.000-Dollar-Obergrenze in Kalifornien. Nach Abzug aller Prozesskosten blieb Mychelles Mutter etwas mehr als die Hälfte dieser Summe. Kaiser war billig davongekommen.

Um die schlechte Presse in diesem und einigen ähnlichen Fällen auszugleichen, steigerte Kaiser sein Werbebudget von 60 auf 62 Millionen Dollar; allein die Erhöhung machte also das Achtfache dessen aus, was Mychelles Leben wert gewesen war. Zum Vergleich: 1992, bevor der mörderische medizinische Sparkurs eingeschlagen wurde, hatte Kaiser für Werbung nur 8,2 Millionen Dollar ausgegeben. Wie viele Leben hätte man mit der Differenz retten können?

Dieses Beispiel zeigt, wie genau man in der Privatisierungsdebatte differenzieren muss. Kaiser Permanente war immer eine private Stiftung und hat dennoch jahrzehntelang hervorragende Arbeit zum Wohle der Allgemeinheit geleistet. Das änderte sich erst und ausschließlich durch den Wettbewerb mit profitorientierten Konzernen. Nicht der Faktor »Privatbesitz« ist entscheidend, sondern der »freie Markt«. Wer im Haifischbecken schwimmt, muss ein Hai werden. Flipper wird gefressen.

Vergleichswerte

Man sollte annehmen, dass ein Gesundheitssystem, in dem so rigoros eingespart wird und das sich so eklatante Lücken leistet, ziemlich billig sein muss. Das ist ein Trugschluss.

Pro Jahr und Einwohner verschlingt das amerikanische System etwas über 4600 Dollar; in diesen Schnitt sind auch jene Menschen eingerechnet, für die gar nichts ausgegeben wird. Zum Vergleich: Die Schweizer geben jährlich etwa 2500 Dollar aus, Deutsche rund 2300, Österreicher gar nur 1700 Dollar. In allen drei Ländern wird mit diesen Summen eine moderne und nahezu lückenlose Versorgung erreicht.

Nun ist es prinzipiell schwer, Gesundheitssysteme auf Basis von absoluten Zahlen zu vergleichen. Keine zwei Länder der Welt haben dieselben Rahmenbedingungen, denselben Privatisierungsgrad, dieselbe Organisationsstruktur des Sektors; keine zwei gesetzlichen Krankenversicherungen bieten denselben Leistungsumfang. Solche Vergleiche erinnern also immer etwas an das Äpfel/Birnen-Dilemma.

Der (online abrufbare) World Health Report (WHR) 2002 der Weltgesundheitsorganisation WHO ist aber dennoch ganz brauchbar, denn er zeigt die Summe aller Kosten. Also sowohl die Zahlungen des Staates als auch das, was Privatpersonen und Unternehmen für ihre Gesundheit und die ihrer Angestellten ausgeben.

Das teuerste System mit Kosten, die seit Jahren konstant über 13 Prozent des Bruttoinlandsprodukts liegen, leisten sich – die Vereinigten Staaten von Amerika. Die Deutschen investieren jedes Jahr knapp über 10 Prozent dessen, was sie erwirtschaften, in ihre Gesundheit, die Schweizer ebenso, die Österreicher 8 Prozent.[26]

Anders gesagt: Von 100 Dollar, die ein Amerikaner verdient, gibt er 13 dafür aus, dass er eine miserable medizinische Versorgung hat. Europäische Bewohner angeblich aufgeblähter Sozialstaaten fahren um 3 bis 5 Dollar billiger, also über den Daumen gerechnet um rund 30 Prozent. Das ist letztlich, ein wenig Polemik sei gestattet, kein Vergleich von Äpfeln und Birnen, sondern von drei Äpfeln mit einem Pferdeapfel.

Der WHR 2000 stand unter dem Motto *Improving Performance* und bot eine umfangreiche Analyse der Effizienz der Gesundheitssysteme aller Mitgliedsstaaten.[27] Bewertet wurden dabei Faktoren wie die Verbesserung der Gesundheit der Bevölkerung, die Patientenorientierung, eine gleichmäßige Verteilung der Leistungen und die Fairness der Finanzierung (der Beitrag sollte dem Einkommen entsprechen, nicht der medizinischen Bedürftigkeit). Eine solche Bewertung ist natürlich nicht objektiv im naturwissenschaftlichen Sinn, interessant ist das Ergebnis der WHO-Experten aber allemal. Das effizienteste System hat ihrer Meinung nach Frankreich, gefolgt von Italien, die Bronze-Medaille ging an das kleine San Marino. Österreich landete auf Platz 9, die Schweiz auf dem 20. Rang, Deutschland wurde 25. Die USA landeten als letzte der westlichen Industrienationen auf Platz 37, unmittelbar hinter Costa Rica.

Bismarck, Beveridge, von Hayek

Die Gesundheitssysteme aller Länder sind historisch gewachsen. Sie lassen sich grob in drei Gruppen einteilen.

Das Bismarck-Modell. Seine Geburtsurkunde ist das am 1. Dezember 1884 in Deutschland in Kraft getretene Krankenversicherungsgesetz. Bismarck versuchte damit und mit einigen flankierenden Maßnahmen, den enormen Zulauf der armen Schichten zu sozialistischen Bewegungen einzudämmen. Grundlage ist ein Sozialversicherungssystem, das sich über einkommensabhängige Pflichtbeiträge finanziert. Die Leistungen werden unter staatlicher Aufsicht und Kontrolle erbracht, und zwar meist von privaten Trägern. Privat heißt dabei nicht-staatlich, im Regelfall allerdings nicht profitorientiert. Typische Privateigentümer sind christliche Orden und andere Religionsgemeinschaften, karitative Organisationen und kommunale Gesellschaften. Varianten dieses Modells sind heute in Deutschland, Österreich und der Schweiz, den Benelux-Staaten, Frankreich und Japan umgesetzt.

Das Beveridge-Modell. Sir William Beveridge präsentierte 1942 seinen »Plan for Social Security« vor dem britischen Parlament. Er sah die Schaffung eines Gesundheitsdienstes vor, der vom Staat finanziert und betrieben wurde. Ärzte und Apotheker sollten von Arbeitgebern der öffentlichen Hand beschäftigt werden. Nach Kriegsende wurde dieser Plan umgesetzt und das National Health Service gegründet. Später führten auch Irland, die skandinavischen Länder und die der Iberischen Halbinsel ähnliche Systeme ein. Auch die meisten Länder Osteuropas haben nun Beveridge-ähnliche Organisationsformen; diese sind Nachkommen der kommunistischen staatlichen Gesundheitssysteme.

Das Markt-Modell. Den Mut, ihre Gesundheit dem freien Markt zu überlassen, finden unter den demokratischen Industrienationen nur die US-Amerikaner. Obwohl selbst die Amerikaner für die »reine Lehre« zu feig sind und sich das Feigenblatt Medicare umbinden.

Der oberste Prediger der Marktfundamentalisten, Friedrich von Hayek, hat für Sentimentalitäten bekanntlich kein Verständnis. Er kritisierte an der modernen Medizin, »dass sie ihre vermehrten Bemühungen nicht mehr hauptsächlich der Wiederherstellung der Arbeitskraft zuwendet, sondern der Linderung von Leiden und der Verlängerung des Lebens; diese können natürlich nicht aus wirtschaftlichen, sondern nur aus humanitären Gründen gerechtfertigt werden.« Womit er vermutlich völlig Recht hatte, aber der Schluss, den er daraus zog, ist atemberaubend: »Es mag hart klingen, aber es ist wahrscheinlich im Interesse aller, dass in einem freiheitlichen System die voll Erwerbstätigen oft schnell von einer vorübergehenden und nicht gefährlichen Erkrankung geheilt werden um den Preis einer gewissen Vernachlässigung der Alten und Sterbenskranken.«[28] (Woher stammt nur dieser Drang der Österreicher, würdiges und unwürdiges Leben zu unterscheiden?)

Rick Scott, der Ex-Manager von Columbia/HCA, formulierte das lifestyle-konformer: »Haben wir eine Verpflichtung, jedem Gesundheitsdienste zu gewähren? Wo ziehen wir die Grenze? Ist irgendein Fast-Food-Restaurant verpflichtet, jeden zu ernähren, der vorbeikommt?«[29]

Die Fleischlaibchen-Metapher war in seinem Konzern offensichtlich sehr beliebt. Richard Rainwater, einer der Gründer von Columbia/HCA, verkündete seine Vision so: »Der Tag ist gekommen, wo jemand für das Spitalsbusiness das tun muss, was McDonald's für das Fast-Food-Business getan hat und was WalMart im Einzelhandel macht.«[30]

Die Amerikaner sprechen Klartext, in Deutschland drückt man sich etwas komplizierter aus: »Die im Krankenhaus geleisteten Dienste sind in einer entwickelten Gesellschaft unverzichtbarer Teil der Daseinsvorsorge. Wegen ihrer hohen Spezialisierung können diese Dienste nicht mehr unter überwiegend ›karitativen‹

Gesichtspunkten erbracht werden, d. h. mit einem hohen Anteil uneigennütziger Nächstenliebe, die per definitionem individuell, niemals kollektiv erbracht werden kann. Aus diesen Gedanken ergibt sich die erste Forderung, Dienste eines Akutkrankenhauses nicht mehr mit den §§ 51 ff. der Abgabenordnung zu bedenken, ihnen also den Charakter der Gemeinnützigkeit abzusprechen.«
Das forderte 1998 Lutz Helmig, Gründer der Helios Kliniken GmbH, in einem Positionspapier zur Zukunft des deutschen Gesundheitswesens. Helmigs Gesellschaft betreibt 22 private Kliniken in Deutschland, von kleinen Fachspitälern bis hin zum ehemaligen Universitätskrankenhaus von Erfurt mit 1300 Betten.
Und wer sich in Österreich auf einer Insel der Seligen wähnt: 2001 wurde das erste öffentliche Krankenhaus privatisiert. Die Stadt Kitzbühel verkaufte aus Geldnöten 74 Prozent ihres Krankenhauses an Helios.
Und in einem Buch dreier Volkswirte, darunter der »Unternehmensberater im Gesundheitswesen« Peter Oberender, heißt es: »Wird das gesamte Einkommen oder werden die gesamten Produktionsmöglichkeiten zur Verbesserung des Gesundheitszustandes verwendet, so fehlen gerade die Mittel, diesen verbesserten Gesundheitszustand mit Leben zu erfüllen. Andere Grundbedürfnisse wie Ernährung, Kleidung oder Wohnen könnten aufgrund der fehlenden Mittel nicht mehr befriedigt werden. Ökonomisch betrachtet liegt eine Knappheitssituation vor, die dazu führt, dass mit wirtschaftlichen Methoden eine knappheitsgerechte Verteilung der Ressourcen erforderlich ist. So stellt sich uns Gesundheit letztlich als ein Gut wie jedes andere auch dar.«[31]
Das ist natürlich falsch.

Warum der Markt versagen muss

Dass von Marktradikalen zum Sturmangriff auf die »karitativen« Gesundheitssysteme geblasen wird, hat zwei Gründe: die einen sind ideologisch verblendet, die anderen wittern die Chance, viel Geld zu verdienen. Auf viele trifft beides zu. Dabei muss man wahrlich kein Sozialromantiker sein, um die Fallstricke einer marktorientierten Gesundheitspolitik zu sehen – nicht zuletzt Bismarck und Sir Beveridge kann man diesen Vorwurf kaum machen.

Märkte brauchen, um funktionieren zu können, gewisse Rahmenbedingungen. Die bekannteste davon ist das Spiel von Angebot und Nachfrage, die sich gegenseitig regulieren. Diese fundamentale Grundlage jeder Marktwirtschaft ist im Gesundheitsbereich nicht gegeben, wie schon Wirtschafts-Nobelpreisträger Kenneth Arrows 1963 in einem Aufsatz nachwies.

Es ist ganz einfach: Niemand *will* krank sein. Egal wie preiswert und effizient eine Behandlung ist, wie schön die Spitalszimmer und wie köstlich die Verpflegung – die »Kunden« würden niemals freiwillig kommen. Sie tun es, weil sie müssen. Eine Arztpraxis ist kein Fast-Food-Restaurant, in dem der Kunde entscheiden kann, ob er sich eine große oder kleine Portion Pommes frites leistet. Bei Konsumartikeln kann man den Gürtel enger schnallen, aber wer schwer oder chronisch krank ist, kann nicht einfach sein Medikament seltener nehmen. Man kann seinen Urlaub stornieren, aber nicht einfach seine Krankheit zurückgeben, weil's grad nicht passt. Wer sich keinen Mantel von Helmut Lang leisten kann (oder will), der geht eben zu H&M. Aber niemand kann entscheiden, ob er Leukämie oder doch lieber nur eine Erkältung hat.

Anders gesagt: Ein funktionierender Markt setzt voraus, dass Kunden freie Entscheidungen treffen können und die finanzielle Verantwortung dafür tragen. Das ist im Gesundheitsbereich nicht der Fall. Der »Kunde« ist ausgeliefert.

Verstärkt wird dieser Zustand durch eine extreme Asymmetrie im Verhältnis zwischen Anbieter und »Konsumenten«. Der Arzt hat einen immensen Informationsvorteil, der Patient muss sich also darauf verlassen, dass er ihn nach bestem Wissen und Gewissen berät – und nicht etwa ein Medikament verschreibt, das der Controller seiner Versicherung sehen will.

Hinzu kommt, dass die Medizin keine exakte Wissenschaft ist. Bei den meisten Entscheidungen haben Ärzte einen erheblichen Ermessensspielraum. Welche Behandlungsform sie wählen, welche

Dosierung bei Medikamenten sie vorschlagen, all das hängt von vielen Faktoren ab. Profit sollte im Interesse des Patienten keiner davon sein.
Natürlich sind die Kosten immer ein wesentlicher Faktor, auch in den gemeinnützigen Systemen. Das deutsche Sozialgesetzbuch hat daher ein Wirtschaftlichkeitsgebot: »Die Leistungen müssen ausreichend, zweckmäßig und wirtschaftlich sein; sie dürfen das Maß des Notwendigen nicht überschreiten. Leistungen, die nicht notwendig oder unwirtschaftlich sind, können Versicherte nicht beanspruchen, dürfen die Leistungsbringer nicht bewirken und die Krankenkassen nicht bewilligen«, heißt es da.[32]
Zwischen Kostenbewusstsein/Verschwendungsverhütung und Profitmaximierung ist aber noch einmal ein haushoher Unterschied. Patienten kann man so gut wie möglich versorgen oder gerade noch so ausreichend wie zwingend vorgeschrieben. Gesundheit ist keineswegs ein Gut wie jedes andere und daher kann es auch nicht dem freien Markt überlassen werden.

Die Legende von der Kostenexplosion

Dennoch steuert die Gesundheitspolitik in allen Staaten Europas in genau diese Richtung. Auch die deutschsprachigen Länder bilden da keine Ausnahme. Eine Reform jagt die andere, fast immer geht's einen kleinen Schritt in Richtung Markt. In der Schweiz etwa sind zahnärztliche Behandlungen bereits privat zu bezahlen (oder zu versichern), in Deutschland ist der umfassende Leistungskatalog der Gesetzlichen Krankenversicherung (GKV) umstritten und in Österreich wollte die marktfundamentalistische ÖVP-FPÖ-Regierung sogar die ambulanten Behandlungen mit Selbstbehalten (also mit Marktmechanismen) steuern: Um dabei Unmenschlichkeiten zu vermeiden, wurden umfangreiche Regulierungsmaßnahmen getroffen. So viele, dass der Verwaltungsaufwand die Einnahmen auffraß und Sozialminister und Vizekanzler Herbert Haupt die Ambulanzgebühr schon nach wenigen Monaten wieder abschaffte.

Maßnahmen wie diese sind schleichende Privatisierungen der Krankenversicherungen. Dem Markt und der Profitlogik übergeben werden nicht ganze Unternehmen, sondern ihre Aufgaben; nicht die Hülle, sondern der Inhalt. Die Stoßrichtung: Der Staat soll sich um die Grundversorgung kümmern, alles darüber hinaus wird der Markt übernehmen. Nein, falsch: nicht »alles darüber hinaus«, sondern nur die rentablen Bereiche.

Befürworter dieser Entwicklung verweisen, wenig überraschend, nie auf das »erfolgreiche« amerikanische System. Stattdessen wird eine angebliche Notwendigkeit zur Privatisierung des Krankheitsrisikos meist mit der angeblichen Kostenexplosion im Gesundheitswesen begründet. Ein Argument, das von kaum einem Experten noch ernst genommen wird, das man dem Laien aber leicht verkaufen kann.

So sind etwa in Deutschland die Ausgaben der gesetzlichen Krankenkassen in den letzten drei Jahrzehnten um 1000 Prozent angewachsen: von 25 Milliarden Mark (1970) auf über 252 Milliarden (2000). Auf den ersten Blick sind diese Zahlen natürlich alarmierend.

ATTAC Deutschland hat einen zweiten Blick darauf geworfen und nachgerechnet. Wir wollen den GlobalisierungskritikerInnen dabei über die Schulter schauen.

Im genannten Zeitraum betrug die Inflation in Deutschland 160 Prozent. Für eine Leistung, die 1970 100 Mark kostete, musste man zur Jahrtausendwende also 260 Mark zahlen. Für die Krankenversicherungen heißt das, dass sie 65 Milliarden Mark aufwenden mussten, um den gleichen Umfang an Leistungen zu finanzieren.

In diese drei Jahrzehnte fällt außerdem ein nicht unwesentliches historisches Ereignis, nämlich die Wiedervereinigung Deutschlands. Die Bürger der ehemaligen DDR wurden in die gesetzliche Krankenversicherung des Westens aufgenommen, was Einnahmen und Ausgaben gleichermaßen erhöhte. Das System wurde dadurch nicht teurer, sondern nur größer, und zwar um 15 Prozent.

»Eine Volkswirtschaft wächst zumeist jedes Jahr, das heißt, das

Land insgesamt wird reicher, es gibt mehr Geld, das verteilt werden kann. […] Daher ist es unseriös, einen Anstieg der Ausgaben von vornherein als ein ›Ausufern‹ des Gesundheitssystems zu bezeichnen«, heißt es in einer Grundlagenbroschüre von ATTAC zu diesem Thema.[33] Und weiter: »Die Frage lautet also: Ist das Gesundheitswesen relativ zum übrigen Wohlstand teurer geworden?«

Soll heißen: Eine reicher gewordene Gesellschaft darf sich auch mehr leisten, gerade im Gesundheitsbereich. Deutschlands Bruttoinlandsprodukt stieg in den letzten drei Jahrzehnten um 96 Prozent, es verdoppelte sich also nahezu.

Besonders viel »geleistet« hat man sich Anfang der 1970er-Jahre, als etwa Intensivstationen flächendeckend eingerichtet wurden. Damals stiegen die Ausgaben binnen fünf Jahren um mehr als die Hälfte. Dieser Investitionsschub schlägt sich bis heute auf die Statistiken nieder. Auf diese Kostensteigerungen zu verzichten hieße natürlich, dass man auch mit Krankenhäusern auf dem Stand der 1960er auskommen müsste. Der behaupteten Kostenexplosion steht also eine, wenn auch nur schwer in nackten Zahlen auszudrückende »Qualitätsexplosion« gegenüber. Ein Blick auf die durchschnittliche Lebenserwartung vermittelt zumindest einen Eindruck von dieser Entwicklung: Bei Frauen stieg sie von 74 Jahren auf knapp über 80, bei Männern von 68 auf knapp über 74 Jahre.

Fazit: Berücksichtigt man Inflation, Wiedervereinigung und Wohlstandszuwachs und betrachtet nur die Steigerungen ab 1976, also nach der außerordentlich hohen Investitionstätigkeit, so zeigen die Ausgaben der GKV ein Plus von 10 Prozent oder gerade mal 0,38 Prozent pro Jahr. Eine ausgesprochen langsame Explosion …

Natürlich heißt das nicht, dass alles eitel Wonne ist. Deutschlands Gesundheitssystem hat sehr wohl ein Finanzierungsproblem – aber es liegt auf der Einkommensseite.

Rund 90 Prozent der Deutschen werden von der gesetzlichen Krankenversicherung erfasst (nur 0,1 Prozent haben keine Krankenversicherung!). Die Höhe ihres Beitrages richtet sich nicht nach Alter, Geschlecht oder anderen Risikofaktoren, sondern einzig und allein nach der Höhe ihres Einkommens. Beiträge zur gesetzlichen Krankenkasse werden nur von den Löhnen entrichtet (Lohnquote), Einkünfte aus selbstständiger Arbeit und Vermögen (Gewinnquote) tragen nichts bei.

Der Rest ist eine Milchmädchenrechnung. Gegeben sind X, die Summe aller Löhne, und Y, die Summe aller Gesundheitsausgaben. Gesucht ist B, der Beitragssatz. Er gibt jenen Anteil von X in Prozent an, den die Krankenkassen benötigen, um Y zu finanzieren. Derzeit liegt B bei 14,3 Prozent, die je zur Hälfte als Arbeitgeber- und Arbeitnehmeranteil entrichtet werden. 1970 lag der Beitragssatz noch knapp über 8 Prozent. Dieser Anstieg ist natürlich dramatisch, und weil wir hier ohnehin von relativen Zahlen sprechen, sind weder Inflation noch Wohlstandszuwachs Milderungsgründe.

Der Grund liegt in einem Absinken der Lohnquote. Lag diese 1975 noch bei 75 Prozent, so sank sie bis 2001 auf 66,5 Prozent. Auf der anderen Seite der Bilanz stehen eine höhere Gewinnquote der Selbstständigen und Vermögensbesitzer, aber auch mehr Pensionisten, mehr Arbeitslose und mehr Studenten als vor drei Jahrzehnten. Dazu kommt, dass in den letzten Jahrzehnten Ausgaben in der Höhe von vielen Milliarden Euro von den Rentenkassen zur gesetzlichen Krankenversicherung verschoben wurden und nun über deren Beiträge finanziert werden müssen (die so genannten Verschiebebahnhöfe).

Zurück zu unserer Milchmädchenrechnung: Wenn die Lohnquote sinkt und die Gesundheitsausgaben steigen, dann ist klar, dass der Beitragssatz explodiert. Das sieht jeder Arbeitnehmer in Deutschland auf seiner Lohnabrechnung. Aber ist das ein Beweis für das Nichtfunktionieren der gesetzlichen Krankenversicherungen?

Was wollen wir uns leisten?

Kein Gesundheitssystem der Welt wird je perfekt sein. Letztlich ist das, daran lässt sich nicht rütteln, eine Frage des Geldes. Die finanziellen Mittel, die eine Volkswirtschaft in die medizinische Versorgung investieren kann, sind begrenzt – und selbst wenn sie 100 Prozent des BIP dafür aufwenden würde, es gäbe immer noch Leistungen, die wünschenswert, aber unfinanzierbar wären.

Wenn eine perfekte Lösung nicht möglich ist, kann es nur Ziel einer Gesellschaft sein, das *bestmögliche* Gesundheitssystem zu schaffen und zu erhalten. Die Kernfragen lauten: Wie viel wollen wir uns leisten? Wie lässt sich dieser Aufwand gerecht finanzieren? Und wie setzt man das Geld möglichst effektiv ein?

Die erste Frage ist nicht direkt abhängig von der Privatisierungsthematik.

Die zweite durchaus: Bei privaten Krankenversicherungen kommt jeder für sein eigenes Risiko auf, bei den gesetzlichen zahlen die gut Verdienenden in einen Topf, der auch den sozial Schwächeren zugute kommt. Den Marktfundamentalisten ist das ein Dorn im Auge: »Der auf gesetzlich begründeter Leistungsausweitung basierende Ausgabenanstieg der GKV belegt eindrucksvoll, wie es sich auswirkt, wenn soziale Leistungen im Konkurrenzkampf der Parteien um die politische Macht zunehmend zu politischen Gütern werden. So wurde [1975] der Mitgliederkreis der GKV um Behinderte, Rehabilitanden und Studenten erweitert. Diese neu geschaffenen Leistungsansprüche waren nicht durch Beiträge dieser Gruppen gedeckt.«[34]

Der Gedanke, der hinter solchen Aussagen steckt, ist klar: Rentable Kunden müssen Geld haben und gesund sein. Nur dann rechnen sie sich für private Versicherungen. Wer da auf der Strecke bleibt, zeigt sich an einer einfachen Kostenstatistik aus Deutschland: Für einen 30-jährigen Durchschnittsversicherten geben die Kassen im Schnitt 1500 Euro aus, für einen 60-jährigen 2000 Euro. Ein an Diabetes mellitus erkrankter Patient verursacht dagegen Kosten von etwa 4750 Euro. Chronisch Kranke würden es in einem rein profitorientierten Gesundheitswesen schwer haben, einen Versicherer zu finden. Aber wie sagte US-Präsident George W. Bush so schön: »Gesunde Kinder brauchen keine Krankenversicherung.«

Weil sich Vorschläge zur ungerechteren Finanzierung zumindest in Europa schlecht dem Wahlvolk verkaufen lassen, ignorieren die Verfechter eines privatisierten Gesundheitssystems diesen Punkt gerne und reden stattdessen über die dritte Frage: Wie setzt man das Geld möglichst effektiv ein?

Sie behaupten, Private könnten dieselben Leistungen besser und billiger erbringen. In eng abgegrenzten Einzelbereichen stimmt das auch, denn wie alle gewinnorientierten Unternehmen versuchen auch die aus der Gesundheitsbranche in den lukrativsten Sparten tätig zu sein. Mit Spezialkliniken lässt sich überall auf der Welt gutes Geld verdienen – die plastische Chirurgie ist ein Musterbeispiel dafür –, während die aufwändigen, unrentablen Behandlungen den karitativen Krankenhäusern und die Kosten dafür der Allgemeinheit überlassen bleiben. Der Glaube, dass Private effektiver sind, hat sich in den letzten beiden Jahrzehnten tief in den Köpfen der Menschen eingegraben. Er beruht im Gesundheitssektor sicher nicht auf Fakten. Nicht nur die Zahlen von der WHO zeigen das. Wirtschafts-Nobelpreisträger Arrows hat schon vor Jahrzehnten vorgerechnet, dass private Absicherungen höhere Verwaltungskosten nach sich ziehen. Studien geben ihm Recht und belegen, dass in den US-amerikanischen Krankenhäusern und Versicherungen nach Abzug von Verwaltung, Werbung und Dividenden nur 66 Prozent der Ausgaben in die Versorgung der Patienten fließen. In Deutschland sind es 88 Prozent, in Österreich über 95 Prozent. Die private Bürokratie ist in den USA rund sechsmal aufgeblasener als in Kanada, wo es ein staatliches Versorgungssystem gibt (das von neoliberalen Politikern allerdings gehörig unter Druck gesetzt und von Aktivisten vehement verteidigt wird).[35]

Private sind also keineswegs »automatisch« effektiver. Helios-Kliniken-Gründer Lutz Helmig sagte es in seinem bereits erwähnten Positionspapier zur Zukunft des deutschen Gesundheitswesens auch frei heraus: »Besorgte Kommunalpolitiker werden das Gegenargument bringen, die Gewinne der Privaten seien nur durch Freisetzung oder Minderentlohnung von Mitarbeitern sowie Einsparungen bei den Sachkosten möglich. Das ist uneingeschränkt richtig, aber kein Argument. Denn der dahinter stehende

Gedanke [...] führte schon die DDR in die wirtschaftliche Katastrophe.«

Welche Katastrophen die Minderentlohnung von Mitarbeitern sowie Einsparungen bei Sachleistungen auslösen, zeigt dagegen die Situation in den USA.

Die Verantwortung der Politik

Natürlich haben die Neoliberalen Recht, wenn sie sagen, dass Konkurrenzdruck ein hervorragendes Selektionsmittel ist, das wie mit unsichtbarer Hand die fittesten Unternehmen ermittelt. Entscheidend ist aber die Definition der »Fitness-Funktion«, um es mathematisch auszudrücken. Konkurrenzdruck »filtert« nach dem Kriterium, um das konkurriert wird. In der Biologie ist das letztlich die Fortpflanzungsquote, am Markt die Bilanz. Im Wettstreit zwischen zwei Krankenhäusern oder Versicherungen sollte es aber nicht die Bilanz, sondern die Qualität der Behandlungen sein. Darauf sind die politischen, rechtlichen und finanziellen Rahmenbedingungen abzustimmen, das war zumindest bisher typische europäische Sozialpolitik.

Ein solches System wird nie perfekt sein, weil es von Menschen gemacht wird und diese Menschen nicht allwissend sind. Was immer Politiker beschließen, es werden sich andere finden, die sie dafür kritisieren. Neoliberale wie von Hayek wollen alles dem Markt überlassen, denn der ist kein Mensch, denkt nicht und kann daher nicht irren. Er kann versagen, aber das ist dann eben der Lauf der Natur. Wenn's schief geht, ist niemand schuld.

Für manche Regierungen ist das eine elegante Möglichkeit, aus dem Dilemma rauszukommen. Dabei ist es nichts anderes als das Ablegen einer unangenehmen Verantwortung. Damit ist aber nicht mehr das Volk der Souverän, sondern der Markt.

Und genau das ist der springende Punkt. Deutschland, Österreich und die Schweiz haben Gesundheitssysteme, in denen ganz wesentliche Leistungen von privaten Anbietern erbracht werden. Das funktioniert deshalb, weil die Rahmenbedingungen nicht auf

Profitmaximierung abzielen, weil der Markt nicht die oberste Instanz ist. Kirchliche und andere karitative Betreiber von Kliniken und Krankenhäusern finden ein Umfeld vor, in dem sie für ein hochqualitatives Angebot vernünftig bezahlt werden. Wenn der freie Markt und seine Gesetzmäßigkeiten Einzug halten, verwandeln sich diese Bereiche in Haifischbecken.

Vorbeugung ist die beste und billigste Medizin

Die beste Medizin ist natürlich die Vorbeugung. Und spätestens hier wird klar, dass ein profitorientiertes Gesundheitssystem versagen muss: Es ist schwer, von jemandem Geld dafür zu verlangen, dass er *nicht* geheilt werden musste. Das Behandeln von Kranken ist immer lukrativer als das Nicht-Behandeln von Gesunden. Ein Gesundheitskonzern hat also wenig Interesse an einer möglichst gesunden Bevölkerung. Vielleicht sollte man auch eher von Krankheitskonzernen sprechen …

Tatsache ist, dass die aktiven Vorsorgebudgets in den öffentlichen Gesundheitssystemen wachsen, während private Versicherer bestenfalls Prämiennachlässe fürs Nichtrauchen gewähren. Und Selbstbehalte, die auch in Deutschland kurz vor der Einführung stehen, verhindern nicht, dass Leute ungesund leben, sondern dass sie zum Arzt gehen, wenn sie krank sind.

Zudem geht Vorbeugung weit über das rein Medizinische hinaus. Schon der deutsche Arzt und Forscher Rudolf Virchow kam 1852 zur Ansicht: »Bildung, Wohlstand und Freiheit sind die einzigen Garantien für die dauerhafte Gesundheit.«[36]

Ein anderer Deutscher, Max von Pettenkofer, gilt als Vater der Präventiv-Medizin. Und Pettenkofer war alles andere als ein Freund staatlicher Regulierung. Er sah Gesundheit als Privatsache und Krankheitsvorbeugung als Verantwortung jedes Einzelnen. Dennoch gab es Probleme, die seiner Meinung nach nur kollektiv gelöst werden können. »Es ist Pettenkofers Beharrlichkeit zuzuschreiben, dass München 1878 einen Schlachthof erhielt, die Stadt eine Wasserversorgung mit Gebirgswasser anlegte und eine neue

Kanalisation baute […] Vorbeugemaßnahmen, so rechnete er vor, seien für jeden Staat auch wirtschaftlich profitabel. Damit ließen sich Krankenhauskosten einsparen und Krankheitsausfälle vermindern. Eine funktionierende Kanalisation und die Versorgung mit einwandfreiem Trinkwasser seien die unabdingbar notwendigen Voraussetzungen für ein reibungsloses Wirtschaftsleben.«[37]
Womit wir beim nächsten Thema wären …

4

Profitquellen

Wasser wird zur Ware

Wasser ist ein endliches und verletzliches Gut, das absolut notwendig ist für Leben, Entwicklung und Umwelt. So lautet der 1. Grundsatz der 1992 auf der Internationalen Wasserkonferenz verabschiedeten »Erklärung von Dublin«. Schön, sollte man meinen. Doch es wurden drei weitere Grundsätze verabschiedet und im letzten heißt es: »Wasser hat einen wirtschaftlichen Wert. [...] Wasser als wirtschaftliches Gut zu betrachten ist ein guter Weg zu effizientem und angemessenem Verbrauch.« Die internationale Politik des vergangenen Jahrzehnts hat sich vor allem an dieser Idee orientiert. Die Folge war eine Reihe von ökonomischen Desastern und menschlichen Katastrophen.

Zum Beispiel: Südafrika

Zu Zeiten der Apartheid riefen Widerstandsgruppen, allen voran der ANC, die armen Bewohner der Townships dazu auf, Wasser- und Stromleitungen illegal anzuzapfen. Sie sollten die Unrechtsregierung nicht noch finanzieren, sondern nehmen, was ihnen ohnehin zustand.
Das war wohl nur Revolutionspropaganda. Als der ANC die Macht übernahm, schrieb er das Recht auf Trinkwasser in die Verfassung. Und dann machte sich Mandelas Regierung an ein umfassendes Privatisierungsprogramm. Mehrere internationale Konzerne wurden ins Land geholt und mit der Wasserversorgung von

Städten und Regionen beauftragt. Für viele Menschen kam das sehr überraschend, hatten doch dieselben Politiker im Widerstand noch sozialistische Ideale gepredigt. »Da kam es zu einem dramatischen Gesinnungswandel und der begann ganz oben«, sagt David McDonald, Direktor für Entwicklungsstudien an der Queens-Universität. Er verweist auf ein Zitat, mit dem Nelson Mandela vor Jahren aufhorchen ließ: »Privatisierung ist die Grundlage der Politik unserer Regierung. Nennen Sie mich einen Thatcheristen, wenn Sie wollen.« Sein Nachfolger, Thabo Mbeki, sagte es noch direkter: »Ich bin ein Thatcherist.«[1]

Das Grundprinzip, das Zauberwort, lautete: Kostendeckung. Tarife werden so gestaltet, dass jeder Konsument die Kosten seiner Wasserversorgung selbst begleicht. Die sozialen Rahmenbedingungen werden ignoriert, Unterstützung für Bedürftige gibt es nicht. In armen, schwer zu versorgenden Bezirken am Stadtrand zahlen die Menschen oft höhere Wasserrechnungen als die wohlhabenden Bewohner der Innenstadt.

Die Auswirkungen waren in einigen Fällen dramatisch. Preisanstiege um bis zu 140 Prozent führten dazu, dass sich in einigen Städten ganze Bezirke an die alten Guerilla-Methoden erinnerten und Wasser wieder stahlen.

Die Konzerne reagierten auf verschiedene Weise. Manchen Gegenden wurde unter Einsatz eines massiven Polizeiaufgebots das Wasser ganz abgedreht. In anderen wurden »Dripper« installiert. Das sind künstliche Verengungen im Leitungssystem, die nicht mehr als ein Tröpfeln aus dem Hahn erlauben. Wer eine viertel Stunde braucht, um ein Glas Wasser zu sammeln, hat am Monatsende vielleicht eine Rechnung, die er auch bezahlen kann. Oft kommen Pre-Paid-Systeme zum Einsatz, also Zapfsäulen, die Wasser nur gegen vorherige Bezahlung abgeben. In Nelspruit installierte eine Tochterfirma des britischen Konzerns Biwater ein System, bei dem der Zähler nicht die entnommene Wassermenge misst, sondern die Dauer, wie lange der Hahn aufgedreht ist. Da es aber oft nur unregelmäßig Wasser gibt, müssen die Menschen den Wasserhahn aufgedreht lassen und ein Gefäß darunter stellen, um das wertvolle Nass nicht zu »verpassen«. Und die ganze Zeit läuft der Zähler mit.

In Ngwelezane, in der östlichen Provinz Kwazulu-Natal, wurden mehrere hunderttausend Menschen seit einer Cholera-Epidemie 1982 über ein öffentliches System mit Wasser versorgt. Die Gemeinde entrichtete dafür einen niedrigen Fixbetrag. 1997 stellte die Regierung das System auf Kostendeckung um und installierte Zähler in den Häusern. Ein durchschnittlicher Haushalt kam nun auf Rechnungen von etwa 6 Euro, zu viel für diese armen Menschen. Also holten sich viele Familien ihr Trinkwasser wie vor 1982 aus dem nahen See. Die Folge war die Rückkehr der Cholera. 350.000 Menschen erkrankten, beinahe 300 starben.[2] Die Kosten für die Eindämmung der Epidemie betrugen das Mehrfache dessen, was die Wasserrechnung der Gemeinde ausmachte ...

»Die neue Politik der Kostendeckung wurde überall in Südafrika eingeführt, wenngleich auf verschiedene Arten«, schrieb der Journalist Bob Carty. »Manche Städte übergaben ihre Wasserversorgung einfach an riesige französische oder britische Wasserkonzerne. Anderswo blieben die Versorgungseinrichtungen öffentlich, waren aber gezwungen, Unterstützungen zu streichen und wie Privatfirmen zu operieren. Es gibt Unterschiede zwischen diesen beiden Modellen, aber arme Südafrikaner nennen den ganzen Prozess einfach Privatisierung – Wasser für Profit –, weil es genau das ist, was sie in ihrem täglichen Leben erfahren.«

Das erinnert fatal an Kaiser Permanente und das Haifischbecken.

Zum Beispiel: Buenos Aires

Die Wasserversorgung und Abwasserentsorgung der argentinischen Hauptstadt galt einige Jahre als Vorzeigeprojekt der Privatisierungsbefürworter. Die seit 2001 anhaltende, dramatische Wirtschaftskrise im zweitgrößten südamerikanischen Land hat das geändert. Um trotz Währungsverfalls noch Profite erwirtschaften zu können, wurden alle paar Monate die Tarife nach oben geschraubt. Immer mehr Argentinier können die Rechnungen nicht begleichen; Hunderttausenden wurde bereits der Hahn abgedreht.

Schritt für Schritt wird Buenos Aires zum Musterbeispiel der Privatisierungskritiker.
Vor rund zehn Jahren sprang die Regierung des neoliberalen Präsidenten Menem auf den Privatisierungszug auf und startete den großen Abverkauf der öffentlichen Unternehmen. 1993 war die Wasserversorgung der Hauptstadt an der Reihe. Obwohl: Abverkauf ist in diesem Fall kein zutreffendes Wort, denn die Konzession wurde gratis vergeben. Sie ging an das Konsortium Aguas Argentinas, das von den französischen Konzernen Suez und Veolia[3] geführt wurde. Es hatte den Zuschlag erhalten, weil es von allen Bietern die niedrigsten Tarife und dabei den schnellsten Ausbau des Netzes versprochen hatte. Hilfreich war vielleicht auch, dass prominente Unterstützer von Präsident Menem, wie die Industriellen Santiago Soldati und Sergio Meller, am Konsortium beteiligt waren und die französische Regierung massives Lobbying betrieb.
Aguas Argentinas übernahm keinen desolaten, ineffizenten Staatsbetrieb. Die Bilanz des Vorgängerunternehmens Obras Sanitarias de la Nación (OSN) wies noch im Jahr vor der Privatisierung einen kleinen Gewinn aus. Die Wasserver- und -entsorgung von OSN umfasste das ganze Stadtgebiet mit drei Millionen Einwohnern. Aber Buenos Aires war wie die meisten lateinamerikanischen Hauptstädte schnell und unkontrolliert gewachsen. Rund um das offizielle Stadtgebiet lebten fast neun Millionen Menschen in neuen Vororten – oft nur Barackensiedlungen oder gar Slums. Rund die Hälfte dieser Menschen war unversorgt und musste dringend ans Wassernetz angeschlossen werden, und zwar vor allem an die Kanalisation und das Klärsystem.
Der Staat war pleite und auf Kredite der Weltbank und des Internationalen Währungsfonds angewiesen, um diese Investitionen finanzieren zu können. In beiden Organisationen waren Experten der Meinung, dass ein privates Unternehmen die Aufgabe besser bewältigen würde als OSN. Die Privatisierung wurde zur Vorbedingung für einen 100-Millionen-Dollar-Kredit.
Als Aguas Argentinas die Wasserversorgung übernahm, senkte das Unternehmen die Tarife sofort um 26,9 Prozent und ver-

pflichtete sich, sie zehn Jahre lang nicht mehr anzuheben. Privatisierungsbefürworter vergessen nie, das zu erwähnen. Was sie meist nicht dazu sagen: Als Vorbereitung zur Privatisierung waren die Preise in zwei Jahren dreimal angehoben worden, zunächst 25 Prozent, dann 29 Prozent, dann 8 Prozent. Dazu wurde die Mehrwertsteuer auf Wasser eingeführt, was es um weitere 18 Prozent verteuerte – macht zusammen plus 140 Prozent, wie in Südafrika.

Und schon 1994, ein Jahr später, wandte sich der private Versorger an die neue Kontrollbehörde ETOSS und beklagte, dass die Tarife zu niedrig seien, um die versprochenen Investitionen durchführen zu können. Die Behörde hob die Preise wieder an. Sie steigerte damit auch ihr eigenes Budget: ETOSS wird direkt über die Wasserrechnungen von Aguas Argentinas finanziert ...[4]

Binnen weniger Jahre schaffte es das Unternehmen, 1,6 Millionen Menschen zusätzlich mit Wasser zu versorgen. Regierung, Konzern und Weltbank jubelten über ihr Vorzeigemodell. Die Bevölkerung sah das anders.

Das Vorzeigeprojekt

1996 formte sich der erste Widerstand gegen Aguas Argentinas. Das Unternehmen stellte für einen Wasseranschluss umgerechnet 800 Dollar in Rechnung, ein Betrag, den sich in armen Gegenden niemand leisten konnte. So umging man die Versorgung von unrentablen Gebieten. (Andere Vororte mit über 3 Millionen Einwohnern waren (erst) gar nicht in die Konzession aufgenommen worden. Die Menschen dort blieben ihrem Schicksal überlassen.)

Nach Straßenblockaden und harten Verhandlungen wurde ein Kompromiss gefunden: Der Preis für einen Neuanschluss wurde um drei Viertel gesenkt, dafür wurde allen Kunden ein Solidaritätszuschlag in Rechnung gestellt. In den Privatisierungsverhandlungen war davon keine Rede gewesen.

Inzwischen pumpte die Weltbank über 900 Millionen Dollar in den Ausbau des Netzes. Eines ihrer Tochterinstitute, die International Finance Corporation (IFC), erwarb sogar Anteile des Konsortiums, 5 Prozent um 7 Millionen Dollar. Interessant wäre eine unabhängige Studie, die klärt, ob ein nicht gewinnorientiertes, öffentliches Unternehmen mit einer knappen Milliarde Dollar Kredit nicht mehr Menschen versorgen hätte können. Aber eine solche Untersuchung fehlt.

Der Netzausbau war zudem asymmetrisch. Die Versorgung wurde deutlich schneller vorangetrieben als die Entsorgung. Es ist wohl leicht zu erraten, welches Geschäftsfeld das rentablere ist ...

Aguas Argentinas hatte zugesagt, in den ersten fünf Vertragsjahren rund 50 Millionen Dollar in die Abwasserentsorgung zu investieren. Tatsächlich wurden es weniger als 10 Millionen. Nur ein Drittel der versprochenen Pumpstationen und Leitungen wurde gebaut. Am schlimmsten war, dass das Unternehmen den Bau der Kläranlage Berazategui immer wieder hinausschob. Die Abwässer ganzer Stadtteile flossen weiterhin ungeklärt in den Rio Plata, mit allen damit verbundenen ökologischen und Gesundheitsrisken. Einer Schätzung der Weltbank zufolge hätte der Betrieb der Anlage 100.000 Dollar gekostet – pro Tag. Jede Stunde, die das Unternehmen den Baubeginn verzögerte, brachte Tausende Dollar. Denn die Gebühren für die Abwasserentsorgung hob Aguas Argentinas ja trotzdem ein.

Die Weltbank, Teileigentümerin des Unternehmens, war weiterhin stolz auf ihr Modell. Mehr als das: 1997 entsandte sie einen hochrangigen Mitarbeiter, Ventura Bengoechea, in das Management von Aguas Argentinas. Während die Weltbank weiterhin sein Gehalt zahlte, handelte er im Auftrag des Unternehmens mit der Aufsichtsbehörde ein höheres Tarifmodell aus. Dann kehrte er in die Bank zurück, wurde zum Spezialisten für Wasserversorgung in Lateinamerika erklärt und leitete 1999 ein Verhandlungsteam, das Argentinien einen weiteren Kredit über 30 Millionen Dollar genehmigte.

Doch nicht so schnell: 1998 beantragte Aguas Argentinas eine weitere Preiserhöhung. Die Beamten bei ETOSS lehnten ab. Präsident Menem selbst genehmigte daraufhin ein neues Tarifmodell. Sein Freund Santiago Soldati verkaufte kurz danach seinen

Anteil an Aguas Argentinas an Suez. Bei der Gründung hatte er 50 Millionen Dollar in das Konsortium eingebracht, fünf Jahre später erhielt er die dreifache Summe für seinen Ausstieg. 1999 schlug das Management von Aguas Argentinas dem Präsidenten einen neuen Vertrag vor. Kernstück war ein Investitionsplan, der unter anderem eine weitere Verschiebung des Baus der Kläranlage Berazategui vorsah. Und wieder wurde eine Preissteigerung beantragt. Und: Zukünftige Erhöhungen sollten nicht mehr an Investitionen gebunden sein. Und: Jährliche, automatische Tariferhöhungen in Höhe der Inflation der Vereinigten Staaten sollten die internationalen Geldgeber absichern. Und Strafen in der Höhe von 10 Millionen Dollar, die ETOSS wegen verschiedenster Versäumnisse gegen Aguas Argentinas verhängt hatte, sollten gestrichen werden.

Menem hatte inzwischen eine Wahl verloren und musste im Dezember sein Amt an Ferdinando de la Rúa übergeben. Am 29. November unterschrieb Carlos Menem den neuen Vertrag.

Im Jänner 2001 erhöhte Aguas Argentinas die Wasserpreise um weitere 9 Prozent.

Wenig später brach die argentinische Wirtschaftskrise aus. Die Bindung des Peso an den Dollar musste aufgehoben werden, die Währung des Landes verfiel dramatisch. Im Dezember wechselte binnen weniger Tage mehrmals die Regierung. Das Land versank in Armut, Unruhen und Chaos.

Aguas Argentinas hatte bis dahin jedes Jahr Profite geschrieben und über 100 Millionen Dollar an Dividenden ausbezahlt. Dennoch war das Unternehmen mit 687 Millionen Dollar bei Weltbank, Europäischer Investitionsbank und Privatbanken verschuldet. Die Kredite waren in Dollar ausgestellt, die Wasserrechnungen in Pesos – der Absturz der argentinischen Währung machte eine Rückzahlung unmöglich. Aguas Argentinas verlangte von der Regierung, dass sie für den Differenzbetrag aufkam. Die Regierung lehnte ab. Darauf beantragte das Unternehmen eine Erhöhung der Tarife um 42 Prozent. Das wurde auch abgelehnt.

Der Internationale Währungsfonds, die neoliberale Feuerwehr bei Finanzkrisen, raste heran. Als Bedingung für einen Hilfskredit

verlangte er harte Wirtschaftsreformen. Unter anderem eine Anhebung der Wasserpreise um 10 Prozent. Präsident Eduardo Duhalde musste nachgeben.
Eine Gruppe internationaler Journalisten recherchierte den Fall ausgiebig und bat Manager und Banker um eine Bewertung des »Vorzeigemodells«. Ventura Bengoechea, der Weltbank-Manager, der schon mal für Aguas Argentinas Preiserhöhungen ausgehandelt hatte, gestand Verbesserungsmöglichkeiten ein. Aber unterm Strich sei das Projekt »sehr erfolgreich«. Und Suez-Manager Gérard Payen nannte es gar »einen absoluten Erfolg«. [5]
Aus ihrer Sicht stimmt das wohl.

French Connection

Dass französische Konzerne bei Aguas Argentinas den Ton angeben, ist alles andere als Zufall. Frankreichs Wasserversorgung liegt seit Napoleons Zeiten in der Hand von privaten, gewinnorientierten Konzernen. Derzeit kontrollieren die beiden größten Unternehmen rund 75 Prozent des privaten Marktes: Der Löwenanteil davon, praktisch halb Frankreich, wird von Veolia versorgt, besser bekannt unter dem früheren Namen Vivendi. Konkurrent Suez versorgt etwa ein Viertel der französischen Haushalte.
Die Konzerne sitzen daheim fest im Sattel. Als im Jahr 2002 Vivendi Universal massive Finanzprobleme hatte und die Mehrheit am Wasserversorger Vivendi Environnment verkaufte, zimmerte die politische Kaste des Landes, von Präsident Chirac abwärts, an einer Auffanglösung. »Die Wasserversorgung ist eine öffentliche Dienstleistung, und wir sollten Sorge tragen, dass Vivendi nicht in schlechte Hände gerät«, sagte Chirac. Da war gerade Wahlkampf.[6]
Der Heimatmarkt ist die solide Basis, von der aus die französischen Multis ausgezogen sind, um den globalen Wassermarkt zu erobern. Mit Erfolg: Zusammen halten sie bereits über 50 Prozent Weltmarktanteil, weshalb sie das französische »Wasser-Duopol« genannt werden. Beide Konzerne versorgen weltweit je über 100

Millionen Menschen; Suez, das die aggressivere Expansionsstrategie verfolgte, sogar noch etwas mehr als Vivendi/Veolia. Unterstützt werden sie dabei nicht nur von der französischen Politik, mit der eng verwoben sind. Auch internationale Finanzinstitutionen und Wirtschaftslobbys halfen ihnen in den letzten 20 Jahren in Dutzenden Ländern, den Fuß in die Tür zu zwängen. Meist gegen den Widerstand breiter Teile der Bevölkerung.
Dabei können die Privaten nicht mal in Frankreich beweisen, dass sie die Wasserversorgung der Bevölkerung effizienter regeln können – zumindest nicht, wenn man die finanzielle Belastung der Haushalte als Maßstab nimmt. So zeigt eine Studie für das Jahr 2000, dass die Tarife von öffentlichen Versorgungsunternehmen im Schnitt um 9 Prozent günstiger waren. Einer anderen Untersuchung der österreichischen Arbeiterkammer zufolge waren die Privaten sogar lange Zeit um durchschnittlich 30 Prozent teurer und sind es gegenwärtig immer noch um 15 Prozent.[7]

Wasser? Ein Sumpf!

Das französische System gilt vielen als undemokratisch und undurchsichtig. Korruption ist so verbreitet, dass die französische Regierung ein eigenes Gesetz zur Verringerung von Korruption in der Trinkwasserversorgung erließ.
Das meiste Aufsehen in jüngster Zeit erregte die Privatisierung des Wassernetzes von Grenoble. Die Stadt legte 1989 sowohl die Wasserversorgung als auch die Abwasserentsorgung in die Hände eines Tochterunternehmens von Suez, trotz vehementen Widerstands aus der Bevölkerung.
Unmittelbare Folge waren Preissteigerungen. Schätzungen der Organisation Eau Secours (Sicheres Wasser) zufolge verdiente das Unternehmen in den nächsten 6 Jahren beinahe 100 Millionen Franc mit überhöhten Tarifen. Weitere 21 Millionen Franc wurden durch falsche Rechnungen in die Kassen gespült: Das Unternehmen stellte Kunden regelmäßig einen höheren Verbrauch in Rechnung als den tatsächlichen.[8]

Der Spuk währte nicht ganz sieben Jahre. Dann verurteilte ein Gericht Bürgermeister Alain Carigon und den Manager des Tochterunternehmens, Jean Jacques Prompsey, wegen Bestechung. Der Politiker hatte sich seinen Wahlkampf mit mehreren Millionen Franc sponsern lassen, auf Kosten des Konzerns unzählige Flüge unternommen und eine Luxuswohnung in Paris zur Verfügung gestellt bekommen. Das Gericht hob den Vertrag zwischen der Stadt und dem Unternehmen auf, heute wird Grenoble wieder öffentlich mit Wasser versorgt, so wie vor dem Experiment.
Zur selben Zeit flog auch ein Skandal in der Region Ile de France auf. Zu den Konzernen von Suez und Vivendi/Veolia gehören auch große Baufirmen. Der drittgrößte französische Wasserkonzern, SAUR, ist eine Tochter des Bauriesen Bouygues. Gemeinsam bildeten diese drei Unternehmen ein Kartell, das sich von 1989 bis 1996 die Errichtung von Schulen in der Umgebung von Paris teilte. Damit das funktionierte, wurden 2 Prozent der Auftragssummen an politische Parteien abgeführt. Illegal, versteht sich.[9]
Gute Gründe, sich die Global Players in dieser Branche genau anzusehen.

Suez

Lyonaise des Eaux, ein Wasserversorgungsunternehmen mit über hundertjähriger Geschichte, und *Compagnie de Suez,* eine noch ältere Firma, die aus dem Bau des Suez-Kanals hervorgegangen ist, schlossen sich 1997 zu *Suez Lyonaise des Eaux* zusammen. Im April 2001 entschloss man sich zur Vereinfachung und verkürzte auf *Suez.* Sämtliche Wasseraktivitäten wurden in ein Unternehmen mit dem Namen *Ondeo* ausgelagert, das sich selbst wieder in mehrere Teile gliedert. *Ondeo Services* kümmert sich seitdem um die Wasserversorgung von Städten: 48.000 Mitarbeiter versorgen 110 Millionen Kunden in 30 Ländern. *Ondeo* und *SITA* (Abfallwirtschaft) wurden einige Monate später zu *Suez Environment* vereinigt.

Wenn wir nicht von einem bestimmten Tocherunternehmen wie Aguas Argentinas sprechen, verwenden wir in diesem Buch immer die Bezeichnung Suez, auch für Geschehnisse vor 1997. Dadurch bleiben die Zusammenhänge leichter ersichtlich.
Der Jahresumsatz von Suez lag in den Jahren 2001 und 2002 jeweils knapp über 40 Milliarden Euro. Das Unternehmen hat ganz gute Chancen, demnächst den Einzug unter die hundert größten Wirtschaftskörper der Welt zu schaffen – eine entsprechende Liste, erstellt vom Washingtoner Institute for Policy Studies, vergleicht das Bruttoinlandsprodukt von Staaten mit dem Umsatz von Konzernen. Anders gesagt: Suez' ökonomische Kraft ist beinahe so groß wie die der gesamten ungarischen Volkswirtschaft, und mehr als 120 Staaten lässt der Konzern bereits hinter sich.
Den weitaus größten Teil des Geschäfts machen Energieversorgung, Wasserdienstleistungen und Müllentsorgung aus, in dieser Reihenfolge. Der Geschäftsbericht 2002 offenbart, dass das Unternehmen ein Sorgenkind hat: Argentinien! Trotz aller Hilfen der Weltbank, des IMF und der argentinischen Regierung hat die dortige Wirtschaftskrise samt Währungsverfall ein dramatisches Loch in die Bilanz des Konzerns gerissen. 2001 lag der Gewinn noch bei 1,9 Milliarden Euro, im Jahr darauf schrieb Suez einen Verlust von 863 Millionen Euro. Das Management weist im Jahresbericht an mehreren Stellen unübersehbar darauf hin, dass das Ergebnis ohne dem Fiasko in Südamerika für die Aktionäre deutlich angenehmer ausgefallen wäre ...
Die aggressive Expansionsstrategie hat Suez aber auch in diesem Jahr nicht aufgegeben. In Deutschland war man seit 1991 Hälfte-Eigentümer von Eurawasser, im Jänner 2002 übernahm Suez 100 Prozent der Firma, die unter anderem in Rostock und Mecklenburg tätig ist. Nur wenige Monate später sicherte sich der Konzern einen 10-Jahres-Vertrag für die gesamte Wasserver- und -entsorgung von Puerto Rico. So ging es weiter, Schlag auf Schlag. Mehrere Städte in China, Südkorea, Senegal, Kanada und Mexiko werden nun von Suez versorgt. Für 40 Millionen Dollar kaufte man US Water von Bechtel, einem Konzern, von dem noch

die Rede sein wird. US Water hat in den Vereinigten Staaten 40 Versorgungsabkommen mit kleinen und mittleren Gemeinden.
Suez ist nun massiv verschuldet, der Geschäftsbericht weist Verbindlichkeiten in Höhe von 26 Milliarden Euro aus. Für 2003 und 2004 wurde daher ein »Action Plan« beschlossen, der sowohl eine Verringerung der Schulden als auch der Investitionen in riskanten Schwellenländern vorsieht.[10] Das Visier der Wassermultis schwenkt zunehmend auf Osteuropa.

Veolia/Vivendi

Ist die Firmengeschichte und -struktur von Suez schon undurchsichtig, bei *Veolia* und dem Mutterkonzern *Vivendi Universal* wird es noch verwirrender.
Im Jahre 1853 wurde die *Compagnie Générale des Eaux* gegründet und übernahm die Wasserversorgung der Stadt Lyons. 1880 begann das Unternehmen Niederlassungen außerhalb Frankreichs zu gründen und wuchs kontinuierlich. 100 Jahre später nahm der Expansionskurs ein atemberaubendes Tempo an. Neue Sparten wie Energieversorgung, Abfallentsorgung, Telekommunikation, Kabelfernsehen, Verkehr (z. B. eine Bahnlinie in England) und andere wurden gegründet, all das auf globaler Ebene.
1998 benannte sich der Konzern in *Vivendi* um; wohl weil diese Marke einprägsamer ist als der ursprüngliche Name. 1999 trennte sich Vivendi von seiner Immobilien-Sparte und der in den Kartell-Skandal verwickelten Baufirma.
Im darauffolgenden Jahr kam dann der Knalleffekt: Vivendi schloss sich mit dem TV-Unternehmen Canal+ und dem Unterhaltungskonzern Seagrams zusammen. Das Ergebnis dieses »Mega-Mergers« heißt *Vivendi Universal*. Das Unternehmen hatte zwei unterschiedliche Standbeine: Die Mediensparte reichte von den Universal Studios über Universal Music bis Sierra Games und mp3.com, dazu kamen Verlage, Fernseh- und Radiosender, Mobilfunknetze ...
Die zweite Sparte war die Cashcow, die diese gewaltige Ausdeh-

nung in ein Medienuniversum finanzierte: Vivendi Environnement war tätig in den Branchen Wasser, Energie, Abfallwirtschaft und Verkehr. Damit die Eroberung der schönen neuen Medienwelt ungehindert voranschreiten konnte, wurden alle Schulden des Gesamtkonzerns zu Vivendi Environnement verschoben – und damit letztlich auf Wasser- und Stromabrechnungen, Müllgebühren und Bahntickets von Kunden in aller Welt verteilt.

Natürlich: Das Experiment ging schief. Als sich die Fantastillionen-Gewinne im Sog der New Economy nicht einstellen wollten, brach der Aktienkurs ein. Allein im ersten Quartal 2002 verloren die Vivendi-Aktionäre 17 Milliarden US-Dollar. Um sich Luft zu verschaffen verkaufte Vivendi Universal im Juni die Mehrheit an der Tochter Vivendi Environnement, behielt aber einen Anteil von 42 Prozent. Einen Monat darauf wurde Langzeit-Chef Jean Marie Messier zum Rücktritt gezwungen und durch Jean-Rene Fortou ersetzt. Gegenwärtig laufen in Frankreich und den USA Untersuchungen, die klären sollen, ob während Messiers Herrschaft falsche Unternehmensdaten veröffentlicht wurden. Im Dezember 2002 wurden Büros und Privathäuser durchsucht.[11]

Eine Bankengruppe rettete das Unternehmen mit Krediten von zunächst einer und dann weiteren drei Milliarden Euro. Vivendi Universal verkaufte in der Folge riesige Unternehmensteile, wie die gesamte Verlagssparte, um sich zu konsolidieren. Derzeit wird eine Auktion vorbereitet, unter den Hammer sollen unter anderem auch die Universal Studios kommen.

Seit die Konzernmutter die Mehrheit an der Tochter abgegeben hat, treten Spannungen zwischen den beiden Unternehmen offen zu Tage. Henri Proglio, Chef von Vivendi Environnement, machte klar, dass er sich abnabeln und den Namen Vivendi ablegen wollte. »Man tauft ein neues Schiff nicht auf den Namen eines gesunkenen Schiffes«, wird er zitiert.[12]

Am 8. April 2003 war es dann so weit. Proglio verkündete den neuen, von teuren Beratern sorgfältig ausgewählten Namen seines Unternehmens: *Veolia Environnement.*[13]

Veolia ist das gemeinsame Dach für den Abfallentsorger *Onyx,* das Transportunternehmen *Connex,* den Energieversorger *Dalkia*

und *Veolia Water Systems*. Jedes dieser Unternehmen hat wieder zahlreiche Tochterfirmen. Das ist zwar alles recht kompliziert, aber heutzutage notwendiges Hintergrundwissen, will man auch nur die Kurznotizen in der lokalen Tageszeitung verstehen.
Wenn da etwa Mitte Juni 2003 zu lesen ist, dass die Lizenz für den Bahnverkehr zwischen Hamburg und Westerland an die NordOstseeBahn vergeben wurde, wird kaum jemandem der Puls schneller schlagen. Auch nicht, wenn das die bisher größte Vergabe ihrer Art in Deutschland ist. Weiß man aber, dass die NordOstseeBahn die deutsche Tochter von Connex ist und somit zum selben Konzern gehört, der kürzlich die Wasserversorgung in Gera übernommen hat und sich neuerdings in Weihwasser (Sachsen) nicht nur ums Wasser, sondern auch noch um die Müllentsorgung kümmert, ergeben die Mosaiksteinchen bald ein Bild: Veolia/Vivendi sickert in kleinen Schritten, aber auf vielen Ebenen in Deutschland ein. GlobalisierungskritikerInnen malen hier ein düsteres Zukunftsbild: Nach vollzogener Privatisierungswelle werden kleine Kommunen ebenso wie große Städte in der gesamten Daseinsvorsorge von globalen »Multi-Utility-Konzernen« abhängig sein und von diesen Energie, Wasser, Telekommunikation und Müllentsorgung alles aus einer Hand beziehen.

RWE/Thames Water

RWE stieg binnen weniger Jahre zur Nummer drei am globalen Wassermarkt auf. Nach dem Berliner Pilotprojekt (1999) stieg der Energieversorger im Jahr darauf mit einem Paukenschlag groß ins Geschäft ein, als er das britische Unternehmen Thames Water für 12 Milliarden Mark (plus Schulden) übernahm.
Thames ist eines von zehn Unternehmen, die sich mit Hilfe von Gebietsmonopolen den Markt für Wasserversorgung in England und Wales teilen. Diese Struktur wurde 1989 geschaffen, als Margaret Thatcher die Privatisierung des Sektors durchsetzte. Seit damals stiegen die Wasserpreise um fast 50 Prozent an, die Qualität sank. Zehntausenden Haushalten wurde bereits das Wasser abge-

dreht, weil sie sich die hohen Rechnungen nicht mehr leisten können. Und die Fälle von Hepatitis A haben sich seitdem verdoppelt, weil das Leitungsnetz verlotterte.

Die beteiligten Unternehmen sind alle schwarze Schafe, aber Thames ist geradezu dunkelschwarz. Die NGO Public Services International hat nachgerechnet, dass die Tarife sich im ersten Jahrzehnt nach der Privatisierung verdoppelten. Auch 1995, als die Investitionen in die Infrastruktur um 350 Millionen Pfund gekürzt wurden, sank die finanzielle Belastung der Haushalte nicht.

Mit den Gewinnen ging das Management auf Expansionskurs. Die Weltbank drängte damals Indonesiens Diktator Suharto, als Gegenleistung für einen Kredit die Wasserversorgung der Hauptstadt Jakarta zu privatisieren. Die Parallelen zu Buenos Aires sind unübersehbar. Thames sicherte sich ein Eintrittsticket in dieses Geschäft: indem man gemeinsam mit Sigit Suharto, dem Sohn des Diktators, ein Joint Venture bildete. Sigit hatte keine Ahnung vom Wassergeschäft und investierte angeblich auch keine einzige Rupia, aber seinen Familiennamen vergütete Thames mit einer 20-prozentigen Beteiligung.

Dann traten Schwierigkeiten auf, denn Konkurrent Suez wollte das lukrative Geschäft nicht verpassen und ließ Muskeln und Beziehungen spielen. Letztlich wurde ein salomonisches Urteil gefällt und beide Konzerne bekamen je eine Hälfte der Stadt zugewiesen. Bis zu diesem Zeitpunkt war es Ausländern explizit verboten, in Indonesien in die Wasserversorgung einzusteigen, aber das entsprechende Gesetz wurde aufgehoben. Im Sommer 1997 ging die Privatisierung über die Bühne. Noch im selben Jahr veröffentlichte die Weltbank einen Report, der dem Projekt Erfolg voraussagte und bereits die Privatisierung der 300 anderen Wasserversorger des Landes skizzierte. Es kam dann doch etwas anders. Kurz darauf brach die so genannte Asienkrise aus, auch Indonesiens Volkswirtschaft knickte ein, die Währung stürzte dramatisch ab. Hunger, Studentenunruhen und Straßenschlachten mit Toten folgten, dann musste Präsident Suharto abtreten. Mit ihm verloren Thames und Suez auch den politischen Rückhalt. Die neuen Machthaber wollten die Verträge kündigen und konnten nur mit

politischem Druck und Klagsdrohungen davon abgehalten werden. Ein Parlamentarier sagte: »Was sollen wir tun? Wir brauchen ihr Geld und wir wollen kein Zeichen setzen, das andere Investoren verschrecken könnte.« Letztlich einigte man sich.
Die politischen Kontakte waren nicht das einzig Unsaubere an Thames, als RWE einstieg: 1999 wurde das Unternehmen in England acht Mal wegen Umweltverschmutzung und Gefährdung der öffentlichen Gesundheit verurteilt, öfter als alle Konkurrenten. Strafen in der Höhe von rund 120.000 Euro wurden verhängt, Läuterung haben sie nicht bewirkt.
Im Jahr darauf kam es südlich von London zu einem Zwischenfall in einer Pumpstation, in der die Ausrüstung nicht den Vorschriften entsprach. Mehr als 20 Millionen Liter Haushalts- und Industrieabwässer gerieten in einen Fluss. Wohngebiete wurden überschwemmt, Keller standen unter Wasser. Anrainer wurden krank und mussten in Spitalsbehandlung. Zehn Häuser waren danach nicht mehr bewohnbar. Ein Gericht stellte fest, Thames' Praktiken seien geprägt von »völliger Missachtung der menschlichen Gesundheit und der Umwelt«, und verhängte Strafen in einer Höhe von über 400.000 Euro. Damit belegte das Unternehmen mit deutlichem Vorsprung den Spitzenplatz unter den verurteilten Umweltsündern dieses Jahres.
Auch 2001 und 2002 kam es laufend zu Verurteilungen, sogar mit steigender Frequenz. Es fällt auf, dass das Unternehmen sogar dann kaum reagiert, wenn Schäden gemeldet werden. Überschwemmungen von Pumpstationen und Kläranlagen werden in Kauf genommen, reagiert wird erst, wenn etwas passiert. Für RWE/Thames ist es offensichtlich billiger, die Strafen hinzunehmen, als vorbeugend in die Infrastruktur zu investieren. Dieses einfache Kosten-Nutzen-Kalkül lernen zukünftige Betriebswirte an der School of Economics der Universität von Chicago.
Nachdem RWE sich Thames einverleibt hatte, ging es jenseits des Atlantiks shoppen und übernahm American Water Works. Damit wurden weitere 15 Millionen Menschen in 29 US-Bundesstaaten und drei kanadischen Provinzen zu Kunden von RWE. Im Jänner 2003 wurde diese Übernahme endgültig genehmigt.

Im Vergleich dazu nehmen sich die Aktivitäten auf dem deutschen Heimatmarkt eher bescheiden aus. Kernstück ist die 24,95-Prozent-Beteiligung an Berlinwasser. 1999 entschloss sich Berlin aus drückender Geldnot, den solide geführten und Gewinn bringenden Betrieb teilweise zu privatisieren. Die Mehrheit gab die Politik nicht aus der Hand: 50,1 Prozent des Unternehmens gehören immer noch der Stadt. Den Rest teilen sich RWE und Veolia/Vivendi (zunächst war auch die Allianz mit an Bord). Gerüchte, dass RWE den französischen Konkurrenten auszahlt und sich das Land Berlin auf eine Sperrminorität zurückzieht, wollen nicht abreißen.[14]
Dabei ist die Privatisierung von Berlinwasser schon bisher keine Erfolgsstory. Die Telekom-Tochter BerliKomm dümpelt dahin, die »Multi-Utility«-Tochter Avida hat schon das Zeitliche gesegnet, der Verkauf des Müllentsorgers SVZ platzte zunächst spektakulär. 2001 wurde die Holding durch eine Bürgschaft der Eigentümer vor der Insolvenz gerettet, der Berliner Senat musste 158 Millionen Euro beisteuern. Für die Stadt ist das schlimm, für RWE und Vivendi halb so wild. Ihnen wurde beim Einstieg eine Kapitalverzinsung von ca. 9 Prozent garantiert.[15]

Deutschland, ein Bremsklotz?

Die Privatisierung von Wasserwerken steckt in Deutschland noch in den Kinderschuhen, zumindest im internationalen Vergleich. Das ist strukturbedingt. In Deutschland sind für die Wasserversorgung die Kommunen verantwortlich, und zwar im Rahmen ihres Auftrages zur Daseinsvorsorge. Ihr Selbstverwaltungsrecht ermöglicht ihnen die freie Wahl der Organisationsstruktur und gibt ihnen die Möglichkeit, Anschluss- und Benutzungszwänge zugunsten bestimmter Versorger zu verhängen.[16] Und der § 103 GWB (Gesetz gegen Wettbewerbsbeschränkungen) erlaubt ihnen exklusive Konzessionen an Vertragspartner zu vergeben – bisher zumeist Kommunalbetriebe und kleine, lokale Versorger.
Die Folge ist eine einzigartig filigran gegliederte Versorgungs-

struktur. Über 6600 Wasserversorgungsunternehmen betreiben beinahe 18.000 Wasserwerke. 4500 Betriebe sind so klein, dass sie gemeinsam nur 8,2 Prozent der Kunden versorgen.
Die Deutsche Bank bezeichnete das deutsche System in ihrem Bericht »Wasserwirtschaft im Zeichen von Liberalisierung und Privatisierung« schon im Jahr 2000 als »Bremsklotz im Weltmarkt«.
Damit hat sie nicht Unrecht. Die Konzerne müssen mit fast jeder kleinen Gemeinde einzeln verhandeln – deswegen haben die Vorstöße der internationalen Multis nach Deutschland bisher eher Expeditionscharakter. Was nicht heißt, dass keine Gefahr droht. RWE zeigt durchaus Interesse, sich einen ähnlich starken Heimmarkt wie die französische Konkurrenz zu schaffen, und auch E.ON ist in den Ring gestiegen. Über die 80-Prozent-Beteiligung bei Gelsenwasser (Gelsenkirchen, Bremen, Neubrandenburg u. a.) versucht der Konzern in der Branche Anker zu werfen. RWE hält erbittert dagegen, die Hauptkampfzone liegt derzeit zwischen dem Ruhrgebiet und Hamburg.
Was den Konzernen entgegenkommt, ist die Finanznot der deutschen Kommunen. Das Bundeswirtschaftsministerium schätzt, dass im Bundesgebiet in den nächsten zwölf Jahren 100 bis 150 Milliarden Euro für Sanierungen und Modernisierungen aufgewendet werden müssen.[17] Vielen Gemeindevätern und -müttern wird da der Verkauf der Wasserwerke als die einfachste Möglichkeit erscheinen, das Problem loszuwerden. RWE, E.ON und eine Hand voll andere haben das Scheckbuch schon gezückt. Und die neuen Tarifpläne in der Schublade. Viele Beobachter erwarten in absehbarer Zeit allerdings auch hier eine Bereinigung: E.ON könnte den Kampf aufgeben, Gelsenwasser an RWE verkaufen und sich weiterhin auf eine Expansion im Energiemarkt konzentrieren.
Eine deutsche Gemeinde hat diese Zukunft schon wieder hinter sich. 1997 verkaufte Potsdam 49 Prozent seines Wasserbetriebs an Eurawasser, eine Tochter von Suez' Ondeo. Drei Jahre später trennte man sich wieder. Der Konzern wollte mittelfristig die Preise von ursprünglich 7,86 Mark pro Kubikmeter auf 16,40

Mark anheben. Die Stadtverwaltung war nicht bereit, diese Steigerung zu genehmigen, und Suez war nicht bereit, mit niedrigerer Rendite weiterzumachen. Die Stadt zahlte Eurawasser eine Entschädigung in nicht bekannt gegebener Höhe. Offiziell lautete die Sprachregelung: »Da ein Privatunternehmen wie Eurawasser grundsätzlich Gewinne erzielen will, kam es zu unterschiedlichen Auffassungen bei der Gebührenkalkulation.« Karsten Zühlke von der Geschäftsführung des Wasserbetriebs Potsdam sagte es prägnanter: »Da können wir die Arbeit alleine günstiger machen.«[18] Eine Erkenntnis, zu der man auch anderswo gelangte.

Zum Beispiel: Atlanta, USA

Atlanta, Hauptstadt von Georgia, Veranstaltungsort der Olympischen Spiele ´96 und Heimat der amerikanischen Konsumkultur-Ikonen CNN und Coca-Cola, entschloss sich 1997, die Wasserversorgung in private Hände zu legen. Es war die größte Privatisierung in der Geschichte der Vereinigten Staaten und ein Modellfall für Tausende Städte, die folgen sollten. Entsprechend euphorisch waren neoliberale Politiker und Manager. Euphorie im ursprünglichen Wortsinn bezeichnet übrigens das durch chemische Veränderungen im Körper ausgelöste Hochgefühl kurz vor dem Eintreten des Todes ... Die Branche gab sich vor der Vergabe im Rathaus die Klinke in die Hand. Letztlich machte United Water, eine Tochter von Suez, das Rennen. Für 428 Millionen Dollar sollte das Unternehmen 20 Jahre lang die Wasserversorgung sicherstellen, nein: verbessern. Das hätte für die Stadt eine Einsparung von rund 50 Prozent bedeutet.[19]

Am 1. 1. 1999 übernahm United Water den Betrieb des Netzes und machte sich zunächst daran, Mitarbeiter zu entlassen. Von ursprünglich 700 sollten nur etwas mehr als 300 Arbeitsplätze erhalten bleiben. Auf diese Weise können zwar 50 Prozent der Kosten gespart werden, doch damit beginnen auch umgehend die Probleme.

Die Wasserqualität sank rapide, oft kam nur braune Brühe aus den Leitungen, manchmal stundenlang nicht mal das. Alltags-

Horrorgeschichten gingen durch die Medien: Von weißen Hemden, die nach einem Waschgang graubraun waren, von der Blondine, die nach dem Haarewaschen rötlich schimmerte, als »ob du irisches Blut in dir hättest«[20]. Während einer mehrwöchigen Sommerdürre, als United Water seine Kunden aufforderte, Wasser zu sparen, kam es zu einem spektakulären Rohrbruch. Aus einem Feuerwehr-Hydranten schoss das wertvolle Nass in einer Fontäne heraus. Die Anrainer meldeten den Schaden, jeden Tag. Erst nach zehn Tagen wurde der Schaden behoben. Inzwischen war der Straßenbelag von den Wassermassen unterspült worden. Bei anderen Rohrbrüchen dauerte es bis zu zwei Monate, bis sie repariert wurden.

United Water forderte von der Stadt schon im ersten Jahr 80 Millionen Dollar Aufzahlung, um zusätzliche Kosten abdecken zu können. Später wurden dem Konzern falsche Abrechnungen nachgewiesen: Standard-Wartungen wurden als außerordentliche Reparaturen ausgegeben. Es wurden Tätigkeiten in Rechnung gestellt, die noch nicht abgeschlossen, manchmal noch nicht einmal begonnen worden waren. Das Misstrauen der Stadtverwaltung wurde so groß, dass sie alle Angaben und Rechnungen von United Water nachprüfen ließ – allein das kostete eine Million Dollar.

Dieser Zustand war natürlich untragbar. Im Jänner 2003, vier Jahre nach dem Start des vermeintlichen Vorzeigeprojekts, einigten sich die Stadtverwaltung und der Konzern darauf, den Vertrag sofort zu kündigen.

Bürgermeisterin Shirley Franklin gab eine Pressekonferenz und kündigte an, die Stadt werde sich von nun an wieder selbst um die Wasserversorgung kümmern. »Ich möchte allen in Atlanta versichern, dass ihr Wassersystem in guten Händen ist.« [21]

Der republikanische Stadtrat Howard Shook drückte es dramatischer aus: »Eines ist sicher: Der Konservative in mir betet nicht mehr am Altar der Privatisierung, wie ich es einst vielleicht getan habe. Manchmal ist es die beste Antwort, aber jetzt weiß ich, dass es nicht immer die Antwort ist, und wir müssen sehr vorsichtig damit umgehen.«[22]

Public Citizen, die größte Verbraucherschutz-Organisation der

Vereinigten Staaten, zog sarkastisch Resümee: »Die Befürworter der Privatisierung hatten völlig Recht, als sie behaupteten, der Vertrag von Atlanta würde ein Modell für die Privatisierung von Wasserservices sein. Bei diesem Modell, wie in Atlanta eindrucksvoll illustriert wurde, machen Firmen Versprechen, die sie nicht halten können, in der Erwartung, der Stadt später einfach zusätzliche Leistungen in Rechnung stellen zu können. [...] Die Firma wird zu ihrer konsumentenfeindlichen Strategie mit einem Langzeitvertrag ermutigt, der ihr ein Monopol auf Jahrzehnte sichert und die Verbraucher in Geiselhaft nimmt.«[23]

Zum Beispiel: Cochabamba

Ismael Serageldin, Vizepräsident der Weltbank, prophezeite 1995, dass die Kriege des nächsten Jahrhunderts um Wasser geführt werden würden. Dass ausgerechnet sein Institut nur wenige Jahre später die erste dieser Schlachten auslösen würde, hatte er wohl nicht vorausgesehen.

Bolivien, das Land mit dem größten Anteil indigener Bevölkerung in Südamerika, ist reich an Rohstoffen und Bodenschätzen. Und doch sind die meisten seiner Einwohner bitterarm, denn seit beinahe 500 Jahren dienen diese Ressourcen nur der Bereicherung einiger weniger. Zunächst waren es die Conquistadores, dann Großgrundbesitzer und Diktatoren und nun die transnationalen Konzerne. In der zweiten Hälfte der 1980er-Jahre krempelte Präsident Victor Pas Estensorro das bolivianische Wirtschaftssystem von Grund auf um. Die riesigen Staatsbetriebe, die mehr als die Hälfte der Beschäftigten Arbeit gaben, wurden privatisiert.

Und das bedeutete in Bolivien: günstiger Verkauf an internationale Konzerne, mit lukrativer Minderheitsbeteiligung für bolivianische Investoren (lies: Angehörige der Oberschicht). »Wir wissen nicht, wohin das Geld aus diesen Verkäufen ging«, sagt der Gewerkschaftsfunktionär Oscar Olivera.[24] Zum Beispiel sei eine Zinnmine, deren Wert auf 57 Millionen Dollar geschätzt worden war, um ein Drittel dieses Preises privatisiert worden. Der staatliche Erdölkonzern hatte jährlich 400 Millionen Dollar zum Budget beigetragen. Das Privatunternehmen zahlt nur noch 80 Millionen Steuern. 80 Prozent der Exporte entfallen auf Bodenschätze, doch die Erträge daraus fließen nun meist ins Ausland. Auch die Eisenbahnen wurden dem Markt übergeben (mit ähnlichem Erfolg wie in Großbritannien), dann die Fluglinie, das staatliche Telekommunikationsunternehmen und zahlreiche Produktionsbetriebe.

Dieser Ausverkauf hat die Budgetsituation des Landes nicht verbessert. Bolivien steckt weiterhin bis zur Unterlippe in einem Sumpf aus Schulden, aus dem es alleine nicht mehr herauskommt. Hauptkreditgeber ist die Weltbank. Und die kennt auch die richtige Lösung: weitere Privatisierungen.

1996 forderten Vertreter der Weltbank den Bürgermeister von Cochabamba auf, die Wasserversorgung dem Markt zu übergeben. Erst dann würden sie der Stadt mit 500.000 Einwohnern einen Kredit zum Ausbau des Leitungsnetzes gewähren. Als das nicht geschah, setzte die Bank das Messer etwas höher an und im Jahr darauf direkt den Präsidenten unter Druck. Ein Schuldenerlass in der Höhe von 600 Millionen Dollar wurde mit der Privatisierung von Cochabambas Wasserversorgung verknüpft.[25] Das zeigte Wirkung.

Im Juni 1999 empfahl ein Bericht der Weltbank, die bevorstehende Übergabe an den Markt nicht durch finanzielle Unterstützung für Bedürftige zu verwässern. Alle sollten für ihr Wasser den vollen Preis zahlen, auch die Menschen in den Armutsvierteln.

Im September war es so weit: Ein Unternehmen namens Aguas del Tunari (AdT) bekam den Zuschlag, die Stadt und ihr Umland bis 2039 exklusiv mit Wasser zu versorgen. Die Umstände waren dubios. Der Vergabeprozess fand hinter verschlossenen Türen statt, das Unternehmen war der einzige Bieter, der Vertrag wurde geheim gehalten. Hinter AdT stand ein Konsortium aus einer auf den Cayman Islands angesiedelten Firma namens International Waters Ltd und bolivianischen Minderheitsinvestoren.

Doch noch nahm das Unternehmen die Arbeit nicht auf: Erst mussten die Rahmenbedingungen marktkonform gemacht werden. Dazu diente das Gesetz 2029. »Unsere Leute betrachten Wasser als etwas sehr Heiliges«, erklärt Oscar Olivera. »Wasser ist ein Recht, kein Gut zum Verkauf. Es ist eng mit den Traditionen der Landbevölkerung verknüpft, seit der Zeit der Inkas.« Damit war jetzt Schluss.

Gesetz 2029 strich jede Verpflichtung zur Versorgung der ländlichen Gebiete. Gleichzeitig wurde Gemeinden untersagt, Brunnen zu graben oder Wasser zu besteuern. Sogar für die Benutzung von bereits existierenden Brunnen, egal ob öffentlich oder in Familienbesitz, musste eine Gebühr entrichtet werden. Wer in seinen eigenen Garten ging, um einen Kübel Wasser aus einem Brunnen zu schöpfen, den er selbst gegraben hatte, musste – theoretisch – zahlen. Andernfalls gab das Gesetz AdT das Recht, den Brunnen zu sperren. Bauern durften ohne Sondererlaubnis keine Zisternen mehr anlegen, um den Regen zu sammeln – selbst dann, wenn ihre Gemeinde von AdT gar nicht mit Wasser versorgt wurde. Und: Das Gesetz knüpfte die Wassergebühren an den US-Dollar, um das caymanische Unternehmen vor Währungsschwankungen zu schützen. Das Kursrisiko trugen nun die Einwohner der Stadt, die Cochabambinos.

Das Parlament verabschiedete Gesetz 2029 im Oktober. Im November übernahm Aguas del Tunari den Betrieb des Wassernetzes und erhöhte sofort die Preise. Im Schnitt um ein Drittel, in einigen Fällen auch um das Doppelte oder gar Dreifache. Familien, die mit umgerechnet 100 Dollar im Monat auskommen mussten, erhielten plötzlich Wasserrechnungen von 20 Dollar und mehr. Ein öffentlicher Aufschrei war die Folge.

Der Grund für die Preiserhöhungen: AdT musste die Kosten für den Misicuni-Staudamm wieder hereinbringen. Ein Staudamm auf 4000 Metern Seehöhe sollte Cochabamba mit Wasser versorgen. Die Kosten pro Liter waren sechsmal höher als aus alternativen Quellen. Es war ein wahnwitziges Prestige-Objekt, geplant von einer reichen bolivianischen Familie und eben Aguas del Tunari, und die Cochabambinos sollten es finanzieren. Denn der Misicuni-Damm bestand erst auf dem Papier, als die Kosten dafür schon auf den Rechnungen aufschienen.

Greg Palast, ein investigativer Journalist, dem die Sache zugetragen wurde, kommentierte das so: »Es ist ein Grundsatz des Wirtschaftslebens, dass Investoren Großprojekte finanzieren. Für dieses Risiko holen sie sich die Kosten mit Profit wieder zurück, wenn das Projekt ein verkäufliches Produkt hervorbringt. Das ist das Herz, die Seele und die Rechtfertigung des Systems, das man ›Kapitalismus‹ nennt. So weit die Theorie. Aber wenn ein Monopolanbieter seine Faust um die Wasseranlagen einer Stadt schließt, kann er das Geld für neue Großprojekte (auch wenn sie 600 Prozent vom Marktpreis kosten) aus den gefangenen Kunden pumpen statt aus seinen Aktionären.«[26]

Noch im November schlossen sich Aktivisten vieler verschiedener Gruppen, darunter die großen Gewerkschaften, zu einer Plattform zusammen, der »Koordination zur Verteidigung von Wasser und Leben«, später einfach *La Coordinadora* genannt. Sie wollten Proteste organisieren, Regierung und Aguas del Tunari zu einem Absenken der Preise bewegen. Beide zeigten sich nicht gesprächsbereit.

Am 28. Dezember blockierte *La Coordinadora* alle Zufahrtsstraßen zur Stadt und forderte nochmals Verhandlungen. Keine Reaktion. Im Jänner folgte ein viertägiger Generalstreik. Nun willigte die Stadtregierung ein. Man einigte sich darauf, dass die Stadtverwaltung binnen 45 Tagen eine Verbesserung der Situation erreichen sollte. Kaum ging man auseinander, verkündeten Beamte, dass der Vertrag nicht geändert werden könne und man AdT sicher nicht auffordern würde, die Tarife zu senken.

Am 4. Februar kamen die Demonstranten wieder. Sie wollten am zentralen Hauptplatz unter den Augen der lokalen Regierungsbehörden ein Fest feiern um klar zu machen, dass sie nicht locker lassen würden. Ihr Motto lautete: »El gaua es nuestra, carajo!«, deutsch: Das Wasser gehört uns, verdammt noch mal! Präsident Banzer schickte die Bundespolizei, zwei Tage lang tobten schwere Straßenschlachten, 175 Menschen wurden verletzt. Als die Polizei wieder abzog, feierten die Menschen in den Straßen ihren Sieg. Aber die Sache war noch lange nicht entschieden.

Hinter den Kulissen

Recherchen von Aktivsten brachten in der Folge Licht in die Hintergründe des geheimen Wasserdeals. So deckten sie auf, dass hinter Aguas del Tunari der US-amerikanische Großkonzern Bechtel stand, eine Firma mit besten Kontakten zur US-Regierung. Egal, ob gerade Demokraten oder Republikaner das Sagen haben. Derzeit ist Bechtel mit dem Wiederaufbau des Irak beschäftigt, die Vergabemethode für diesen Auftrag hat auch eine etwas schiefe Optik – vorsichtig formuliert.

Über sympathisierende Lokalpolitiker gelang es der Coordinadora auch, sich eine Kopie des geheimen Vertrages zu organisieren. Ihre schlimmsten Befürchtungen wurden noch übertroffen. »Der Vertrag ist sogar noch schlimmer als das Gesetz!«, stöhnte Oscar Olivera.[27]

Eine Klausel garantierte den Investoren eine Rendite von 16 Prozent im Jahr, unabhängig vom Betriebsergebnis. Eine andere legte fest, dass die Tarife zu jedem Jahreswechsel angepasst werden konnten – und zwar an den US-Verbraucherpreisindex!

Eine dritte Klausel schrieb fest, dass der Vertrag rechtlich über allen anderen Verträgen, Gesetzen und Erlassen stand. Er war unanfechtbar. Also ging die Coordinadora davon ab, Nachbesserungen zu verlangen. Nun forderte sie die sofortige Aufhebung des ganzen Vertrages.

Als Antwort verkündete der Konzern die Konfiskation aller Wassernetze und berief sich auf sein Monopol. Gleichzeitig verschlechterte sich die Versorgung. Der Druck in den Leitungen sank, duschen war praktisch unmöglich. In manchen Bezirken floss das Wasser nur noch zwei Stunden pro Tag. Die von AdT verschickten Abrechnungen zeigten bei manchen Haushalten plötzlich den vier- oder fünffachen Verbrauch an – obwohl die Konsumenten sich sicher waren, nicht mehr Wasser als zuvor gebraucht zu haben (was bei verdoppelten Gebühren doch eher glaubhaft erscheint).

Nun rief *La Coordinadora* zum Boykott auf. Niemand zahlte mehr seine Rechnungen.

Die mit der Regierung ausgehandelte 45-Tage-Frist verstrich ergebnislos. Ende März hielten die Wasserrebellen eine Straßenumfrage ab. Eine einzige Frage wurde gestellt: Soll der Vertrag mit AdT gekündigt werden? Über 90 Prozent der Befragten sagten Ja. Die Regierung sagte Nein. Aguas des Tunari machte von der anderen Seite Druck bei den Politikern: Wegen des Zahlungsboykotts drohte das Unternehmen, sämtliche Wasserleitungen einfach abzuschalten.

La Ultima Batalla

Das führte allen Beteiligten vor Augen, wie dringend das Problem war. Eine Lösung konnte sich nicht über Monate hinziehen. Wasser ist kein Gut, auf das man lange verzichten kann ...
Die Coordinadora forderte den sofortigen Rückzug des Konzerns. Und »sofort« hieß: sofort! Am 4. April, einem Dienstag, proklamierten Oscar Olivera und seine Mitstreiter *La Ultima Batalla* – die letzte Schlacht. Wieder legten sie die Stadt mit einem Generalstreik lahm und sperrten alle Zufahrtsstraßen. Die Leute ahnten, dass die Antwort der Zentralregierung nicht lange auf sich warten lassen würde. Sie bereiteten Stangen, Steine und Molotow-Cocktails vor. Dann begann das Warten.
Am dritten Tag des Streiks bot die Regierung den Sprechern der »Wasserkrieger«, wie sich die Demonstranten inzwischen nannten, Gespräche an. Sie sollten in der Residenz des Bischofs stattfinden. Als die Unterhändler der Coordinadora erschienen, wurden sie verhaftet. In Bolivien nicht unüblich. Der Bischof sperrte sich aus Protest in sein eigenes Büro: Solange die Verhandler in Gefangenschaft seien, bliebe er es auch. Erste Straßenkämpfe zwischen Bevölkerung und Polizei brachen aus.
Am Freitag wurden die Kämpfe heftiger. Die Provinzregierung ließ die Gefangenen frei, versprach erneut Verhandlungen. Gouverneur Hugo Galindo telefonierte mit Präsident Banzer und teilte ihm mit, keine andere Möglichkeit zu sehen als den Vertrag zu kündigen. Banzer lehnte ab. Galindo erzählte es dem Bischof, der

erzählte es Oscar Olivera. Irgendwo gab es einen Fehler in der Kommunikation, denn Olivera trat vor die Menge und verkündete: »In diesem Moment haben wir einen großen Sieg über den Neoliberalismus erreicht!« Er glaubte, Banzer habe die Terminierung des Vertrages gestattet.

Die Freudenfeiern dauerten nur kurz. AdT-Manager faxten Erklärungen an die Presse, dass sie dem Druck nicht weichen würden. Am Abend bestätigte die Regierung diese Meldung. Nun werde »mit dem Bolivien der Konfrontation, der Rechtlosigkeit und des Chaos aufgeräumt«.[28] Die BBC zitierte Regierungssprecher, wonach es ihre Aufgabe sei, die Rechte ausländischer Investoren sicherzustellen. Polizeieinheiten durchkämmten die Stadt auf der Suche nach den Sprechern der Coordinadora. Über ein Dutzend wurde wieder verhaftet, in ein Flugzeug gesetzt und in ein Gefängnis weit entfernt im Dschungel gebracht. Oscar Olivera und anderen gelang es, unterzutauchen und den Widerstand neu zu formieren. Um Mitternacht trat Gouverneur Galindo zurück. Er wolle nicht für das bevorstehende Blutbad verantwortlich sein, sagte er live im Fernsehen.

Am Samstag, um zehn Uhr vormittags, rief Präsident Banzer das Kriegsrecht aus. Die Armee eröffnete das Feuer. Der Offizier Robinson Iriarte de La Fuente wurde von Fernsehteams dabei gefilmt, wie er in die Menge schoss. Er trug Zivilkleidung. De La Fuente ist Absolvent der berüchtigten U. S. School of the Americas, einer Militärschule, in der die Vereinigten Staaten seit Jahrzehnten die Offiziere praktisch aller rechten Regime in Lateinamerika ausbilden. Zur selben Zeit wurde Victor Hugo Danza, ein unbewaffneter 17-jähriger Junge, von einer Kugel tödlich ins Gesicht getroffen. Die Kämpfe wurde erbitterter. Aktivisten schickten die Nachricht vom Aufstand und Tod des Jungen per E-Mail um die Welt.

Am Sonntag breiteten sich die Proteste über das ganze Land aus. Meist ging es um andere Themen, in La Paz etwa streikte eine ganze Polizeikaserne für mehr Gehalt. Verschiedenen Quellen zufolge starben bei diesen Unruhen bis zu sechs Menschen. In mehreren Städten rund um die Welt, von Auckland bis San Francisco,

begannen GlobalisierungskritikerInnen für Montag Solidaritätskundgebungen vor bolivianischen Botschaften oder Niederlassungen von Bechtel zu organisieren. In Cochabamba selbst gingen die Straßenschlachten mit unverminderter Härte weiter. Ein Regierungssprecher bestritt gegenüber internationalen Medien, dass die Demonstranten die Durchschnittsbevölkerung repräsentierten. Es handle sich vor allem um Leute, die an der traditionellen, informellen Wasserverteilung verdient hatten – und um Drogenhändler. Dieser Vorwurf wird in den Andenländern schon automatisch gegen jede politische Opposition erhoben.
Auch der Montag Vormittag brachte Kämpfe. 80.000 Demonstranten waren in den Straßen, nicht bereit nachzugeben. Aus La Paz tönte immer noch Kriegsrhetorik, aber dennoch kam eine Delegation der Regierung nach Cochabamba, um Verhandlungen mit der Coordinadora aufzunehmen. »Obwohl es einige in der Regierung gab, die sagten, es wäre ihnen egal, wie viele Leute auf der Straße sterben müssten, und obwohl die Opposition sich vielleicht einige Tote gewünscht hat, um die Regierung zu diskreditieren, gelang es uns, zu einer Vereinbarung mit der Regierungsdelegation zu kommen«, berichtet Oscar Olivera. »Wir entwarfen einen Text, wonach die Regierung den Vertrag aufheben sollte, und faxten ihn nach La Paz. Nach vielen Diskussionen faxten sie ihn zurück, unterschrieben. Das war am Montag.«
Es hatte sich nämlich herausgestellt, dass die Manager von Bechtel geflüchtet waren. Irgendwann am Wochenende hatten sie ihre Büros geräumt und die Computer mitgenommen. Darauf berief sich die Regierung bei der Aufhebung des Vertrages: Eine Firma, die das Land verlassen hat, kann wohl kaum die Wasserversorgung für mehrere hunderttausend Menschen übernehmen ...
Die Leute von Cochabamba hatten gewonnen.
Am Dienstag beschloss der Kongress das neue Gesetz mit den von der Coordinadora ausgehandelten Änderungen. Der Streik wurde beendet, die Straßenblockaden entfernt, der Ausnahmezustand aufgehoben.
Am Mittwoch, dem 12. April, übernahm die Stadt wieder die Kontrolle über die Wasserversorgung. Und auf die Aktivisten von

La Coordinadora wartete eine neue, vielleicht noch größere Herausforderung: Sie wollen versuchen, die Versorgung gemeinschaftlich, demokratisch und ohne Marktmechanismen zu organisieren. Und ohne den Misicuni-Damm, natürlich.

Nach Washington, D. C.

Für Oscar Olivera waren die Demonstrationen noch nicht vorbei. Eine halbe Welt entfernt, in Washington, D. C., sollte am folgenden Wochenende die jährliche Frühjahrskonferenz der Weltbank und des Internationalen Währungsfonds stattfinden. Sechs Monate nach der legendären »Schlacht von Seattle«, in der GlobalisierungskritikerInnen die Eröffnung einer WTO-Konferenz verhindert hatten, bereitete sich diese Bewegung auf ihren zweiten großen Protest vor.

Die Nachrichten aus Cochabamba waren von den Aktivisten natürlich genauestens verfolgt worden; die Rolle der Weltbank sollte bei den Protesten ins Licht der Medien gezerrt werden.

Am Mittwoch fragte ein Journalist Weltbank-Chef James Wolfensohn, was er denn zu den Vorfällen in Cochabamba sagte. Wolfensohn verteidigte die Vorgangsweise der Bank. Öffentliche Dienste führten zu Verschwendung und Länder wie Bolivien bräuchten ein »angemessenes Verrechnungssystem«. Das, versicherte er, richte sich keinesfalls gezielt gegen die Armen.[29]

Olivera beschloss in die USA zu fliegen. Am Donnerstag besorgte er sich den ersten Reisepass seines Lebens und mit Hilfe von US-amerikanischen Aktivisten und Reportern bekam er auch ein Ad-hoc-Visum. Am Freitag Abend wurde er in der Heimatstadt der Weltbank von Tausenden GlobalisierungskritikerInnen mit stehendem Applaus begrüßt.

Am Samstag, genau eine Woche nachdem Victor Hugo Danza erschossen worden war, führte er eine Demonstration bis vor das Haus von Weltbank-Chef Wolfensohn. Er wollte ihm eine einfache Frage stellen. In Washington, D. C., wo die meisten der gut verdienenden Berater, Analysten und sonstigen Angestellten der

Weltbank wohnen, belief sich die durchschnittliche monatliche Wasserrechnung eines Haushalts auf 17 US-Dollar. Oscar Olivera wollte wissen, wie diese Menschen auf die Idee kommen konnten, dass für Familien aus den Armutsvierteln Cochabambas Rechnungen von 20 oder 30 Dollar »angemessen« wären. Er bekam keine Antwort, Wolfensohn empfing ihn nicht.
Die Geschichte hat noch ein Nachspiel. Bechtel verlegte seine Tochterfirma von den Caymans nach Holland. Die Niederlande und Bolivien haben ein bilaterales Abkommen, das die Weltbank als Schlichter bei Investitionsstreitfragen vorsieht. Der US-Konzern nutzt jetzt diesen Umstand, um Bolivien auf 25 Millionen Dollar Schadensersatz zu klagen. *Das* ist Wirtschaftsglobalisierung. Die Aktivisten von La Coordinadora sind sich sicher, dass der Konzern gerade mal einen Bruchteil dieses Betrages in sein bolivianisches Abenteuer investiert hat. Eine Stromrechung in der Höhe von 90.000 Dollar ist sogar immer noch ausständig ...
Der Fall wird derzeit vor dem Streitschlichtungsorgan der Weltbank verhandelt.

Die Bank und der Fonds

Die Weltbank und ihre Zwillingsorganisation, der Internationale Währungsfonds (International Monetary Fund, IMF), sind Ziel von GlobalisierungskritikerInnen auf allen Kontinenten. Ihre zweifelhafte Rolle bei Wasserprivatisierungen ist einer der Gründe dafür. Bis in die 1980er finanzierten Bank und Fonds hauptsächlich öffentliche Wasserprojekte, erst dann schwenkten sie auf neoliberalen Kurs.
Gegründet wurden die Weltbank und der Internationale Währungsfond 1944 im amerikanischen Bretton Woods. Die Bank sollte nach dem schon absehbaren Ende des Weltkrieges den Wiederaufbau von Europa finanzieren, der Fonds darüber wachen, dass das internationale Finanzsystem reibungslos lief. Nachdem Europa restauriert war, wandten sie sich neuen Aufgaben zu. Die Weltbank finanziert seitdem in Lateinamerika, Afrika und

Asien Entwicklungsprojekte – oder was sie dafür hält – sowohl im staatlichen als auch privaten Sektor.[30]

Auch der IMF hat nun ein stark erweitertes Aufgabengebiet. Nach dem Ende des fixen Wechselkurssystems und später des Europäischen Währungssystems wurde der Fonds zur Weltfinanzfeuerwehr. Wenn ein Land, seine Wirtschaft und seine Währung in Bedrängnis geraten, wird es für die Regierung natürlich immer schwerer und ab einem gewissen Punkt letztlich unmöglich, Kredite zu erhalten. Und wenn keiner mehr hilft, kommt der IMF ins Spiel.

Doch die Unterstützung des Fonds beschränkt sich nicht auf das Zuschießen von Geld, er fordert dafür Gegenleistungen: die Strukturanpassungsprogramme (SAPs). Das sind wirtschaftspolitische Maßnahmenpakete, die von Experten des Fonds erarbeitet werden. Obwohl die Liste der vom IMF »betreuten« Länder lang und vielfältig ist, gleichen sich die SAPs doch immer in allen wichtigen Punkten. Zunächst müssen die Staatsausgaben gesenkt werden. Liebste Streichposten der IMF-Experten sind Beamte, Sozialleistungen und Subventionen, etwa auf Grundnahrungsmittel. Dann zwingt der Fonds seine Kreditnehmer zu Privatisierungen: Wasser, Verkehr, Banken, Bildungs- und Gesundheitswesen, Post und Telekom ohnehin; die ganze Palette eben. Gleichzeitig muss der einheimische Markt weit geöffnet werden, weil die Konkurrenz die Unternehmen angeblich fitter macht (nur die Überlebenden, natürlich). In Summe ist das Ganze der reinste Ausverkauf an die Erste Welt.

Die bewilligten Hilfskredite werden nur dann tatsächlich freigegeben, wenn die Regierungen die Umsetzung der SAPs zusichern. Verstoßen sie gegen einzelne Punkte – wie etwa Argentinien, als Aguas Argentinas am Höhepunkt der Wirtschaftskrise keine Preiserhöhung genehmigt wurde –, wird sofort der Kreditrahmen gesperrt. Mit diesem Druckmittel werden die nationalen Regierungen de facto entmachtet. Diese Erpressungsmethode wird vom IMF unabhängig davon angewandt, ob es sich um ein diktatorisches Regime oder eine gewählte Regierung handelt. Wie viel ist ein Kreuz auf einem Stimmzettel aber noch wert, wenn alle zur Wahl stehenden Parteien sich letztlich dem Fonds unterwerfen müssen?

Verständlicherweise wehren sich die meisten Regierungen, solange es geht, dagegen, sich SAPs oktroyieren zu lassen, aber der IMF ist die mächtigste Institution der Finanzmärkte, in Krisen führt kein Weg an ihm vorbei. Die Länder, die sich letztlich an ihn wenden, stehen oft nicht nur mit dem Rücken zur Wand, sondern haben meist schon die Augenbinde umgelegt. Entzieht der IMF einer Regierung seine Rückendeckung, sperren auch alle anderen Finanzinstitutionen und Banken ihre Kredite.

Die Weltbank geht kaum sanfter vor, wie wir im Fall von Cochabamba gesehen haben. Auf diese Weise zwingt sie reihenweise Staaten Wasserprivatisierungen auf. 2001 umfasste die Liste Burkina Faso, Ecuador, die Komoren, Indien, Jemen, Mazedonien, Niger und Uruguay. Von Russland, Senegal und der Ukraine verlangte die Bank zwingend, kostendeckende Tarife einzuführen. In Ghana verordnete sie eine 95-prozentige Preiserhöhung. Der gesetzliche Mindestlohn reicht jetzt nur noch für 15 Krüge Wasser. Und in Lima liegt der kostendeckende Wasserpreis in einigen Armutsvierteln beim Sechsfachen des US-Durchschnitts ...[31]

Die Weltbank heißt genau genommen *World Bank Group*, weil sie aus mehreren Instituten besteht. Die bisher erwähnten Kredite laufen zumeist über die *International Bank for Reconstruction und Development* (IBRD), das Gravitationszentrum der Gruppe. Aber auch die *International Finance Corporation* (IFC), die gezielt nur den Privatsektor finanziert und z. B. Anteile an Aguas Argentinas kaufte, haben wir schon kennen gelernt. Das *International Center for Settlement of Investment Disputes* (ICSID) ist das »Weltbank-Gericht«, das über Bechtels Klage gegen Cochabamba entscheidet.

Was uns zum jüngsten Kind der Weltbank-Gruppe bringt, der *Multilateral Investment Guarantee Agency* (MIGA). Diese Agentur wurde geschaffen, um Risiken für Investoren abzufedern, indem sie finanzielle Ausfallsgarantien übernimmt. In Guayaquil, Ecuador, hat MIGA bereits die Garantie für die erste Wasserprivatisierung übernommen. Mit 18 Millionen Dollar steht die Weltbank dafür gerade, dass der Investor keine finanziellen Schäden durch »Zwangsenteignung, Krieg und zivile Unruhen« erleidet.

Und der Investor ist: International Water Services, die nach Holland übersiedelte Tochterfirma von Bechtel, die in Cochabamba nach zivilen Unruhen und Wasserkrieg praktisch zwangsenteignet wurde ...[32]
Wenn das in Ecuador wieder passiert, werden dafür letztlich die Steuerzahler der Weltbank-Mitgliedsländer zur Kasse gebeten.
Die Kontrolle über Bank und Fonds haben, kaum eine Überraschung, die reichen Industrienationen. Obwohl der Fonds 151 Mitgliedsstaaten hat, ist sein Direktor immer ein Europäer, derzeit der Deutsche Horst Köhler. Die Amerikaner stellen dafür stets den Weltbank-Präsidenten, gegenwärtig in Person von James Wolfensohn. Eine Hand wäscht die andere, dann bleiben beide weiß. Das funktioniert ganz gut.
Bei Abstimmungen gilt das Prinzip »Ein Dollar – eine Stimme«. Das heißt, je mehr ein Land in den Fond einzahlt, desto mehr hat es mitzureden. Die Weltbank ist eine stinknormale Aktiengesellschaft. Die USA haben kräftig investiert und sich die Sperrminorität von 17 Prozent gekauft, die europäischen Länder verfügen über weitere 30 Prozent der Stimmrechte. Deutschland etwa hat mit 6 Prozent mehr zu sagen als alle afrikanischen Nationen. Dass der Westen nicht auch noch die fehlenden paar Prozente auf die absolute Mehrheit gekauft hat, soll wohl eine allzu schiefe Optik vermeiden. In der Praxis spielt das keine Rolle, es gibt ausreichende Druckmittel, um die fehlenden Stimmen aufzutreiben. Interessant ist übrigens der Gegensatz zur UNO, wo jedes Land unabhängig von seinem Wohlstand gleichwertig stimmberechtigt ist.[33]
Vielleicht ist das der Hauptgrund, warum die USA seit Jahren mit ihren Beiträgen säumig sind. Im Gegensatz zur Weltbank steckt die UNO in chronischen Finanznöten.
Aber wir reden hier vom neoliberalen Kapitalismus und der kennt eben keine Moral, sondern nur strenge Kosten-Nutzen-Rechnungen. Das Ergebnis lautet dabei 1,35. Der Finanzstaatssekretär und spätere -minister Lawrence Summers berichtete 1995 dem Kongress, dass für jeden Dollar, den die USA in die Weltbank investierten, amerikanische Konzerne Aufträge im Wert von 1,35 Dollar erhielten. Und Lawrence muss es wissen, denn bevor er in die Regierung wechselte, war er Chefökonom der Weltbank.

Das Privatisierungskartell

Weltbank und IMF ergänzen sich perfekt mit der Welthandelsorganisation und deren GATS-Verhandlungen. Gemeinsam arbeiten diese drei Institutionen hart daran, den vierten Grundsatz der Dubliner Erklärung weltweit umzusetzen: Wasser ist ein Wirtschaftsgut! Und nicht etwa ein Grundbedürfnis oder gar Menschenrecht.

Da stellt sich natürlich eine Frage: Alle drei Organisationen haben Staaten als Mitglieder und verhalten sich dennoch, als wären sie den Großkonzernen verpflichtet – warum? Lobbying, Druck und Parteienfinanzierung heißen die Antworten. Die WTO wurde auf Anregung des Weltwirtschaftsforums (WEF) gegründet, einem Privatverein, dem die 1000 größten Konzerne der Welt angehören. Die treibenden Kräfte hinter dem GATS sind das Europäische Dienstleistungsforum ESF und sein amerikanisches Gegenstück, die US Coalition of Service Industries (USCSI). In diesen finanziell gut ausgestatteten Lobbys sitzen die meisten der in diesem Kapitel genannten Konzerne, Vivendi bis vor kurzem sogar in beiden. Ohne Angabe von Gründen ist der Konzern kürzlich aus der amerikanischen Koalition ausgeschieden, ein Schicksal, das er mit den korruptionsgebeutelten Unternehmen Enron, WorldCom und Andersen Consulting teilt.

Während diese großen Lobbys dafür zuständig sind, das internationale Rahmenwerk günstig zu gestalten, vertrauen die Wasserkonzerne im Einzelfall dann oft doch eher darauf, sich direkt an Politiker und Parteien zu wenden. In Europa mit Bestechung, in der Dritten Welt mit Joint Ventures mit Regimegünstlingen, in Amerika ganz legal mit Wahlkampfspenden. Von 1999 bis 2002 hat die Wasserindustrie ihre Zuwendungen an US-Politiker verdreifacht ...[34]

Deutsche Konzerne bekommen sogar von eher ungewöhnlicher Seite Unterstützung. Die deutsche Entwicklungszusammenarbeit setzt bei Projekten in der Dritten Welt immer stärker auf die Einbindung von Privatkonzernen. Mit zwischen 300 und 400 Millionen Euro im Jahr allein im Wassersektor ist die Bundesrepublik nach Japan der zweitgrößte bilaterale Geldgeber für arme Staaten. Beim Dialogforum Wasserwirtschaft hörte sich die Stategie dahinter im Februar 2000 so an: »Im Entwicklungsministerium haben wir darüber nachgedacht, wie im Sinne unserer Partner in Entwicklungsländern die deutsche Wasserwirtschaft [...] stärker genutzt werden kann. Wir streben eine Entwicklungspartnerschaft mit der Wirtschaft an.« Oder: »Die Bundesregierung ist an einer leistungsfähigen deutschen Wasserwirtschaft interessiert, die auch eine starke Rolle spielt auf dem Weltmarkt, der erheblich an Bedeutung gewinnt.«[35] Berlinwasser hat mit solcher Unterstützung bereits erste Schritte ins albanische Elbasan unternommen. Andere werden folgen. Eine wahre Meisterleistung hat die Entwicklungszusammenarbeit aber in Afrika vollbracht. Ein GTZ-Mitarbeiter berichtet stolz: »In Burkina Faso haben wir 105 Prozent Kostendeckung erreicht.«[36] Toll, dann haben die Einheimischen ja noch was draufgezahlt!

Mit so viel Unterstützung im Rücken wundert es nicht, dass die Wasserkonzerne rasant wachsen – obwohl sie in beinahe jeder Stadt auf Widerstand stoßen. 1990 bezogen erst 51 Millionen Menschen ihr Trinkwasser von Privatanbietern (beinahe ausschließlich in Frankreich und England), im Jahr 2002 waren es schon 300 Millionen Menschen rund um die Welt.

Fast völlig in Vergessenheit geraten sind inzwischen die Grundsätze 2 und 3 der Dubliner Erklärung: »Entwicklung und Management von Wasser muss von einem gemeinschaftlichen Ansatz ausgehen, der alle Verbraucher, Planer und Entscheidungsträger aller Stufen einschließt.« Und: »Frauen spielen eine entscheidende Rolle bei Beschaffung, Verwaltung und Schutz von Wasser. Sie haben das Recht, bei allen Entscheidungen mitzustimmen.« Das bezog sich auf Regionen in Afrika und Asien, wo Frauen täglich Strapazen auf sich nehmen, um ihre Familien mit Wasser zu versorgen. In Europa ist das anders: Ein schneller Blick auf die Websites von Suez, Veolia und RWE offenbart, dass hier Männer die entscheidenden Rollen spielen. Nur Männer.

5

Licht aus

Vom Kurzschluss des freien Strommarktes

Mitten im Winter, am 17. Januar 2001, gingen in weiten Teilen Kaliforniens die Lichter aus. Im Silicon Valley blieben die Bildschirme schwarz, Schulklassen wurden im Dunkeln unterrichtet, Verkehrsampeln erloschen, umfangreiche Staus bildeten sich. Tankstellen blieben ohne Benzin, weil die Pipeline nicht pumpte. Der Gouverneur rief den Notstand aus, woraufhin es zu Hamsterkäufen bei Kerzen, Taschenlampen und Kaminholz kam. Die Stromaufsichtsbehörde beruhigte: Weitere Abschaltungen seien wahrscheinlich nicht nötig. Damit lag sie knapp daneben. 37 Tage lang, bis Ende Februar, wurde der Strom regelmäßig abgeschaltet. Und der Notstand sollte in den folgenden fünf Monaten in Kalifornien zum Alltag werden.

Regulierungsversagen oder strategischer Kurzschluss?

Der Hintergrund: Als erster US-Bundesstaat hatte Kalifornien 1998 den Strommarkt vollkommen liberalisiert. Anstelle der erhofften Vorteile, etwa mehr Effizienz und fallende Preise, stiegen die Großhandelspreise sprunghaft an – um bis zu 10.000 Prozent. Die Versorgungsunternehmen durften die höheren Preise jedoch nicht an die Endverbraucher weitergeben, weil diesen durch das Liberalisierungsgesetz eine 10-prozentige Preisreduktion zugesichert worden war – in der Annahme, dass die Liberalisierung ohnehin sinkende Preise mit sich bringen würde. (In der Präambel des Liberalisierungsgesetzes wurden 20-prozentige Preissenkungen in Aussicht gestellt.) Die Folge: Die Stromversorger häuften massig Schulden an und investierten nicht mehr in neue Kapazitäten. Dazu kamen »strategische Stilllegungen« von Kraftwerken seitens der Erzeuger, um die Preise in die Höhe zu treiben, sowie Stromexporte in lukrativere – weil nicht preisgedeckelte – Absatzmärkte. Schließlich war die Stromnachfrage stärker gestiegen als erwartet und die Flüsse führten weniger Wasser als üblich: Für jeden Geschmack gab es Haupt- und Nebenursachen für die Versorgungskrise.

Gouverneur Gray Davis musste jedenfalls rasch handeln, denn er hatte keine Bundeshilfe zu erwarten: Weder der frisch gewählte Präsident George W. Bush noch der desiginierte Energieminister Spencer Abraham wollten in das »kalifornische Problem« eingreifen. Schon am 9. Januar unterschrieb Davis deshalb einen Rettungsplan, der die kalifornischen Steuerzahler 400 Millionen Dollar kostete. Gleichzeitig untersagte er den Energieunternehmen, eigenmächtig Stromabschaltungen vorzunehmen.

Die beiden größten Stromversorger, Pacific Gas and Electric (PG & E) und Southern California Edison, die fast zwei Drittel der Privat- und Geschäftskunden in Kalifornien versorgte, hatten zusammen 12 Milliarden Dollar Schulden angehäuft. Bei PG&E kamen monatlich 300 Millionen Dollar infolge der nicht an die Endverbraucher übertragbaren Großhandelspreise dazu. Der Bankrott war nur eine Frage der Zeit. Der Gouverneur musste abermals handeln.

Am 1. Februar trat das »Gesetz zur Stabilisierung der Stromversorgung« in Kraft. Das Programm sah vor, dass der Staat Kalifornien Strom in großen Mengen einkauft und an die Kunden der vor dem Bankrott stehenden Großversorger verkauft. Kosten für die Steuerzahler: 50 Millionen Dollar täglich. Gesamtrahmen: 10 Milliarden Dollar. Finanzierung: über öffentliche Schuldtitel.[1]

Im März wiederholte sich das Szenario, wieder kam es zu Abschaltungen, wieder wurde der Notstand ausgerufen. Gouverneur Davis erließ eine Anordnung, wonach Geschäfte ihre Außenbeleuchtung außerhalb der Öffnungszeiten deutlich reduzieren mussten. Andernfalls drohten ihnen Geldstrafen von 1000 Dollar täglich. In »normalen« Zeiten würde das wohl als ökodiktatorische Maßnahme gewertet. In einer »freien Marktkrise« gilt das als legitime Rettungsmaßnahme. Apropos Ökologie: Die bankrotten Energieversorger setzten ihre Zahlungen zuerst bei den kleinen, ökologischen Erzeugern aus, weshalb diese vom Netz gingen und die Krise verstärkten. Dieses Mal sprangen aber andere Bundesstaaten ein, womit der totale Kurzschluss vorläufig abgewendet werden konnte.

Anfang April sprach US-Energieminister Spencer Abraham eine historische Warnung aus. Die USA stünden vor der größten Energiekrise seit 20 Jahren. Es könne schon bald auch in anderen Regionen der Vereinigten Staaten zu Stromknappheit und Ausfällen der Energieversorgung kommen. Zu den gefährdeten Gebieten zähle auch die Metropole New York. Ursache sei ein erwarteter Anstieg des Stromverbrauchs um 45 Prozent binnen der kommenden 20 Jahre. Große Umweltschutzorganisationen kritisierten, dass George W. Bush zu geringe Anreize zum Energiesparen setze und im Budgetentwurf die öffentlichen Gelder für erneuerbare Energien halbiert habe. Der Energieminister folgerte: »Wenn wir das Angebot nicht erhöhen und die Nachfrage weiter steigt, werden wir die gleichen Probleme haben wie Kalifornien heute.«[2]

In Kalifornien brach wenige Tage später PG & E unter der Schuldenlast zusammen und meldete Konkurs an. Betroffen waren 13 Millionen Kunden und 20.000 Mitarbeiter. Der Aktienkurs des Unternehmens stürzte innerhalb eines Tages um 37 Prozent ab, der von Edison sogar um 57 Prozent. Das war ein halbes Jahr vor dem Zusammenbruch Enrons.

Im darauf folgenden Monat ging das Spektakel weiter. Am 7. Mai blieben 225.000 Haushalte ohne Strom, am 8. Mai fast eine halbe Million. Schuld waren diesmal die Klimaanlagen. Die Energieaufsichtbehörde forderte die Bevölkerung zum Stromsparen auf. »Wir wollen die Gesundheit der Leute nicht gefährden«, hieß es, »aber wenn sie darauf verzichten könnten, die Klimaanlage einzuschalten, würde das wirklich helfen.«[3] Wirklich half erst etwas anderes: Am 15. Mai hob die Regierung die Strompreise für die Endverbraucher um bis zu 50 Prozent an. Der Bundesstaat verpflichtete sich, in den nächsten zehn Jahren Strom um insgesamt 43 Milliarden Dollar zu kaufen, um die Versorgung sicherzustellen.

Die Krise hatte einen nicht unbedeutenden Nebeneffekt: In einer Umfrage befürworteten die Kalifornier erstmals seit 1984 wieder die Atomkraft. Seit dem Reaktorunfall in Three Miles Island in Pennsylvania war in den USA kein Atomkraftwerk mehr gebaut worden.
Und noch jemand zog seine Schlüsse aus dem Desaster: Hätte man in den Naturschutzgebieten Alaskas Öl gefördert, hätte es vermutlich nie eine Energiekrise in Kalifornien gegeben. Dieser Jemand war George W. Bush.

Die Todesstrafe

Am 17. Oktober 2002 bekannte sich Timothy Belden vor dem Bundesgericht in San Francisco schuldig. Das Geständnis umfasste Preismanipulationen, betrügerische Absprachen und illegale Energiegeschäfte. Belden war Chef der Enron-Filiale in Portland/Oregon. Mit seinem Tun wollte er den Profit des »coolsten Unternehmens der Welt« maximieren. Dem Geständnis war eine Untersuchung der Bundeskommission für Energieregulierung (FERC) vorausgegangen. In deren Abschlussbericht vom August 2002 war zu lesen, dass Enron durch massive Preismanipulationen, Scheintransaktionen und verschiedene Praktiken der Blockierung des Netzes zur Stromkrise in Kalifornien beigetragen – und die Großhandel-Strompreise gründlich nach oben getrieben hatte. In den Jahren 2000 und 2001 machte Enron in der Region mit Stromhandel 1,8 Milliarden Dollar Gewinn. Der Aufdeckungsjournalist Greg Palast berichtet, dass Enron ein eigenes Vokabular für die Manipulation des Strommarktes entwickelt habe: »Get shorty« (kleiner Kurzschluss), »Death Star« (Todesstern),

»Megawatt laundering« (Megawattwäsche) oder »false congestion« (vorgetäuschter Stromstau).[4] Der FERC-Bericht resümierte: Enrons Firmenstruktur habe den amerikanischen Energiekunden gering geschätzt. Neben Enron ermittelt die FERC jetzt gegen weitere 60 Unternehmen, die Energie in Kalifornien verkauft haben. Das ist beinahe die gesamte Branche vor Ort.[5]
In den Jahren davor hatte Enron über seine erstklassigen Verbindungen zum politischen Establishment in den USA die Deregulierung der Energiemärkte lobbyiert. Die *Neue Zürcher Zeitung* formulierte es so: »Enron stand gleichzeitig an vorderster Front der Energie-Lobby in Texas und Washington und hat sich äußerst aggressiv für die Deregulierung der Energiemärkte und die Nichtregulierung der neu entstandenen Derivate-Märkte eingesetzt. Anfang vergangenen Jahres war Enron einer der ›Geheimakteure‹, die zusammen mit Vizepräsident Cheney die neue Energiepolitik ausheckten. [...] Unter [Konzernchef Ken] Lay hat Enron massiv und flächendeckend die republikanische und die demokratische Partei finanziell unterstützt und damit sichergestellt, das die für Enron so wichtige Deregulierung des amerikanischen Energiesektors nach den Vorstellung des Konzerns ausgestaltet wird. [...] Enron profitierte wie kein Zweiter von der ›Entfesselung‹ des Energiehandels vom staatlichen Dirigismus.«[6] Da gibt es nichts hinzuzufügen. Außer einem tragischen Ende: Im Juni 2003 wurde Enron mit einem Verkaufsverbot für Strom und Gas in den USA belegt. Es war das erste Mal, dass die FERC die »Todesstrafe« über ein privates Energieunternehmen verhängte. Grund waren nicht die Bilanzmanipulationen, mit denen Enron weltberühmt geworden war, sondern die illegalen Praktiken des Konzerns während der Energiekrise in Kalifornien.[7]

Schweden

Ein Jahr nach dem Lichtaus in Kalifornien wiederholte sich das Szenario in Schweden. Der Winter war nicht besonders streng, doch knickten die Winterstürme zahlreiche Stromleitungen um.

Auch das war nichts Besonderes. Bloß waren dieses Jahr keine Reparaturtrupps zur Stelle. Sie wurden aus Kostengründen einfach eingespart. Die Folge: Hunderttausende Schweden saßen tage- und nächtelang im Dunklen – und im Kalten, weil viele von ihnen nur über eine Stromheizung verfügten. Zugleich durften sie sich über Preise freuen, die um 40 Prozent über dem Vorjahresniveau lagen. Das bedeutete über den Winter Mehrkosten für einen durchschnittlichen Haushalt von 230 Euro.[8]

Skandinavien zählt zu den Vorreitern der Strommarktliberalisierung. Norwegen machte 1993 den Beginn, Schweden folgte 1996, Finnland 1998. Die Erfahrungen sind in allen Ländern ähnlich: Kurz nach dem Start trat eine große Anzahl neuer Anbieter auf, die Konkurrenz drückte die Preise nach unten. Doch der Wettbewerb war nur ein Strohfeuer. Schon bald bereinigte sich der Markt, ein paar Big Players setzten sich überall durch. In Schweden blieben drei große Stromversorger übrig, sie teilen sich 90 Prozent des Marktes: die ehemals staatliche Vattenfall, die finnische Fortum und die vom deutschen RWE-Konzern kontrollierte Sydkraft. Vattenfall, 1909 als königliche »Wasserfallbehörde« gegründet, hatte ein Markenzeichen: Wasserkraftstrom. Infolge der Liberalisierung kauft und verkauft Vattenfall polnischen Braunkohlestrom, deutschen Steinkohlestrom sowie internationalen Atomstrom. Die »grüne« Wasserkraft ist auf Platz drei zurückgefallen.

Der Heimmarkt ist nicht nur für die Vattenfall ein uninteressanter Winkel geworden, Investitionen finden in Schweden so gut wie keine mehr statt. Experten warnen daher vor einer massiven Versorgungskrise in den nächsten Jahren. Die Regierung hat immerhin reagiert und bastelt an Gesetzen, die sowohl zu neuen Investitionen als auch zum Umstieg auf erneuerbare Energieträge anreizen sollen. Bisher hatte man auf die Ökologie schlicht vergessen.

Norwegen

Wieder ein Jahr später war Norwegen an der Reihe: Die Strompreise vervierfachten sich von 3 Cent pro Kilowattstunde im Jahr

2002 auf 12 Cent im Januar 2003. »Schuld« war diesmal ein bitterkalter Winter, aber auch leere Stauseen. Die Energieversorger hatten bereits im Sommer die Reserven in den Seen abgelassen, um den Wasserkraftstrom zu guten Preisen am europäischen Markt abzusetzen. Jetzt fehlten genau diese Reserven.[9] Zu Jahresbeginn 2003 kursierten in den Medien Gerüchte, wonach Menschen in völlig unzureichend beheizten Wohnungen schwere Unterkühlungen erlitten hatten. In einigen Bezirken wurden Stromrationierungen erwogen. Energie- und Ölminister Einar Steensnaes lehnte jedoch staatliche Eingriffe wie Maximalpreise oder Heizzuschüsse für Bedürftige ab. Begründung: Staatliche Eingriffe in den freien Markt seien kontraproduktiv. Dafür ermunterte er die Menschen zum Energiesparen.[10]

Neuseeland, Australien

Schon am 22. Januar 1998 waren in Neuseelands Metropole Auckland die Lichter ausgefallen. Vier Stromkabel, die das Zentrum versorgten, waren der Reihe nach durchgebrannt. Das öffentliche Leben wurde schlagartig lahmgelegt. Die Universität wurde geschlossen, die Einschreibung von 13.000 Studenten abgesagt. Gerichtsverfahren mussten verschoben werden, die meisten Zentralen der Großbanken schlossen. Die rund 5000 Einwohner der Innenstadt wurden aufgefordert, ihre Wohnungen zu verlassen. In Kneipen wurde bei Kerzenlicht ungekühltes Bier ausgeschenkt (es war Hochsommer).
Hintergrund der Krise: Zwei der Kabel waren vierzig, die anderen beiden zwanzig Jahre alt. Der zuständige Stromversorger Mercury Energy, der 1993 aus der Privatisierung des Auckland Electric Power Boards hervorgegangen war, hatte sich kaum noch um die Instandhaltung der Stromleitungen gekümmert. Außerdem hatte er die Hälfte der Beschäftigten entlassen, um den Shareholder-Value zu maximieren. Für die Reparaturarbeiten mussten daher Ingenieure aus dem Ausland geholt werden, was die Reparaturzeit entsprechend verlängerte. Bei der Privatisierung des Strom-

versorgers waren die Kunden zugleich zu Aktionären gemacht worden. Nun hatten sie zwar einen Gewinnanteil, dafür aber keinen Strom.

Nach sieben stromlosen Wochen bot das Unternehmen den betroffenen 8500 Unternehmen mit fast 74.000 Beschäftigten und den Menschen in über 6000 Wohnungen eine Entschädigung von rund 50 Millionen Euro an. Damit wollte das Unternehmen einer Sammelklage entgehen. Der Bürgermeister von Auckland hatte den Schaden auf viele hundert Millionen Euro geschätzt.

Australien muss Ähnliches befürchten: Das World Energy Council der Vereinten Nationen sagt Australien aufgrund des mangelnden Wettbewerbs »Stromausfälle wie in Kalifornien« voraus. Dies könnte die wichtigsten Städte des Landes ins Chaos stürzen, heißt es in einem Bericht der UN-Organisation.[11]

EU

Auch in der EU ist die Liberalisierung des Strommarktes ein wichtiges Binnenmarktprojekt. Ziel ist die »Stärkung der Wettbewerbsfähigkeit der EU-Wirtschaft« – sprich, billiger Strom für die Industrie. 1997 trat die entsprechende Richtlinie in Kraft. Seither öffnet ein Land nach dem anderen den Markt vollständig. Die Strommarktliberalisierung wird in der EU gerne – neben der Telekom-Branche – als der zweite Liberalisierungserfolg dargestellt. Das wollen wir uns genau ansehen.

Der Beschäftigtenabbau in der Strom- und Gaswirtschaft betrug in der EU zwischen 1990 und 1998 250.000 Personen. Bis 2006 rechnen die Gewerkschaften mit einem nochmaligen Rückgang um 25 Prozent.[12] In Österreich sank der Beschäftigtenstand in der E-Wirtschaft zwischen 1990 und 1999 von 30.000 auf 24.000. In Deutschland sollen bis 2007 20 Prozent der verbleibenden 205.000 Stellen in der Strombranche gestrichen werden.[13]

Während in der EU die Konsumentenpreise bis 2002 um durchschnittlich 10 Prozent sanken, profitierten Großverbraucher um 19 Prozent. Die Preiskluft zwischen Klein- und Großverbrauchern öffnete sich damit seit 1992 von 48 auf 63 Prozent.[14] In Österreich sanken die Kleinverbraucherpreise gar nur um 4,4 Prozent, während die Großverbraucher um bis zu 40 Prozent niedrigere Preise bekommen. Den Stromanbieter gewechselt haben in Österreich ein Jahr nach der Liberalisierung 1,2 Prozent der Verbraucher, in Deutschland sind es drei Jahre nach der Liberalisierung 4 Prozent. Gleichzeitig sind in Österreich die Fixkosten um 30 Prozent gestiegen, sodass sparsame Geringverbraucher (bis 2000 kWh pro Jahr) schon jetzt teurer wegkommen als vor der Liberalisierung.[15] Kritiker bezeichnen die Liberalisierung in Österreich als »Flopp«, in Deutschland als »gescheitert«. Scheinbar gehe die Liberalisierung »an den Bedürfnissen der Verbraucher vorbei«[16].

Die »Badewannenkurve«:
Vom öffentlichen Monopol zum privaten Oligopol

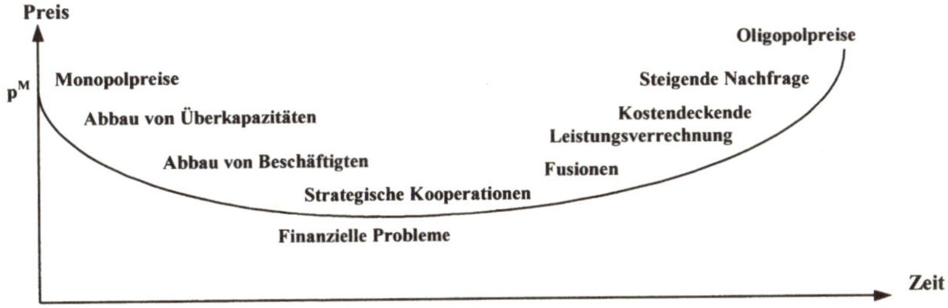

Laut Reinhard Haas von der Technischen Universität Wien sind die beiden Voraussetzungen für Wettbewerb und niedrige Preise a) eine Vielzahl von Anbietern und b) Überkapazitäten, um strategische Preisbildung zu vermeiden. Bloß: Beides ist in der EU nicht der Fall. Es geht in die Gegenrichtung: Überkapazitäten werden um die Wette abgebaut und die Fusionswelle rollt bereits mächtig an.

In Österreich hatte Wirtschaftsminister Martin Bartenstein den so genannten Bartenstein-Tausender versprochen (rund 73 Euro). Davon wurden im Schnitt nur 20 Euro wahr. Und die könnten schon bald wieder weg sein. Das lässt zumindest die »Badewan-

nenkurve« befürchten. In der Anfangsphase der Liberalisierung werden Arbeitsplätze und Überkapazitäten abgebaut und ein erbitterter Preiskampf um die dicken Fische geführt. Das senkt die Preise. Infolge des Wettbewerbs geht ein Teil der Anbieter in Konkurs, es kommt zu strategischen Kooperationen, der Markt beginnt sich zu bereinigen. Das Zusammengehen von E.ON und Ruhrgas ist nur ein Beispiel. Die sieben größten Energieversorger beherrschen bereits 80 Prozent des Strom- und Gasmarktes der EU. Die Unternehmensberatungsagentur A. T. Kernsey sagt voraus, dass »in fünf Jahren in Europa nur noch fünf Unternehmen den Energiemarkt bestimmen werden – nämlich E.ON, RWE und EdF, vielleicht Vattenfall und wohl ein spanisches Unternehmen.«[17] Spätestens dann werden die alten Monopolpreise wieder erreicht oder übertroffen. Der Energie-Experte von Global 2000, Heinz Högelsberger, resümiert: »Mittelfristig tauscht man politisch kontrollierbare Strommonopole im Staats- oder Länderbesitz gegen unkontrollierbare privatwirtschaftliche Oligopole ein.«[18] Noch ein wichtiger Unterschied: Die privaten Oligopole beherrschen nicht die nationalen Märkte, sondern die gesamte EU und, mit GATS, den Weltmarkt. Und sie verfolgen keine gemeinnützigen Ziele wie Versorgungssicherheit, soziale Tarifgestaltung oder Vorrang für erneuerbare Energiequellen, sondern ausschließlich das Profitziel.
Ein weiterer Effekt der Liberalisierung sind rückläufige Investitionen in die Infrastruktur, wie in Schweden, Kalifornien oder Australien zu beobachten war. Investitionen bedeuten Kosten, die von profitmaximierenden Aktiengesellschaften gescheut werden. Die deutsche Stromindustrie wollte ihre Investitionen infolge des Wettbewerbs bis 2003 um 30 Prozent gegenüber 1999 zurückfahren.[19] Außerdem schreibt die EU-Binnenmarktrichtlinie die Trennung (»unbundling«) von Erzeugung, Verteilung und Netz vor. Das heißt wiederum, dass Kraftwerksbetreiber, Versorger und Netzbesitzer ihre jeweiligen Teilbereiche betriebswirtschaftlich optimieren werden – ohne Rücksicht auf die anderen. Dadurch gehen Synergien und die Koordination des Gesamtsystems verloren. Ineffizienz und sinkende Versorgungssicherheit sind die Folge.

Hinzu kommt: Wenn Angebot und Nachfrage den Preis bestimmen, wird Strom nicht mehr dorthin geliefert, wo er benötigt wird, sondern wo er den höchsten Preis erzielt. Wir erinnern uns: Ein Mitgrund sowohl der Krise in Kalifornien als auch in Norwegen war, dass Strom exportiert wurde, in Kalifornien bis zu 20 Prozent des erzeugten Stroms. (Analog zu diesen Vorgängen: Brasilien ist der zweitgrößte Exporteur von Nahrungsmitteln, während gleichzeitig ein Drittel der Bevölkerung hungert.)
Und: In einem profitorientierten Markt kommt es immer wieder zu »strategischen Stilllegungen« von Kraftwerken, virtuellen Verknappungen an den Strombörsen und teils ebenfalls strategischen Exporten, um den Preis in die Höhe zu treiben, siehe Enron. Fazit: Durch mehrere Mechanismen ist in einem liberalisierten Strommarkt die Versorgungssicherheit akut bedroht. »Kalifornische Zustände« könnten schon bald auch in der EU Einzug halten.
Schließlich führt billiger Strom – am Boden der Badewanne – dazu, dass sich Maßnahmen zur Erhöhung von Energie-Effizienz nicht mehr rentieren. Das Wuppertal-Institut für Klima, Umwelt und Energie befürchtete, dass zahlreiche Energiesparprogramme in Deutschland beendet werden. EU-weit sind die Investitionen in die Kraft-Wärme-Kopplung (KWK), die immerhin die effizienteste Form der Verwendung von fossiler Energie darstellt (Wirkungsgrad bis zu 90 Prozent), im Jahr 1999 um fast 50 Prozent zurückgegangen. Allein in Deutschland wurden neun KWK-Anlagen stillgelegt.
Davon abgesehen sind die Verbilligungen für Großverbraucher geradezu eine Einladung zur Energieverschwendung. Vor dem Hintergrund, dass der viel zu hohe Energieverbrauch in den Industrieländern eine zentrale Ursache für den Treibhauseffekt und für globale Umweltverschmutzung darstellt, sind zweistellige Preisvergünstigungen für die Großindustrie als wichtigstes Liberalisierungsziel ökologisch kontraproduktiv. Aber auch aus einer Gerechtigkeitsperspektive ist nicht zu vertreten, warum ein Großverbraucher eines knappen und ökologisch schädlichen Guts für die Kilowattstunde um 63 Prozent weniger zahlen soll als ein sparsamer Kleinverbraucher. In Deutschland ist die Preiskluft

noch tiefer: Die Großindustrie bezahlt pro Kilowattstunde 4,40 Cent gegenüber 16,80 Cent eines Privathaushaltes. Dieses Ökodumping macht alle Anreize auf höhere Energieeffizienz zunichte. Hinzu kommt: Der Verkauf von Kilowattstunden durch profitorientierte Konzerne wird nicht zum – ökologisch dringend erforderlichen – Absenken des Gesamtverbrauchs führen, weil die Konzerne logischerweise den Verkauf maximieren werden. Das haben wir schon beim Thema Gesundheit gesehen: Sobald diese von profitorientierten Unternehmen organisiert wird, steht nicht die Gesundheit im Vordergrund, sondern der maximale Absatz von Medikamenten und Behandlungen. Genauso ist es bei der Energie: Nicht das gesellschaftlich wertvolle Ziel der maximalen Energieeffizienz (»Negawatts«)[20], also sinkender Gesamtverbrauch bei gleich hoher oder höherer Lebensqualität, wird angestrebt, sondern der Verkauf möglichst vieler »Megawatts«.
Welche geringe Rolle die Umwelt im Liberalisierungsprozess spielt, zeigt das Beispiel Vattenfall: Wasserkraft fiel hinter Kohle und Atom auf den 3. Platz zurück. Oder das Beispiel Österreich: Obwohl sich die Bevölkerung 1978 in einer Volksabstimmung gegen die Atomkraft ausgesprochen hat, obwohl es ein gesetzliches Importverbot für Atomstrom gibt und obwohl Österreich mehr Strom erzeugt, als es verbraucht, fließt aus den österreichischen Steckdosen mittlerweile 15 Prozent Atomstrom.[21] Für die Stromhändler ist es einfach lukrativer, teuren österreichischen Wasserkraftstrom zu exportieren und im Gegenzug billigen Atomstrom zu importieren.
Schon am Beispiel Kalifornien haben wir gesehen, dass der Staat (mit 43 Milliarden US-Dollar) die Verluste trägt, während die Gewinne privaten Großhändlern und Erzeugern zugute kommen. In Großbritannien sind einer Weltbankstudie zufolge die Aktionäre der Stromgesellschaften mit 8,1 bis 9,7 Milliarden Pfund die Hauptgewinner der Privatisierung bis Mitte der 90er-Jahre. Die Verbraucher haben 1,3 bis 4,4 Milliarden Pfund verloren.[22] Der Staat gewann zwar – durch Privatisierungen – kurzfristig, dafür muss er schon jetzt wieder einspringen: Der ehemals staatliche Versorger British Energy hielt dem freien Wettbewerb nicht

stand. Um ihn vor dem Bankrott zu retten, griffen die britischen Steuerzahler mit 410 Millionen Pfund in den freien Strommarkt ein. Auch die sprunghaft gestiegene Zahl von Arbeitslosen – bei den beiden großen Energieversorgern wurden 70 Prozent der Beschäftigten entlassen – bedeuten zusätzliche Kosten für den Staat. Ein weiteres Beispiel für sozialisierte Verluste und Risiken ist die Atomkraft. Müsste sie sich – wie jedes andere Unternehmen oder Individuum auch – selbst gegen Unfälle versichern, wäre sie schlicht unrentabel, weil die Prämien für einen GAU nicht bezahlbar wären. Doch auch hier wird der freie Markt großzügig außer Kraft gesetzt und die Allgemeinheit trägt das Unfallrisiko von Atomkraftwerken, während die privaten Eigentümer die Gewinne einstreichen.

Eine Frage der Regulierung?

Wenn Liberalisierungsbefürworter das Beispiel Kalifornien vor Augen geführt bekommen, sagen sie reflexhaft: »Das war kein Liberalisierungsproblem, sondern ein Regulierungsproblem.« Sie meinen damit, dass die Regierung verabsäumt habe, den privaten Versorgern ordentliche Vorschriften zu machen, oder sogar »kontraproduktive« Vorschriften gemacht habe wie den Preisschutz für die Endverbraucher. Das Argument ist so wichtig, dass wir es ausführlich beantworten wollen.
1. Liberalisiert wird nicht um zu regulieren, sondern um zu deregulieren. Wenn ein Staat einen öffentlichen Versorgungsbereich liberalisiert und den Privaten das Feld überlässt, dann tut er das, um sich zurückzuziehen und die Segnungen des freien Marktes wirken zu lassen, und nicht, um plötzlich groß Politik zu machen. Die meisten (Industrie-)Länder wollen gar keinen strengen Regulator. Sich von der Liberalisierung eine starke Regulierung der privaten Anbieter zu erwarten ist widersinnig. Deshalb führte Präsident Bush sen. zwar bereitwillig die Strommarktliberalisierung durch, doch sein Sohn George W. lehnte eine Einmischung des Bundes in das kalifornische Desaster ebenso ab, wie der nor-

wegische Energieminister nicht mit Preisgrenzen das Gesetz von Angebot und Nachfrage stören wollte. Und: Die EU-Richtlinie schreibt einen nationalen Stromregulator nicht vor, der ist freiwillig – und kann so wichtig daher nicht sein.
2. *Regulierungsdilemma: Die Regulierten wollen nicht reguliert werden.* Selbst bei starkem Regulierungswillen hinkt der Staat hinterdrein: Erst »versagt der Markt«, dann wird repariert. Wenn überhaupt. Schließlich pflegen multinationale Konzerne sich mit allen Mitteln gegen handelshemmende und gewinnreduzierende Regulierungen zur Wehr zu setzen – wenn sie nicht gleich die Deregulierung in ihrem Interesse »mitgestalten«. Multinationale Konzerne sind ja keine machtpolitischen Fliegengewichte. Unter den 100 größten Wirtschaftseinheiten der Welt befinden sich 52 Konzerne und 48 Staaten. Wenn in der EU mit 25 Staaten fünf große Energieversorger übrig bleiben, dann kann von einer reibungslosen öffentlichen Regulierung im Interesse der Allgemeinheit keine Rede mehr sein.
3. *Je strenger reguliert wird, desto uninteressanter wird es für Private,* weil ihre Kostenvorteile wegfallen. Private sind an möglichst geringer Regulierung interessiert, weil es nur dann hohe Profite gibt. Hier kommt der ganze Widerspruch eines öffentlich regulierten Marktes zum Vorschein: In dem Maße, in dem versucht wird, aus profitorientierten Versorgern durch Regulierung gemeinnützige zu machen – via Preisschutz, Umweltziele, Universalversorgungsgebot, Vorgaben für Versorgungssicherheit, Investitionen und Beschäftigtenschutz –, wird es für sie uninteressant, da könnte man sie gleich in öffentliche Versorger (rück)umwandeln.
4. *Regulierungsziele können bei der WTO als Handelshemmnisse attackiert werden.* Es kommt noch dicker: Selbst wenn es Staaten gelingen sollte, gegen die Macht von multinationalen Konzernen Regulierungen im öffentlichen Interesse durchzusetzen, könnten diese vom GATS wieder ausgehebelt werden. Denn staatliche Eingriffe machen sich in der WTO grundsätzlich der »Behinderung des Handels« verdächtig. Wie wir im letzten Kapitel noch sehen werden, könnten Stromkennzeichnungen, Subventionen für er-

neuerbare Energien, Verbot von Atomstrom, Vorschriften zu Energieeffizienz oder Qualitätsnormen für die Infrastruktur vor dem WTO-Schiedsgericht geklagt und zu Fall gebracht werden. Durch diesen Abschreckungseffekt könnte generell von weiteren Regulierungsmaßnahmen Abstand genommen werden. Der Markt sei der beste Regulator – glaubt die WTO. Aber dazu später mehr.

Alternativen?

Auch wenn George W. Bush vermutlich nicht mitmachen wird – eine nachhaltige und demokratische Energiepolitik, die durch die VerbraucherInnen mitgestaltet wird, hätte ganz andere Ziele: Radikale Energieeffizienzsteigerungen (Faktor 10), flächendeckender Umstieg auf erneuerbare Energieträger, Vorrang für Versorgungssicherheit, soziale (lineare) Tarife, Verringerung der Grundgebühren, Befreiung für sozial Schwache. Um den Verlust der Wettbewerbsfähigkeit der europäischen Industrie in Grenzen zu halten, sollte gleichzeitig ökologische Kostenwahrheit im Transport durchgesetzt werden, damit sich Ökodumping à la Standortverlagerung in Länder mit billigerem und »schmutzigerem« Strom nicht rentiert.

6

Ein Lehrbeispiel

Edison und die Ökonomisierung der Bildung

Die Budgetnot verleitet viele Regierungen, das Bildungswesen stärker zu ökonomisieren. Schüler-, Studenten- und Lehrpersonal-Vertretungen laufen dagegen Sturm. Die Liberalisierungsabsichten (GATS) der Welthandelsorganisation könnten auch und vor allem von europäischen Politikern dazu benutzt werden, die Verantwortung abzugeben und die Schuld einem bequemen Sündenbock in die Schuhe zu schieben. Der Kampf um eine gerechte Globalisierung hat die Klassenzimmer erreicht.

Hohe Berge, dünne Luft

Harvard, Yale, Princeton, Massachusetts Institute of Technology ... Die Vereinigten Staaten von Amerika können mehr Eliteuniversitäten als jede andere Nation vorweisen. Und gleichzeitig einen erstaunlich hohen Prozentsatz an Einwohnern, die nicht in der Lage sind, das eigene Land auf einem Globus zu finden.

Der Grund dafür liegt in einem de facto zweigeteilten Bildungssystem. Wer Geld hat, kann seine Kinder hervorragende Schulen und noch bessere Universitäten besuchen lassen. Wer kein Geld hat, muss sie in öffentliche Schulen schicken, für die der neoliberale Staat immer weniger Geld locker macht. Die Folgen sind verheerend.

Im Juli 2003 meldete der *Philadelphia Inquirer*, dass die Testergebnisse im Distrikt im vergangenen Schuljahr leicht besser waren als sonst. »Kein Grund, Konfetti zu werfen«, erstickte der Kolumnist Tom Ferrik jeden Jubel im Ansatz. Immer noch waren 60 Prozent der 200.000 Schüler nicht in der Lage, ihrer Schulstufe entsprechend zu lesen oder zu rechnen. »Das ist nicht Neues. Die Ergebnisse liegen seit Jahrzehnten zwischen horrend und bedrückend. Große städtische Bezirke sind die Himalayas von Amerikas öffentlichem Bildungswesen«, fährt der Autor fort. »Harsche, abweisende, uneinnehmbare Orte, darauf verstreut liegen die Überreste derer, die sie erklimmen wollten.«[1]

Der Unternehmer Christopher Whittle ist ein Mann, dem kein Übermaß an Bescheidenheit nachgesagt wird. Anfang der Neunziger beschloss er, so etwas wie der Edmund Hillary des US-amerikanischen Bildungssystems zu werden und die Erstbesteigung der höchsten Gipfel zu wagen. Für die Rolle des Sherpas Tenzing konnte er Benno Schmidt gewinnen, den Präsidenten der Universität Yale.

Diese Seilschaft wollte nichts Geringeres, als das gesamte öffentliche Schulwesen reformieren, soll heißen: marktwirtschaftlich organisieren und profitabel machen. Gewinnbringende Bildungskonzerne sollten das marode System retten.

Aus der Sicht eines neoliberalen Unternehmers – oder Investors, Whittle trieb für seine Idee mehr als 500 Millionen Dollar Risikokapital auf – war das Konzept sicher von einnehmender Logik. Der Business-Plan war in Zahlen gegossene Ideologie: *Wenn* der Markt die beste und effizienteste Verteilung aller Ressourcen bewirkt, *dann* ist er auch die richtige Antwort auf Amerikas Bildungsmisere – die reine Lehre des Neoliberalismus.

Whittle versprach Eltern, Schulbehörden und Investoren effektivere Lehrpläne, modernere Schulausstattungen, strengere Disziplin in den Klassenräumen, mehr Unterrichtsstunden pro Tag und mehr Unterrichtstage pro Jahr – und das alles zu geringeren oder gleichen Kosten wie die öffentliche »Konkurrenz«.

Das war eine Menge Gepäck, die sie sich da auf die Schultern luden. Doch die Luft, stellte sich beim Aufstieg heraus, war sehr dünn.

Theorie trifft Praxis ...

1995 übernahm Whittle/Schmidts Firma Edison Schools erstmals das Management einer öffentlichen Schule in Sherman, Texas. Bis ins Jahr 2000 sollten tausend weitere folgen, sagte Whittle voraus. Nun, je nach Zählweise wurden es zwischen 90 und 113. Edison wertet jede Schulstufe als eigene Schule, auch wenn zwei oder drei im selben Gebäude untergebracht waren.[2] Die Behörden zählen üblicherweise die Gebäude. Das ist nicht der einzige Fall kreativer Mathematik bei Edison.

In einem Bericht über die Entwicklung ihrer Schulen im Jahr 1999 gewährte Edisons PR-Abteilung der Schule in Sherman fünf Sterne für ihre »stark positiven« Entwicklungsfortschritte. Worauf diese Schritte genau beruhten und welche Kriterien erfüllt sein mussten, um fünf Sterne (die Höchstzahl) zu erhalten, stand nirgendwo. Die American Federation of Teachers unternahm eine eigene Untersuchung der Lernfortschritte bei Edison und kam zu dem Ergebnis, dass die Schule in Sherman zu den schlechtesten des Unternehmens gehörte. Eltern und Politiker kamen zu einer ähnlichen Meinung. Ein Jahr später kündigten sie den Vertrag mit Edison.

Gerald Bracey von der Arizona State University untersuchte den Fall und kann erklären, wie es zu dieser Diskrepanz bei den Ergebnissen kommt. Es sei alles nur eine Frage der Darstellung, meint er, die Edison-Berichte seien mehr Werbung als objektive Information. Und in der Werbung passen sich bekanntlich die Fakten den Wünschen an, nicht umgekehrt.

Die Edison-Reports sind Bracey zufolge nur für Menschen mit Statistik-Kenntnissen zu entziffern. »Die Zusammenstellung einiger Tabellen zwingt die Leser, mit ihren Augen zwischen verschiedenen Gruppen von ihnen herumzuspringen um herauszufinden, was von Jahr zu Jahr geschieht. Wenn jemand diese Aufgabe bewältigt, stellt sich heraus, dass die Testergebnisse sich verschlechtern.«[3]

Im selben Edison-Bericht werden die 17 Schulen, die das Unternehmen zwischen 1995 und 1997 führte, mit dem Bundesdurchschnitt verglichen. Natürlich fällt das Ergebnis positiv aus. Aber Bracey meldet gut begründete Zweifel an: »Bei genauem Hinsehen stellt sich jedoch heraus, dass die Maßeinheiten für die nationalen Trends nicht dieselben sind wie die, nach denen Edisons Schüler gemessen wurden. Tatsächlich ist es völlig unklar, was diese Zahlen bedeuten. Die Legende der Tabelle [... gibt als Quelle der Daten an: National Assessment of Educational Progress, 1994–1996]. Abgesehen davon, dass der Bericht nur vage Auskunft gibt, worauf sich diese Zahlen beziehen, besteht ein fundamentales Problem mit den Daten: Sie existieren nicht. Es gab 1994 keine NAEP für Lesen und 1996 keine NAEP für Mathematik. Diese Statistiken, was immer sie sein mögen, beziehen sich auf Daten, die nie erhoben wurden.«[4]

In San Francisco, wo sich Elterngruppen gegen Edison wandten, wurde dem Unternehmen vorgeworfen, schlechte und problematische Schüler an andere Schulen zu verweisen und statt dessen Kinder offensiv anzuwerben, die bessere Noten erzielen würden. Diese Praxis wurde von den Kritikern als Hauptgrund für verbesserte Notendurchschnitte ausgemacht.

Während im nationalen Durchschnitt 12,5 Prozent der amerikanischen Schüler Sonderunterricht benötigen und bekommen – etwa wegen Lernschwächen, Behinderungen oder anderen Problemen –, waren es bei der umstrittenen Schule im Unterrichtsjahr 1999–2000 weniger als 7 Prozent, im Jahr darauf sogar nur noch 2 Prozent. Im selben Zeitraum fiel der Prozentsatz von Kindern aus »ökonomisch benachteiligten Verhältnissen« von 79 auf 55. Damit wohl sehr eng verknüpft: Der Anteil von Kindern, deren Muttersprache nicht Englisch ist, fiel von 32 Prozent auf ... null.

Das steht alles in den Berichten des Unternehmens selbst. Dort steht auch: »Wenn Edison eine Schule übernimmt, ändern sich oft auch die Anmeldungen. [...] Edison-Schulen sind im Allgemeinen gesuchte Schulen und Anmeldungen ändern sich, wenn Familien sich für oder gegen das neue Programm entscheiden. Wenn sich die Anmeldungen ändern, sind Vergleiche von Testergebnissen vor und nach [Edisons Übernahme] potenziell irreführende Vergleiche von verschiedenen Schülern.«[5] Schöner könnte man es kaum sagen.

Letztlich lässt sich keine klare Aussage darüber treffen, ob Edison-Schüler besser lernen oder nicht – was angesichts der Tatsache, dass sie deutlich längeren Unterricht als Nicht-Edison-Schüler erhalten, eigentlich doch eine klare Aussage ist.

... und funktioniert nicht

Whittle hat das Projekt Edison vor zehn Jahren vorgestellt. Seit damals hat er nicht nur viele Verträge für das Management von Schulen gewonnen, sondern auch etliche wieder verloren. Eines haben er und sein Unternehmen bis heute nicht gemacht: Gewinn. Edison verliert Geld, jeden einzelnen Schultag. Entsprechend zerrüttet ist das Vertrauen des Marktes in Whittles Vision.

Im Jahr 2001 war Edison im Gespräch, in die Verwaltung der öffentlichen Schulen von New York einzusteigen. Als sich die Stadt schließlich dagegen entschied, sackte der Aktienkurs des Unternehmens von 36 auf rund 20 Dollar ab. Im November 2001 prüfte dann die Stadt Philadelphia die Privatisierung ihrer desolaten (weil seit Jahrzehnten finanziell ausgehungerten) öffentlichen Schulen. Edison sollte bis zu 60 der 264 Schulen und wichtige Aufgaben in der zentralen Verwaltung übernehmen. Gleichzeitig wollten sich einige Großinvestoren von über einer Million Edison-Aktien trennen.

»Sollten Sie also vortreten und kaufen?«, fragte Allen Greenberg, der Herausgeber des *Philadelphia Business Journals,* und beantwortete die Frage auch gleich selbst: »Nur wenn Sie bei Investitionen politischer Ideologie größeren Stellenwert einräumen als den fundamentalen Grundlagen, die den alltäglichen Aktienhandel diktieren.« Das Wertpapier sei zwar für kurzfristige Spekulationen durchaus geeignet, befand er, aber letztlich sei das finanzielle Schicksal »von Edison und seinen Aktionären weniger wichtig als die Zukunft von 200.000 Schulkindern«.[6]

Kurz darauf beschloss der von der Stadt bestellte unabhängige

Experte, der das Schulsystem reformieren sollte, dass Privatisierung auch in Zukunft nur eine untergeordnete Rolle dabei spielen sollte. Die Beispiele aus anderen Städten vermochten ihn nicht zu überzeugen. Nur in 32 Fällen lagerte er den Betrieb einer Schule an Private aus, Edison musste sich diesen kleinen Kuchen mit anderen Unternehmen teilen. Das Lehrpersonal und die Budgets blieben in der Verantwortung der Stadt, ebenso die Unterrichtszeiten. Davon, Edison in die zentrale Verwaltung einzubeziehen, war ebenfalls keine Rede mehr. Edisons Aktienkurs stürzte ab und schlug bei 15 Cent pro Aktie auf.

»Edison ist der Leithammel für die ganze profitorientierte Schulreform-Bewegung«, zitierte die *Business Week* einen Marktanalysten. Der wollte auch einen Konkurs des Unternehmens nicht mehr ausschließen. »Wenn Edison scheitert, werden die Schulen in der einen oder anderen Form überleben. Der größte Tiefschlag wird es wohl für jene sein, die glaubten, dass die Privatwirtschaft eine Schlüsselrolle bei der Reform der öffentlichen Schulen spielen kann.«

Doch noch ist es nicht so weit. Das ganze Schuljahr 2002/03 über gab es Gerüchte, Whittle könnte das Unternehmen von der Börse nehmen, um den Misserfolg weniger offensichtlich zu machen. Nach den Pleiten in New York und Philadelphia ist die Hoffnung, endlich einen lukrativen Großauftrag für die verlustbringende Firma an Land zu ziehen, gering. Und irgendwann geht wohl auch das Risikokapital zu Ende.

Die Zwei-Klassen-Gesellschaft

Dem US-Bildungssytem wird oft vorgeworfen, eine Zwei-Klassen-Gesellschaft zu fördern. Das ist richtig – und dabei doch ein gewaltiger Fortschritt, denn bis 1965 gab es drei Klassen von Schülern: Reiche in Privatschulen, Nicht-Reiche in öffentlichen Schulen und Schwarze in eigenen öffentlichen Schulen.

Nach der Aufhebung der gesetzlichen kam es zur ökonomischen Rassentrennung. Im Süden wurden viele teure Privatschulen gegründet. Teuer war gleichbedeutend mit weiß, dazu bedurfte es keiner Paragrafen. Die öffentlichen Schulen wiederum unterstanden den Districts, den Bezirken eines Bundesstaates, und wurden aus lokalen Steuern finanziert. Reiche Bezirke konnten sich folglich gute Schulen leisten, in armen Gegenden blieb das Bildungsniveau katastrophal. »Die weißen Familien zogen aufgrund dieser Tatsache in Scharen weg aus dem von farbiger Bevölkerung bewohnten Gebiet, vor allem in den Großstädten, und siedelten sich in den wohlhabenderen Gegenden an«, schreibt Tom Hubmayer. »Das öffentliche Bildungssystem der USA wurde aufgrund dieser Entwicklung immer ungleicher, anhand von sozialen und rassistischen Kriterien. Wichtig in diesem Zusammenhang ist, dass diese rassistischen Mechanismen ein zentraler Motor der Privatisierung des Bildungssystems sind.«[7] Wenn sich in Europa der Staat langsam aus der Finanzierung der Schulen zurückziehen würde, in welchen Bezirken einer durchschnittlichen Stadt in Deutschland, Österreich, Frankreich oder Spanien würden Privatkonzerne wohl ihre besten Schulen errichten? Wohl kaum in den Peripherien, schon gar nicht in solchen mit einem hohen Prozentsatz zugewanderter Bevölkerung.

Wenn nur Kinder reicher Eltern gute Schulen besuchen können und dann die guten Jobs bekommen, die sie wieder zu reichen Eltern machen, die ihre Kinder auf gute Schulen schicken ... dann haben wir die Zwei-Klassen-Gesellschaft auch hier.

Tendenzen in diese Richtung zeichnen sich leider bereits ab.

Das britische System

Vorangeprescht in Europa ist, wie könnte es anders sein, Großbritannien. Das Bildungsministerium fördert Schulen, die von Privatpersonen, Kirchen oder Gemeinden betrieben werden – und das ist knapp ein Drittel. Rein öffentliche Schulen werden dagegen seit Jahrzehnten finanziell ausgehungert, der schlanke neoliberale Staat hat wenig Geld für sie übrig.

In den achtziger Jahren führte Margaret Thatcher daher die freie

Schulwahl ein, was bedeutete, dass Kinder nicht mehr in dem Wohnbezirk zur Schule gehen mussten, in dem sie wohnten. Damit war das System der Gesamtschulen, das allen über 11-jährigen Schülern Chancengleichheit gewähren sollte, praktisch erledigt. Das Autorenteam Lichtblau/Ebner stellt fest, dass »eine weitere negative Auswirkung der freien Schulwahl die deutliche Veränderung der ethnischen und sozialen Zusammensetzung [der Klassen ist]. Da Mittelschichteltern dazu neigen, die Qualität einer Schule anhand dieser Kriterien zu beurteilen, kam es zur Konzentration ausländischer, sozial unterprivilegierter und lernschwacher SchülerInnen in so genannten Restschulen.«[8]

Aufgrund der andauernden Unterfinanzierung leiden die öffentlichen britischen Schulen nicht nur unter schlechter Ausstattung, sondern auch an chronischem Lehrermangel. Die Entlohnung ist niedrig, die Arbeitszeiten sind lang, die Dienstverhältnisse unsicher. Weil es so wenig Lehrer gibt, sind die Klassen überbelegt. In den Privatschulen fallen diese Parameter großteils noch schlechter aus.

Die britische Regierung ruft nun den Markt zu Hilfe. Private Investoren sollen sowohl mehr Schulen betreiben als auch die Verwaltung der kommunalen Schulbehörden effizienter handhaben.[9] Die Regierung nennt dafür vier Gründe und liefert damit ein Lehrstück an neoliberalem Fundamentalismus:

1. Die Beteiligung der Wirtschaft ist prinzipiell nötig, um das Bildungssystem innovativ und effizient zu gestalten. (Das hat die vorherige Regierung bei der Bahnprivatisierung auch gesagt. Und bei der Wasserprivatisierung. Und ...)
2. Schulen sollen stärker auf die Bedürfnisse von Industrie und Geschäftswelt ausgerichtet werden. (Dumm zu glauben, es ginge um die Bedürfnisse der Kinder ...)
3. Die Regierung will dadurch die staatlichen Zuschüsse reduzieren. (Also noch weniger für öffentliche Schulen ausgeben, die dann noch schlechter werden und von der Wirtschaft noch besser gerettet werden können.)
4. Es soll eine starke britische Bildungsindustrie entstehen, die als Global Player neue Märkte erschließt. (Ach, *das* ist die Aufgabe von Bildungspolitik!)

Was hier, aber auch im amerikanischen Bildungssystem passiert, ist nicht unähnlich den Vorgängen rund um die gesetzliche Krankenversicherung in Deutschland. Diese Methode ist so etwas wie ein Standardrezept für Privatisierer, das in jeder Branche funktioniert. Zunächst trocknet man das öffentliche System finanziell aus. Ist die Bevölkerung schließlich mit den gebotenen Leistungen unzufrieden, behauptet man, der Staat könne sich um diese Aufgabe nicht kümmern, die unsichtbare Hand des Marktes würde das viel besser erledigen. Beweise für diese Behauptung präsentiert man keine, die finanziell angespannte Lage der öffentlichen Versorger muss als Begründung reichen. Dabei beweist diese in Wirklichkeit nur eines: dass schlechte Politik gemacht – oder Privatisierung vorbereitet – wurde.

Interessant ist hier der Gegensatz des britisch-amerikanischen Zwei-Klassen-Systems zu Belgien und Holland. In beiden Staaten befindet sich die Mehrheit der Schulen in privater Hand, vor allem kirchliche Organisationen treten in großem Umfang als Betreiber auf. Die Regierungen finanzieren diese Schulen, für die Schüler ist der Besuch kostenlos. Auch dieses System funktioniert gut.

Was ist der Unterschied dazu, wenn Edison die Schulverwaltung übernimmt und vom Distrikt bezahlt wird? Der muss wohl in der Profitorientierung liegen.

Bildung und Markt

Bildung ist eine Ware, darüber sollte man sich keine Illusionen machen. Immer schon war sie käuflich, seit der Antike sorgten reiche Eltern dafür, dass ihre Kinder die besten Lehrer erhielten. Alexander der Große bekam Privatunterricht von Aristoteles. Wer die Kinder seiner Diener unterrichtete, ist nicht bekannt. Vermutlich niemand.

Dass Bildung käuflich ist, heißt aber noch lange nicht, dass eine demokratische Gesellschaft die daraus entstehenden Ungerechtigkeiten wie ein Naturgesetz hinnehmen muss. Öffentliche Schulen sind eine der größten Errungenschaften unserer Zivilisation. Wenn es kein gemeinsames Ziel einer Gesellschaft ist, Kindern einen fairen Start ins Leben zu ermöglichen, was dann?

Die Ökonomisierung hat noch eine andere Auswirkung: Die Lehrpläne werden nach den Bedürfnissen der Wirtschaft ausgerichtet. Natürlich ist es sehr gut, wenn an Schulen und Universitäten Wissen weitergegeben wird, das im Berufsleben praktisch einsetzbar ist. Aber das ist »Ausbildung«. »Bildung« ist eine viel umfassendere Angelegenheit.

Der Erziehungswissenschaftler Erich Ribolits bringt es auf den Punkt: »Bildung und Qualifizierung stehen zueinander gewissermaßen im selben Verhältnis wie Liebe und Sexualität. Sex, Zärtlichkeit und Freundlichkeit sind nicht gleichzusetzen mit Liebe, sie stellen gewissermaßen bloß deren quantifizierbaren Anteil dar. Auch Qualifizierung kann in diesem Sinn als der quantifizierbare Anteil von Bildung charakterisiert werden. Und genauso wie sich Liebe nicht zur Ware machen lässt, Sex und Schmeichelei hingegen durchaus zum Verkaufsangebot im Rahmen der Profitökonomie werden können, lässt sich auch aus Bildung kein Geschäft machen.«[10]

Der Trend zur Quantifizierung von Bildung zeigt sich auch in der fortschreitenden Standardisierung von Testergebnissen. Auf Druck der Wirtschaft werden Testfragen, Bewertungskriterien und ganze Bildungssysteme angeglichen. Die Personalabteilung muss auf einen Blick abschätzen können, was die Ziffern und Buchstaben im Zeugnis des Bewerbers bedeuten, egal ob er in München, Boston oder Poona seinen Bachelor of Science absolvierte. Oder in einer der rasant wachsenden privaten Online-Universitäten, wie der University of Phoenix, wo man einen Abschluss bekommen kann, ohne ein einziges Gespräch mit einem Professor geführt zu haben. Letztlich zählt nur eines: Hat der Kandidat alle Fragen so beantwortet, *wie der Standard es vorsieht?*

Was würden wohl Galilei, Newton oder Einstein zu dieser neuen akademischen Realität sagen?

Die Wissenschaft und ihre Lehre sind käuflich

Die Wissenschaft und ihre Lehre sind frei. Das steht im Neuen Institutsgebäude der Universität Wien in großen Lettern an der Wand. Im deutschen Grundgesetz findet sich derselbe Gedanke nahezu wortgleich wieder: »Kunst und Wissenschaft, Forschung und Lehre sind frei«, heißt es da in Artikel 5, Absatz 3.

Sind sie es tatsächlich noch?

Warum wird das Solar-Auto erst marktreif sein, wenn die Erdölreserven aufgebraucht sind? Warum will das Gerücht nicht verstummen, es gebe ein Heilmittel für Diabetes, aber der Insulinmarkt sei viel zu einträglich um ihn zu zerstören? Warum hat man bei allen Studien über die Gefährlichkeit von Handy-Strahlung den Eindruck, es stehe das drin, was zuvor bestellt wurde? Und warum macht die Biotechnologie, was sie will?

Spitzenforschung orientiert sich heute an zwei Kriterien: der militärischen und/oder der ökonomischen Verwendbarkeit. Das mag in Ansätzen schon immer so gewesen sein: Gutenberg etwa versuchte hartnäckig, sich ein Monopol für den Buchdruck zu sichern und die Ausbreitung seiner Entwicklung zu verhindern. Galilei wiederum finanzierte seine astronomischen Forschungen, indem er den Militärs Fernrohre verkaufte. Aber beide lebten noch in einer Zeit feudaler Herrschaft. Heute gibt es Coca-Cola High Schools und Microsoft Colleges.

Gates statt Medici – das kann nicht der Weisheit letzter Schluss sein.

7

Altern vor Sorge

Die Renten auf den Risikomärkten

In diesem Kapitel ist viel von Umlageverfahren und Kapitaldeckungsverfahren die Rede. Mit Umlageverfahren sind öffentliche Rentensysteme gemeint, in denen die Beiträge der aktiven Generation direkt zu den Renten der Ruhestandsgeneration werden. Im Kapitaldeckungsverfahren spart jede Person individuell für sich an. Zu Rentenantritt muss sie die angesparten Aktien, Anleihen und Immobilien verkaufen, um zu klingender Münze zu kommen.

Rentenpleiten rund um die Welt

Im November 2001 war für Janice Farmer die Welt noch in Ordnung. Ihr Rentendepot beim US-Energieriesen Enron war 700.000 Dollar schwer, damit lässt sich in den USA ein passabler Ruhestand verbringen. Doch am 3. Dezember brach die heile Welt zusammen: Das siebtgrößte Unternehmen der USA meldete aus heiterem Himmel Konkurs an. Innerhalb weniger Monate stürzte der Enron-Aktienkurs von über 32 Dollar auf wenige Cents ab. Um den freien Fall des Kurses zu stoppen, verhängte das Management über Aktien, die im Besitz von Mitarbeitern (zum Zweck der Altersvorsorge) waren, eine Verkaufssperre. Die Enron-Beschäftigten mussten ohnmächtig mit ansehen, wie mit dem Kursverfall ihre Rentendepots dahinschmolzen. Von Janice' Vorsorge blieben gerade noch 20.000 Dollar übrig.[1] Insgesamt verloren die

Enron-Angestellten 1,2 Milliarden Dollar.[2] Die Top-Manager hatten dagegen rechtzeitig ihre Aktien abgestoßen und rund ebensoviel, eine Milliarde Dollar, an Gewinn einkassiert.[3]

Enron ist kein Sonderfall im US-System. Da die staatlichen Renten nur 42 Prozent des letzten Einkommens ersetzen – dieses Niveau soll bis zum Jahr 2030 weiter auf 37 Prozent sinken –, sind die Menschen auf betriebliche und private Zusatzrenten angewiesen. So haben derzeit 42 Millionen US-Arbeitnehmer zwei Billionen Dollar in so genannten 401(k)-Fonds der betrieblichen Altersversorgung angelegt, die nach dem zuständigen Abschnitt des Steuerrechts benannt sind. Bei den meisten Konzernen wird der Löwenanteil in hauseigene Aktien investiert. Das ist nicht auf den Leichtsinn der Angestellten, sondern auf starke Anreize der Arbeitgeber zurückzuführen, die an loyalen Anlegern interessiert sind – und an Steuererleichterungen, die jährlich mehr als 70 Milliarden Dollar ausmachen. Die Folge: Bei Firmen wie Coca-Cola, McDonald's oder Texas Instruments investieren die Angestellten fast zwei Drittel ihrer 401(k)-Beiträge in hauseigene Aktien. Die Enron-Beschäftigen hatten 62 Prozent ihrer Firmenrente in Enron-Aktien angelegt. Die sind jetzt futsch.

Die Mischung aus Börsencrash und Bilanzskandalen setzte nicht nur der 2. Säule (Betriebsrenten), sondern auch der 3. Säule, den privaten IRA-Konten (Individual Retirement Accounts), stark zu. Die Performance der Fonds lag 2002 fast 10 Prozent im Minus. Jetzt stehen Millionen Menschen vor der Altersarmut. Die Medien üben sich in guten Ratschlägen: Empfohlen wird unter anderem das Haus zu verkaufen und in einen billigeren Bundesstaat umzuziehen. Oder ganz einfach weiterzuarbeiten. Die *Times* tröstet: »In der gesamten Geschichte der Menschheit haben die Leute immer im letzten Drittel ihres Lebens gearbeitet, außer in den vergangenen Jahrzehnten.«[4] Viele haben keine Wahl: Die Beschäftigungsquote der über 55-jährigen Männer ist seit dem offiziellen Beginn der Rezession im Frühjahr 2001 um 9,3 Prozent gestiegen, die der über 55-jährigen Frauen um 18,3 Prozent.[5]

Nicht viel besser erging es den Briten. Ihre Rentenfonds waren bis zu 80 Prozent in Aktien veranlagt. Das brachte in guten Jahren fette Renditen, seit 2000 geht es aber bergab. Sehr steil. 2002 verloren die britischen Rentenfonds 13,9 Prozent ihres Werts – oder 150 Milliarden Euro. Equitable Life machte 2001 den Anfang und kürzte sämtliche Depots um 16 Prozent. Andere folgten. Jetzt bangen Millionen Briten um ihre Alterserspamisse.

Schon zuvor hatte es die japanischen Lebensversicherungen erwischt: Drei der ganz großen – Kyoei Life, Chiyoda Mutual Life und Tokio Mutual Life – gingen bankrott. Der Grund: Der Börsenindex in Tokio, der Nikkei, war von knapp 40.000 Punkten Ende der 80er-Jahre auf 10.000 Punkte Ende der 90er-Jahre gefallen. Die Versicherer hatten ihren Kunden 15 Prozent Rendite versprochen, jetzt gab es höchstens 3 Prozent – oder für die Konkursopfer, eine kleine Schadensbegrenzung aus dem staatlichen Ausgleichsfonds.[6]

Von einer Pleitewelle kann in Deutschland (noch) keine Rede sein, aber die Branche ist zumindest in Bedrängnis. Mit der Mannheimer Leben gibt es ein erstes prominentes Opfer. Vor wenigen Jahren noch wurde der Glauben verbreitet, dass mit Hilfe der New Economy alle reich werden könnten, inklusive die Riester-Rentner. Jetzt ist das Börsenstrohfeuer namens NEMAX gelöscht, und der »konservative« DAX um zwei Drittel gesunken. Selbst in Österreich, wo die staatlichen Pensionen 92 Prozent der Pensionen (= Renten) ausmachen, sind die betrieblichen Rentenkassen von der globalen Börsenbaisse betroffen. Zwar erwerben nur 9 Prozent der Beschäftigten in Österreich Anspruch auf eine betriebliche Zusatzpension, weshalb Österreich von börsenfreundlichen Journalisten als »Entwicklungsland« der Privatvorsorge bezeichnet wird.[7] Infolge der Börsenkorrektur wurde 2001 jedoch jede siebte Betriebspensionen um 3,5 Prozent gekürzt. 2002 war bereits jede zweite Pension von einem Minus von 8 Prozent betroffen. Für den börsenfreundlichen Journalisten ist das vermutlich der Weg aus der Unterentwicklung. Die Pensionisten des Österreichischen Rundfunks betrachten das hingegen als Enteignung und brachten ihren Arbeitgeber vor Gericht: Ihnen war glaubhaft versichert worden, dass Börsen immer nur boomen und ihre Pensionen sicher seien. Zeitgleich hatte Janice Farmer in den

USA gemeinsam mit Hunderten von Enron-Beschäftigten Ex-Konzernchef Kenneth Lay auf Schadensersatz verklagt. Außer »ein paar Cent für jeden Dollar« erhofft sie sich jedoch nichts.

Chile: Im Namen des freien Marktes und der Diktatur

Verklagt wurden einzelne Arbeitgeber, doch im Grunde richtete sich die Anklage gegen eine Geisteshaltung, die weltweit immer stärker an Profil gewinnt: den Neoliberalismus. Im Zentrum der neoliberalen Weltanschauung steht die Konkurrenz: jeder gegen jeden. Wenn jeder die Chance hat, aus eigener Kraft in diesem Kampf zu gewinnen, soll er/sie auch entsprechend dafür belohnt werden. Wer verliert, ist auch selbst schuld und hat keinen oder nur geringen Anspruch auf Hilfe durch die Gemeinschaft. Auf die Rentenfrage umgelegt heißt das: Jeder sorgt für sich selbst vor – wie hoch das Einkommen im Alter ist, hängt ausschließlich vom Verdienst während der Erwerbsphase, von den Launen der Finanzmärkte und von den Versicherungsspesen ab. Es gibt keine Umverteilung von den Starken zu den Schwachen, es gibt nur manchmal eine Mindestrente, die aber nur für ein Überleben in Armut reicht.
Diesen Ansatz fand eine kleine, dafür umso einflussreichere Gruppe erotisch: Die »Chicago-Boys« rund um den Ökonomen Milton Friedman. Ihnen war der Konkurrenz- und Eigenverantwortungsgedanke so ein Anliegen, dass sie keine Skrupel hatten, den chilenischen Diktator Augusto Pinochet in wirtschaftspolitischen Fragen zu beraten. Im Gegenteil: Die Diktatur in Lateinamerika war ein ideales Testlabor für neoliberale Experimente. Teil der Empfehlungen war die Totalprivatisierung des Rentensystems – die erste und lange Zeit einzige weltweit. Begründungen braucht ein Diktator nicht. Dass eine soziale Versicherung gegen das Altersrisiko »zu kollektivistisch« sei, reicht vollends.
Die Folge: Die Chilenen zahlen seit 20 Jahren 13 Prozent ihres Einkommens nicht mehr über das staatliche Umlageverfahren an die ältere Generation, sondern in einen privaten Rentenfonds.

Wer zumindest 20 Jahre lang durchgehend eingezahlt hat, wird später einmal eine Rente bekommen. Bloß: Das ist in Chile nicht so leicht. Seit 1983 hat sich der Anteil der Versicherten, die regelmäßig ansparen können, von 71 auf 43 Prozent reduziert. Das heißt, dass rund die Hälfte der Chilenen nicht einmal mit einer Mindestrente rechnen kann. Hinzu kommen unerwartet hohe Kosten: Die »Administradoras de Fondos de Pensiones« behielten anfangs bis zu 30 Prozent der Beiträge für die Verwaltung ein.[8] Allein Werbung und Marketing verschlangen ein gutes Drittel der Kosten. Trotz der Wucherpreise überlebten viele Fonds nicht lange, mittlerweile hat sich der Wettbewerb auf acht Fonds reduziert. Die Kosten sind auf 17 Prozent der Beiträge gesunken, ein im Vergleich zu staatlichen Systemen immer noch astronomisches Niveau. Folglich sammelt sich nicht allzu viel in den Depots an: Nach 15 Einzahlungsjahren hatten 47 Prozent weniger als 500.000 Pesos auf ihrem individuellen Rentenkonto, 35 Prozent bis zu drei Millionen Pesos, 7 Prozent bis zu 5 Millionen und nur 1,7 Prozent mehr als 5 Millionen. Um aber auch nur eine bescheidene Rente zu erreichen, müssen mindestens 20 Millionen Pesos angesammelt werden. Die Renten, die mehrheitlich von diesem System zu erwarten sind, werden lediglich für zwei, drei Jahre reichen.[9]

Nicht nur die Versicherten werden geschröpft, auch für den chilenischen Staat wird es nicht billiger. Schließlich muss sich jemand um die auslaufenden Umlage-Rentner kümmern. Das besorgt die Allgemeinheit via Steuern, Staatsschulden und – Privatisierungen.[10] Und falls die Fonds einmal Pleite zu gehen drohen, springt ebenfalls der Staat ein. Zum ersten Mal bereits 1983, als Chile in eine schwere Rezession geschlittert war. Kosten für die Steuerzahler: 2,1 Prozent des Bruttoinlandsprodukts (BIP).[11] Fazit: »Das teuerste System mit den schlechtesten Leistungen und einigen wenigen Rentenfonds, die profitieren.«[12] Zu den Profiteuren zählen auch die Militärs, denn sie sind die einzige Berufsgruppe, deren Renten nicht privatisiert wurden. Sie bleiben weiterhin im staatlichen Umlageverfahren. Und wissen wohl genau, warum. Dennoch gilt Chile als großes Renten-Vorbild – zumindest in den Augen der Weltbank.

Die Weltbank war so ergriffen vom chilenischen Modell, dass sie 1994 ein Privatisierungsmanifest[13] verfasste und seither zahlreichen Staaten in Lateinamerika und Osteuropa bei der Voll- oder Teilprivatisierung der Rentensysteme »behilflich« ist. Besonders behilflich ist die Weltbank denjenigen Ländern, die bei ihr hoch verschuldet sind. In Lateinamerika sind das praktisch alle Länder. In Osteuropa gibt es Unterschiede: Während etwa Polen und Ungarn tief in der Kreide stehen und ihre Rentensysteme mit Hilfe der Weltbank umstellten, blieb das gering verschuldete Tschechien vor einer Privatisierung gefeit. Neben Ungarn (1999) und Polen (1999) erwischte es noch Lettland (2001), Mazedonien (2001), Bulgarien (2002) und Kroatien (2002). Und mit Kasachstan gibt es seit 1998 ein zweites Land, das sein Umlageverfahren vollkommen einem privaten Modell geopfert hat.[14]

Großbritannien: Hinaus in den freien Markt

Nur ein Land begann vor Chile mit dem Einstieg in die Eigenvorsorge: Großbritannien. Im Vereinigten Königreich wurde 1908 die erste staatliche Grundrente eingeführt. 1961 kam eine zweite, einkommensabhängige Rente dazu (»graduated pension«), aus der Arbeitgeber allerdings hinausoptieren konnten (»contract out«), wenn sie stattdessen eine Betriebsrente anboten. Die Graduated Pension wurde 1978 in SERPS (State Earnings-Related Pension Scheme) umbenannt und auf 25 Prozent Einkommensersatz deutlich aufgefettet; Arbeitgeber durften weiterhin für eine Betriebsrente optieren, sie mussten aber eine gleichwertige Rente wie im SERPS garantieren.
Damit waren die ersten Schritte zur Privatisierung des britischen Rentensystems bereits vor der Ära Thatcher getan, wenn auch nicht im missionarischen Bewusstsein einer Abschlankung des Staates. Und Maggy Thatcher wäre nicht die Eiserne Lady gewesen, wenn sie hier nicht den Privatisierungskurs spürbar verschärft hätte. Als Erstes wurde 1980 die staatliche Grundrente so indexiert, dass sie nur noch mit der Inflation, aber nicht mehr mit den Löhnen wuchs. Zweiter, entscheidenderer Eingriff: Im Social

Security Act von 1986 wurde das SERPS empfindlich gekürzt: Statt 25 Prozent gab es nur noch 20 Prozent Einkommensersatz, und das nicht von den besten 20 Jahren, sondern von der gesamten Lebensdurchrechnung.[15] Drittens wollte die glühende Hayekianerin so viele Menschen wie möglich aus dem staatlichen SERPS hinaus in den freien Versicherungsmarkt drängen. Zu diesem Zwecke wurde eigens die individuelle Privatvorsorge APP (Appropriate Personal Pension) eingerichtet und gleichzeitig massiv steuerlich angereizt. Im Unterschied zu den Betriebsrenten mussten die APP nicht garantieren, ein mindestens gleich gutes Ergebnis wie das SERPS zu erzielen. Mit ein bisschen Werbung und Propaganda ließen sich dennoch fünf Millionen Briten und Britinnen zum Umstieg bewegen – oft sehr zu ihrem Ungunsten. Denn die Versicherungsmakler hatten bei der Beratung keineswegs die beste Rente für ihre Klienten im Sinn, sondern die höchste Provision für sich selbst. So wurden 1,5 Millionen Briten in die APPs gelockt, obwohl sie gegenüber SERPS oder den Betriebsrenten, aus denen sie herausgeworben wurden, massive Renteneinbußen erlitten. Diese flächendeckende Fehlberatung ging unter der Bezeichnung »mis-selling scandal« in die Geschichte ein.

Auch die Betriebsrenten sind nicht sonderlich sicher. Wenn die Unternehmen Pleite gehen wie das Stahlwerk ASW, schauen die Anleger durch die Finger. Analog zu Enron ist der Verlust der Rente oft schmerzvoller als der Verlust des Arbeitsplatzes. Oder aber die Chefs »leihen« sich Geld aus der betrieblichen Rentenkasse, wie es der berühmte Medienzar Maxwell getan hat. Er »vergaß«, die geliehenen 650 Millionen Euro zurückzuzahlen. Ein Teil der 30.000 Geschädigten ist bis heute nicht entschädigt.[16]

New-Labour-Chef Tony Blair führt unbeeindruckt von diesen Mega-Skandalen den Privatisierungskurs fort. 1999 setzte er eine neue betriebliche Altersvorsorge durch, die so genannten »stakeholder pensions«. Diese traten 2001 in Kraft und sind den individuellen APPs ähnlicher als den ursprünglichen Betriebsrenten. Damit will die Regierung den Anteil der privaten Renten an den Gesamtrenten weiter erhöhen. Derzeit machen die staatlichen Renten (Grundrente und SERPS) 60 Prozent der Rentenzahlungen aus, die Betriebs- und Privatrenten 40 Prozent. Regierungsziel: Bis 2050 soll sich dieses Verhältnis umkehren. Zum Vergleich: In Deutschland kommen 82 Prozent aller Rentenzahlungen aus dem staatlichen System, in Österreich gar 92 Prozent.

Schließlich wurde 2002 die SERPS neuerlich reformiert und in Second State Pension umbenannt. Die Auszahlung wird sich künftig nicht mehr am Einkommen orientieren, sondern ab 2007 ein Fixbetrag sein. Dieser killt das Versicherungsprinzip im öffentlichen Rentensystem, begünstigt aber Menschen mit niedrigem Einkommen. Derzeit liegt die durchschnittliche staatliche Grundrente (Basic State Pension) bei 60 Pfund pro Woche, das sind weniger als 400 Euro pro Monat. Damit lässt sich in London kaum eine niedrige Miete begleichen.

Trotz der miserablen öffentlichen Renten sorgt ein Drittel der Erwerbstätigen noch immer nicht privat vor. Mit der Abschaffung des SERPS und der Einführung der »Stakeholder Pension« will Tony Blair weitere fünf Millionen Landsleute zur Eigenvorsorge verführen. Der Zeitpunkt ist gewagt: Die Börsen sind am Boden, die Versicherungen schwer angeschlagen, viele gingen nur deshalb nicht Pleite, weil sie keine Kapitalgarantie leisten und deshalb die Renten einfach kürzen können. Die Unternehmensberatungsfirma PricewaterhouseCoopers berechnete, dass die durchschnittliche Privatrente, die anstelle der »dull and boring« SERPS gewählt wurde, derzeit gut 30 Prozent niedriger liegt als das staatliche SERPS.[17] Das Konsumentenmagazin »Which?« berichtet von Fällen, wo die APPs um 60 Prozent unter dem SERPS liegen (obwohl die Menschen millionenfach von SERPS in die APPs gelockt wurden). Viele große Versicherer wie Axa Sun Life, Royal oder Sun Alliance schließen gar keine Neuverträge mehr ab. Und empfehlen – Ironie der Geschichte – den Rückzug ins staatliche System: »Wer immer aus dem staatlichen System hinausoptiert ist, sollte wieder hineinoptieren«, lässt die französische Versicherung Axa dem Dritte-Weg-Sozialdemokraten Blair im Juni 2003 ausrichten.[18]

Auch sonst gibt es Schönheitsfehler. Dass ein Drittel der Erwerbstätigen es nicht schafft, privat anzusparen, hat eine gewisse Logik:

Denn Privatvorsorge setzt kontinuierliche Beschäftigung und so hohe Einkünfte voraus, dass neben den Ausgaben für das tägliche (Über-)Leben monatlich genügend Hunderter für die Privatversicherung übrig bleiben. Der Vollzeitarbeitsplatz wird aber in Zeiten flexibler Arbeitsplätze und strukturell hoher Arbeitslosigkeit zum Exotikum, während atypische Beschäftigungsverhältnisse – geringfügige oder Teilzeitbeschäftigung, Leiharbeit, freie Dienstnehmerverträge und Scheinselbständigkeit – zur Regel werden. Die Folge: Ein Drittel ist von einer sicheren Altersversorgung ausgeschlossen. Bei Frauen ist der Anteil noch höher: Erstens bekommen sie Kinder und ziehen diese in der Regel auch groß, können aber während dieser Zeit weder in eine betriebliche 2. Säule noch in die private 3. Säule einzahlen. (Im staatlichen Rentensystem Deutschlands und Österreichs werden diese »Ersatzzeiten« angerechnet.) Zweitens liegen Frauenlöhne und -gehälter deutlich unter denen von Männern, was sich in der privaten Versicherung aufgrund fehlender Umverteilungsmechanismen umso stärker auswirkt. Drittens leben Frauen länger als Männer, weshalb sie in der Privatversicherung für gleich hohe Beiträge eine um 15 Prozent niedrigere Rente bekommen.[19] Fazit: Altersarmut ist ein verbreitetes Phänomen im Vereinigten Königreich, und Frauen landen besonders leicht in der Armutsfalle. Aber, wie schon gesagt, das kratzt eine neoliberale Gesellschaft, in der Eigenverantwortung so hoch gehalten wird, dass sie der Ansicht ist, das Altersrisiko müsse individuell getragen werden, nicht.

Und der Neoliberalismus ist weltweit auf dem Vormarsch. Vor zehn Jahren galten die angelsächsischen Rentensysteme noch als ineffizient und reformbedürftig, weil sie das Problem der Altersarmut nicht in den Griff bekamen. Heute stehen sie als die strahlenden Vorbilder da, weil die öffentlichen Aufwendungen für die Renten gering sind. Was zählt, ist der schlanke Staat. Und die Belastung des Budgets ist in Großbritannien tatsächlich weltmeisterlich gering: Nur 4,3 Prozent des Bruttoinlandsprodukts werden für die öffentlichen Renten verwendet. Mit der Ablöse des SERPS durch die Second State Pension soll dieser Prozentsatz bis 2030 sogar auf 3,4 Prozent sinken. Die Weltbank jubiliert. Und Hans

Eichel und Karl-Heinz Grasser erblassen vor Neid. Damit sind wir bei der Rentendiskussion in Deutschland und Österreich angelangt.

Warum Privatisierung?

In Demokratien muss man glücklicherweise noch argumentieren. Die Argumente müssen zwar nicht stimmen, aber zu sagen, die öffentlichen Rentensysteme seien »zu kollektivistisch«, das wäre in Frankreich, Deutschland oder Österreich zu wenig. Folglich haben sich Weltbank, Währungsfonds, OECD und EU-Kommission mit Standard-Argumenten ausgerüstet, um auch gegen jene öffentlichen Rentensysteme erfolgreich zu Felde ziehen, die noch eine breite öffentliche Mehrheit hinter sich haben. Egal wo auf der Welt, die zentralen Argumente für die Privatisierung der Rentensysteme lauten:

- Die öffentlichen umlagefinanzierten Systeme sind aufgrund der Alterung der Bevölkerung langfristig nicht finanzierbar.
- Die Finanzmärkte bringen höhere Renditen.
- Das Kapitaldeckungsverfahren ist sicherer.
- Der Markt ist effizienter als der Staat.
- Die Budgets werden durch den Systemwechsel entlastet.
- Ein »gemischtes« System aus Umlage und Kapitaldeckung ist die beste Lösung.

Diese Argumente wollen wir uns genau ansehen.

Umlageverfahren: krank oder krank geredet?

Die Alterung der Bevölkerung – der »demografische Wandel« – ist unbestritten. Was jedoch sehr umstritten ist, ist dessen Auswirkung auf die Finanzierbarkeit öffentlicher Rentensysteme. Es gibt mehrere Betrachtungsweisen:

1. Der öffentliche Aufwand für Renten darf nicht steigen.
Österreich gilt schon heute als »Pensionsweltmeister«: Die öffentlichen Aufwendungen für das Pensionssystem liegen bei 14,5 Prozent des BIP, Deutschland folgt dicht auf mit 11,8 Prozent. In beiden Ländern müsste – so keine Reformen getroffen werden – bis 2030 dieser Anteil auf 17–18 Prozent steigen.[20] Unmöglich, oder? Ruhig Blut, kühler Kopf:
Es steigt ja nicht nur der Anteil der Rentner an der Gesamtbevölkerung, sondern auch die Produktivität und mit ihr wachsen Wirtschaft und Einkommen. Wenn Produktivität und Wirtschaft auch in den kommenden 30 Jahren moderat weiterwachsen wie in den letzten 30 Jahren, um 2 bis 3 Prozent pro Jahr, dann ist das BIP 2030 doppelt so hoch wie heute. Und mit einem doppelt so hohen BIP tut es nicht weh, wenn die Alten einen etwas größeren Anteil bekommen, oder? Schärfer noch: Es wäre geradezu ungerecht, wenn in 30 Jahren ein doppelt so hoher Anteil an über 65-Jährigen einen nur gleich hohen Anteil vom BIP bekommt wie heute.
Renten können als Kosten angesehen werden, die es zu reduzieren gilt. Das machen neoliberale Ökonomen, die Weltbank und die EU-Kommission. Demnach hat Österreich mit öffentlichen Aufwendungen von 14,5 Prozent des BIP das »teuerste Pensionssystem der Welt«. Oder sie werden als Einkommen für ältere Menschen angesehen. Dann ist es aus zweierlei Gründen gar nicht schlimm, wenn in 30 Jahren 40 Prozent der Bevölkerung 17–18 Prozent vom BIP bekommen. Denn erstens sichert das ihren Lebensstandard und vermeidet Altersarmut. Die Einkommensersatzrate in Österreich beträgt fast 80 Prozent. Damit lässt sich leben. Zweitens zählen Pensionen in der Regel zu den niedrigen Einkommen und niedrige Einkommen werden in der Regel größtenteils sofort wieder ausgegeben, was den Konsum ankurbelt und der Wirtschaft nützt.
Wenn die öffentlichen Renten, oder ein Teil davon, privatisiert werden, werden die Renten dadurch nicht billiger. Die Zahlungsströme gehen lediglich nicht mehr über öffentliche Rentenversicherungen (und Haushalte), sondern durch private. So scheinen

die Renten nicht mehr in der Staatsquote auf, bleiben aber gleich teuer – oder werden sogar noch teurer, wie wir später sehen werden.

2. Österreich: Das demografische Märchen

Der Panikmache der Versicherungswirtschaft – via millionenschwerer Werbung – zum Trotz: Bei einer internationalen Konferenz im Juni 2003 in Wien kamen die versammelten Experten zur einhelligen Meinung, dass die Auswirkungen des demografischen Wandels auf die Finanzierbarkeit der Pensionssysteme maßlos übertrieben dargestellt werde.[21] Nirgendwo lässt sich das so schön zeigen wie am Beispiel Österreich. In Österreich kommen derzeit auf 1000 Aktive 620 Pensionisten. Der deutsche Rentenexperte Bernd Rürup hat 1997 im Auftrag der Bundesregierung ausgerechnet, dass – bei sonst gleich bleibenden Rahmenbedingungen – im Jahr 2030 auf 1000 Aktive 980 Rentner kommen werden: das berühmte 1:1-Horrorszenario.[22] Was Rürup allerdings unberücksichtigt ließ: Die Erwerbsquote (der Anteil der Menschen im erwerbs*fähigen* Alter, die tatsächlich erwerbs*tätig* sind) ist variabel, und diese liegt in Österreich sehr niedrig. Nach neueren Berechnungen des österreichische Wirtschaftsforschungsinstituts würde es ausreichen, die österreichische Erwerbsquote von 67,8 Prozent auf das heute schon erreichte Niveau der Schweiz (82,2 Prozent), Dänemarks oder Norwegens (je 80,6 Prozent) anzunähern, um sage und schreibe zwei Drittel des demografischen Problems zu lösen. Im Jahr 2030 kämen dann auf 1000 Aktive 716 Rentner gegenüber den heutigen 620, die Rentenlastquote würde sich in den nächsten 30 Jahren sehr unspektakulär verschlechtern – sogar langsamer als in den letzten 30 Jahren[23] (s. Grafik S. 147).
Ähnliches gilt für die gesamte EU: Die durchschnittliche Erwerbsquote liegt in der EU noch niedriger als in Österreich, nämlich bei 60 Prozent. Eine Anhebung bis 2030 auf 70 bis 80 Prozent würde das demografische »Problem« weitgehend lösen. Eine Erhöhung der Erwerbsquote bedeutet einerseits höhere Frauenerwerbsbeteiligung und andererseits ein paar Jahre länger arbeiten (z. B. in Österreich statt bis 58 bis 62 Jahre). Was die Sache so einfach macht:

Entwicklung der Pensionslastquote
in Österreich 1970–2030

Anzahl der Pensionen pro 1000 Beschäftigungsverhältnisse

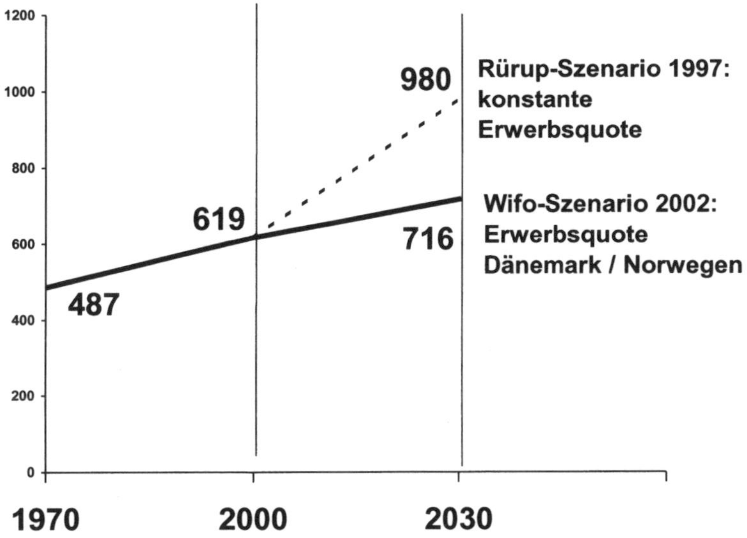

Unter der Annahme, dass Österreich bis 2030 die heutige Erwerbsbeteiligung von Dänemark oder Norwegen erreicht, wird die Pensionslastquote in den nächsten 30 Jahren langsamer steigen als in den vergangenen 30 Jahren. Das Horrorszenario »ein Pensionist pro Beschäftigter« wird auch in der Periode der ungünstigsten Demographie bei weitem nicht erreicht.

Aufgrund der Alterung der Bevölkerung wird die erwerbsfähige Bevölkerung ab 2010 stark schrumpfen, bei gleichbleibender Gesamtbevölkerung. Der Effekt: Die Unternehmen suchen nach Arbeitskräften, die Arbeitslosigkeit sinkt, die Erwerbsquote steigt.

3. Deutschland: Der Trick mit dem Beitragssatz

1999, vor der Riester-Rente, berechnete die Bundesregierung, dass der Beitragssatz zur gesetzlichen Rentenversicherung bis 2030 von damals 19,3 Prozent auf 26 Prozent ansteigen müsse, wenn man das aktuelle Rentenniveau von 70 Prozent Einkommensersatz halten wolle – unmöglich! Oder?[24] Die Regierung war jedenfalls dieser Meinung und legte den maximal tolerablen Beitragssatz bis 2030 mit 22 Prozent fest. Gleichzeitig wurde die Riester-Rente beschlossen. Jetzt kommt der Trick: Die – unmöglichen – 26 Prozent wären zu je 13 Prozent von Arbeitgebern und Arbeitnehmern finanziert worden. Durch die 22 Prozent-Obergrenze werden Arbeitgeber und Arbeitnehmer maximal je 11 Prozent in die (gekürzte) gesetzliche Rente einzahlen. Dazu kommen allerdings 4 Prozent für die Privatrente – auf Arbeitnehmerseite. Macht hier einen Beitragssatz von 15 Prozent und bei den Arbeitgebern von 11 Prozent. Zusammen sind es wieder 26 Prozent (s. Grafik), genau das, was angeblich nicht möglich war und weshalb der Einstieg in die Privatrente begann. An diesem Trick ist ersichtlich: Es geht nicht um die Verhinderung von zu hohen Beitragssätzen, sondern um Umverteilung zugunsten der Arbeitgeber und zulasten der Arbeitnehmer – und zugunsten der Banken, aber dazu später.

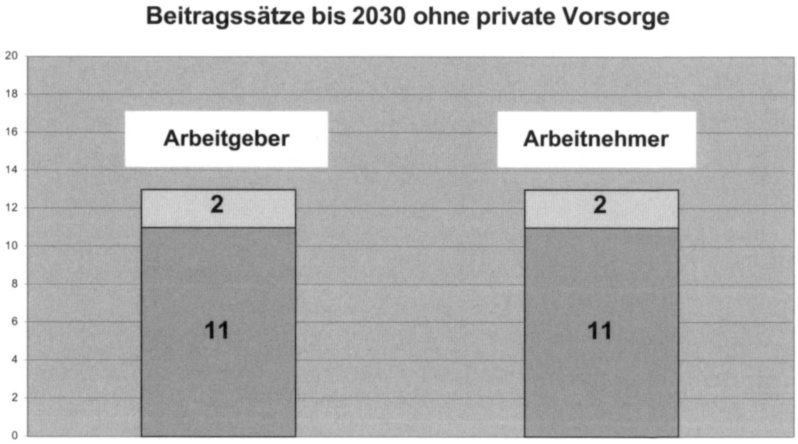

Der Trick mit dem Beitragssatz: Zwar wird der Beitrag ins öffentliche Pensionssystem eingefroren (auf 22 Prozent), dafür kommt der für die Eigenvorsorge dazu (4 Prozent). Macht zusammen exakt den Beitragssatz, der durch die Systemumstellung verhindert werden sollte. Der Unterschied? Die Arbeitgeber kommen besser weg.

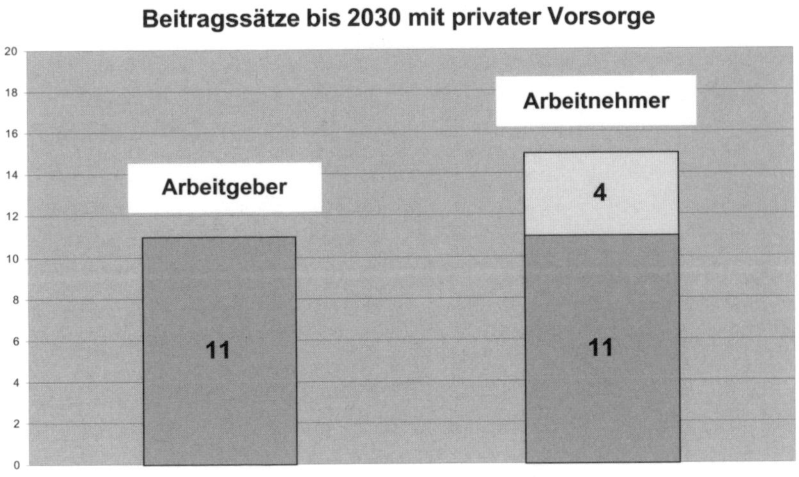

4. Entscheidender Faktor Produktivität

Zurück zur Makroökonomie: Angenommen die Regierung sagt, die 26 Prozent sind nicht das Problem, Hauptsache die Renten bleiben sicher, was dann? Dann müssten 2030 eben 26 Prozent von den Bruttolöhnen und -gehältern abgezogen werden. Horror? Nicht, wenn die Produktivität bis 2030 so weiterwächst, wie sie in den vergangenen 30 Jahren gewachsen ist: um 2 bis 3 Prozent pro Jahr. Dann würden sich nämlich BIP und Einkommen bis 2030 real verdoppeln. Und das wiederum heißt, dass dann nicht wie heute von 100 Euro 19,5 Prozent für die Rentenversicherung abgezwackt werden (es bleiben 80,5 Euro), sondern dann von 200 Euro 52 Euro: Es bleiben 148 Euro auf dem Handteller bei gleicher Kaufkraft wie heute (s. Grafik S. 150). Wo ist also das Problem? Ein mögliches Problem liegt darin, dass die Zuwächse bei Produktivität und Volkseinkommen zu gleichen Teilen zwischen Gewinnen und Löhnen/Gehältern aufgeteilt werden müssten. Das war in den 60er- und 70er-Jahren der Fall (hier naschten die Löhne sogar überproportional mit), in den 80er- und 90er-Jahren war es umgekehrt: Die Lohnquoten (Anteil der Löhne/Gehälter am Volkseinkommen) sind in den meisten Industrieländern deutlich

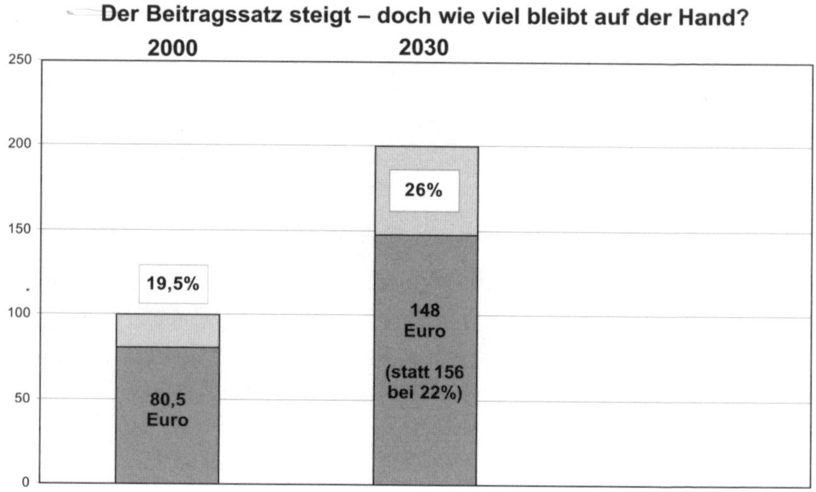

Entscheidender Faktor Produktivität: Wenn in 30 Jahren von doppelt so hohen Löhnen/Gehältern ein etwas höherer Rentenbeitrag abgezogen wird, tut das nicht weh, weil auf der Hand immer noch deutlich mehr bleibt als heute – bei gleicher Kaufkraft.

gesunken: neoliberale Umverteilung nach oben. Genau darin liegt ein weiterer entscheidender Grund für die Finanzierungsschwäche der – lohnsummenabhängigen – Sozialversicherungen.

5. Wertschöpfung statt Lohnsumme

»Rationalisierung« oder Steigerung der Arbeitsproduktivität bedeutet, dass mit immer weniger Arbeitskraft immer mehr Wertschöpfung erzielt wird. Oder aber, dass die Lohnsumme in Relation zur Wertschöpfung sinkt. Das Problem: Die Beiträge in die sozialen Sicherungssysteme sind an die sinkende Lohnsumme gekoppelt und nicht an die steigende Wertschöpfung. Dadurch werden rationalisierende Unternehmen, die Menschen durch Maschinen ersetzen, mit sinkenden Beiträgen in die Sozialversicherung belohnt. Würden die Sozialversicherungsbeiträge der Arbeitgeber an die Wertschöpfung gekoppelt, hätten Renten- und Krankenversicherung zukünftig ein zugkräftigeres Vehikel. Ein an der gesamtbetrieblichen Wertschöpfung konstant gehaltener Beitrag in die sozialen Sicherungssysteme würde deren Finanzierung bereits sehr viel einfacher machen.

Wir fassen zusammen: Höhere Erwerbsquote (inklusive niedrigerer Arbeitslosigkeit), gerechte Verteilung der Produktivitätszuwächse auf Löhne und Gewinne, Koppelung der Sozialversicherungsbeiträge an die Wertschöpfung – und schon haben wir ein kerngesundes Umlageverfahren, das die Verschlechterung des Altenquotienten in Deutschland von derzeit 2,7 auf 1,7 bis 2030 locker verkraften kann. Was die wenigsten wissen: Es hat bereits eine Verschlechterung von 7,2 (1965) auf 2,7 (2000) verkraftet – aufgrund der steigenden Produktivität und permanenter Anpassungen im Rentensystem (in Deutschland seit 1957, in Österreich seit 1909) war das aber kein Problem.

Höhere Renditen?

Bis zum Gipfelsieg von Dow Jones, DAX & Co. im Frühjahr 2000 versicherten uns die privaten Rentenversicherer, dass zweistellige Renditen, zumindest aber 6 oder 7 Prozent auf lange Sicht möglich seien. Um das glaubhaft zu unterstreichen, zeigten sie uns Kurstafeln wie etwa den Dow Jones 1982–2000: ein atemberaubender Aufstieg. Was nicht dazugesagt wurde: 18 Jahre sind für eine Rentenansparzeit zu kurz, ein Erwerbsleben dauert doppelt so lange. Wenn man sich aber den Dow Jones in den 18 Jahren vor dem Gipfelsturm ansieht, erhält man ein völlig anderes Bild: In der Periode 1964–1982 war mit dem Dow Jones kein Blumentopf zu gewinnen. Der Star aller Börsenindizes begann seine Karriere bei 800 Punkten 1964 und beendete sie 1982 ebendort (s. Grafik S. 152). Dazwischen gab es jede Menge Inflation. Addiert man die fetten Jahre (im Werbeprospekt) mit den mageren (nicht im Werbeprospekt), kommt man in der relevanten Gesamtperiode 1960–2000 auf eine reale Rendite von 2,94 Prozent, fast gleich

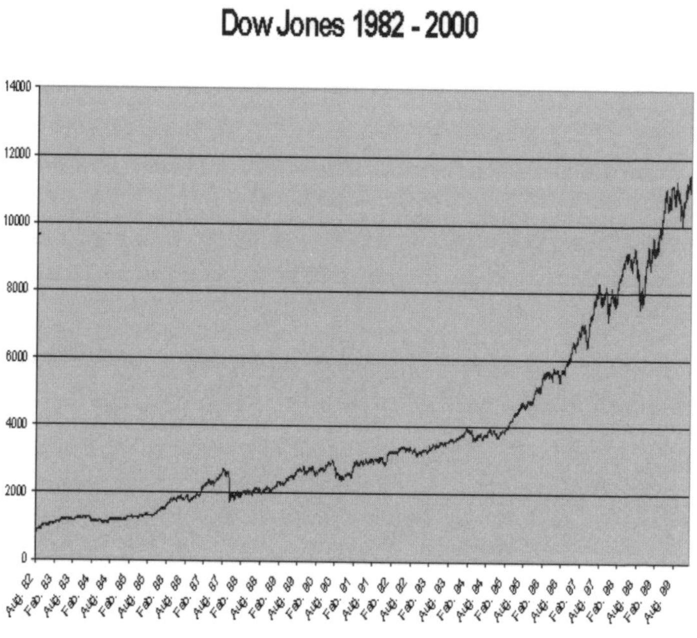

Der Gipfelsturm des Dow Jones in der Periode 1982–2000 war tatsächlich atemberaubend ...

hoch wie das reale US-Wirtschaftswachstum in derselben Periode: 3,11 Prozent.[25] Für Ökonomen ist das ein sehr logisches Ergebnis, weil Aktienkurse und Wirtschaftswachstum sich über lange Perioden nicht auseinander entwickeln können. Der Zusammenhang: Aktienkurse spiegeln die Firmengewinne wider, und diese »wachsen langfristig nicht schneller als die Volkswirtschaft«[26]. So steht es in einer Studie der Asset Management, einer Tochter der Deutschen Bank.[27] Börsen können zwar über gewisse Zeiträume stark übertreiben, nur folgt dann die Untertreibung wie das Amen im Gebet. Derzeit ist vor allem auf den US-Aktienmärkten die Gefahr noch nicht gebannt. Die Indizes haben zwar korrigiert, die Aktien sind aber immer noch stark überbewertet. Das zeigt der historische Mittelwert des Kurs-Gewinn-Verhältnisses. Im Zeitraum 1880–2000 pendelte dieser um den Wert 15: Die Aktien

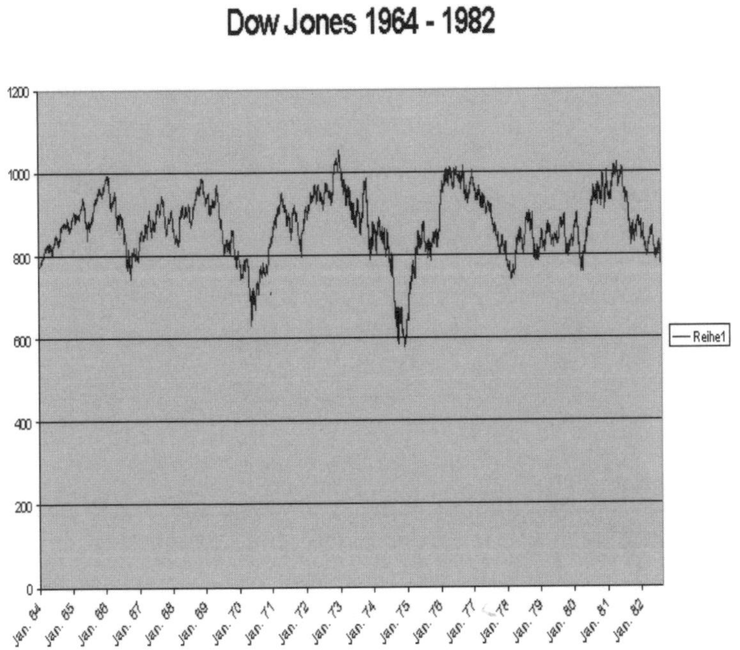

... doch ein Arbeitsleben und eine Pensionsansparzeit dauert nicht 18 Jahre, sondern doppelt so lang. In der Periode 1964–1982 war mit dem Dow Jones kein Blumentopf zu gewinnen. In der Gesamtperiode 1960–2000 blieb der Star aller Börsenindizes hinter dem US-Wirtschaftswachstum zurück.

waren 15-mal so viel wert wie die Unternehmensgewinne. Zweimal in der Geschichte gab es Ausreißer nach oben: 1929 auf den Wert 33 und im Jahr 2000 auf 44. Derzeit sind wir zwar wieder herunten, aber erst auf dem Niveau von 1929 ...[28] Deshalb reduzieren die deutschen und österreichischen Versicherungen nach wie vor ihren Aktienanteil: Der Big Crash kann jederzeit noch stattfinden.

Reale Renditen Dow Jones

Zeitraum	Reale annualisierte Ertragsrate	Reales Wachstum des BIP
1960–1980	–3,53	3,45
1980–2000	9,73	2,78
1960–2000	2,94	3,11

Ist die Altersvorsorge an Aktien gebunden, dann ist es reinste Lotterie, wie hoch die Rente schlussendlich sein wird, weil sie vom jeweils aktuellen Börsenstand des Rentenantritts abhängt. Der US-Ökonom Gary Burtless hat berechnet, dass in der hundertjährigen US-Geschichte selbst bei einem konservativen Veranlagungs-Mix auf 50 Prozent Aktien und 50 Prozent Anleihen die Rentenhöhe je nach Antrittsjahr um weit über 100 Prozent schwankt.[29] Ein solches Risiko kann sich die große Mehrheit der Menschen schlicht nicht leisten. Fatal wird es, wenn der Aktienanteil 80 Prozent beträgt wie in Großbritannien oder wenn 62 Prozent des Depots in Firmenaktien angelegt werden wie bei Enron. Aber auch die totale Sicherheit – ein Depot aus 100 Prozent Anleihen – ist nicht wirklich attraktiv. Die Rendite für US-Staatsanleihen lag zwischen 1947 und 1996 bei 1,8 Prozent – vor Steuern und Spesen.[30] Fazit: Langfristig ist von den Finanzmärkten nur eine Rendite in der Höhe des Wirtschaftswachstums zu erwarten. Das wären »1,5 bis 2,5 Prozent«, konkretisiert der deutsche Ökonom Christian Christen.[31]

Finanzmärkte: Fels in der demografischen Brandung?

Als Mythos entpuppt sich auch die Behauptung, die Finanzmärkte seien gegen die bevorstehende Überalterung der Bevölkerung immun. Es empfiehlt sich, etwa in den Hintergrundpapieren der Hypovereinsbank nachzulesen; dort wird eingeräumt, dass die Finanzmärkte genauso gefährdet sind. Mit Hausverstand nachgefragt: Wer kauft in 30 Jahren der riesigen Rentnerschar die Aktien ab, wenn keine Jungen nachkommen? Bei ausbleibender Nachfrage passiert auf den Finanzmärkten dasselbe wie auf allen anderen Märkten: die Preise purzeln in den Keller, die Aktien werden entwertet, die Renten schmelzen dahin wie Schnee im Frühling.

Daraus wird ersichtlich, dass das Kapitaldeckungsverfahren im Grunde genauso funktioniert wie das Umlageverfahren. In beiden Fällen sind die Alten von den aktuellen Einkommen der Jungen abhängig; im Umlageverfahren erhalten sie die Renten direkt über Beiträge, im Kapitaldeckungsverfahren müssen sie ihnen Aktien und andere Wertpapiere verkaufen. Die Vorstellung, dass das Depot ein sicheres Bankfach ist, in dem sich das Geld sammelt, ist die Lebenslüge der Kapitaldeckungsbefürworter. »Es gibt kein volkswirtschaftliches Sparen«, so hat es der deutsche Ökonom Josef Mackenroth auf den Punkt gebracht. »Seit Jahrzehnten gilt der einfache und klare Satz, dass aller Sozialaufwand immer aus dem Volkseinkommen der laufenden Periode gedeckt werden muss. Es gibt keine andere Quelle und hat nie eine andere Quelle gegeben, aus der Sozialaufwand fließen könnte, es gibt keine Ansammlung von Fonds, keine Übertragung von Einkommensteilen von Periode zu Periode, kein ›Sparen‹ im privatwirtschaftlichen Sinne – es gibt einfach gar nichts anderes als das laufende Volkseinkommen als Quelle für den Sozialaufwand.«[32] Willkommen in der Abhängigkeit.

Nicht viele, aber ein paar Investmentbanker versuchen gegen diese Abhängigkeit zu argumentieren: »Gut, dann weichen wir eben in Wachstumsmärkte nach Osteuropa, Lateinamerika und Südostasien aus.« Genau das haben sie schon in den letzten Jahren getan. Ergebnis: schwere Finanzkrisen in allen »Hoffnungsmärkten«, 1994 in Mexiko, 1997 in Südostasien, 1998 in Russland und Brasilien, 2001 in Argentinien. Hintergrund: Die Investment- und Rentenfonds der Industrieländer sind so schwer, dass sie von den Kapitalmärkten der Entwicklungs- und Schwellenländer nicht aufgenommen werden können. Allein das zusätzlich angesparte Vermögen in Deutschland übersteigt den Nettokapitalzufluss in allen Schwellenländer zusammen. Es kommt daher regelmäßig zu spekulativen Blasen, die nach kurzer Zeit wieder platzen. Aus diesem Grund und dem zugehörigen Wechselkursrisiko legen die Fonds der Industrieländer höchstens 10 Prozent ihres Kapitals in diesen Risikoländern an. Davon abgesehen ist das Spekulieren auf 15-prozentige Renditen in armen und ärmeren Ländern keine adäquate Entwicklungshilfe. Und nur theoretisch: Falls die armen Länder jemals zu den reichen aufschließen und sich ihr Bevölkerungswachstum stabilisieren sollte, wer wird dann *ihre* Renten bezahlen? In Osteuropa altert die Bevölkerung übrigens schon schneller als in Westeuropa und der Babyboom in China ist bekanntlich auch vorbei.

Ein letzter Zerstäuber zum Stichwort Finanzmärkte und Demografie: Das 1:1-Horrorszenario (jeder Aktive muss einen Rentner erhalten), das im Umlageverfahren zwar nie eintreten wird, dessen In-Aussicht-Stellen aber permanent als Begründung für den vorhergesagten Kollaps des Umlageverfahrens herhalten muss, ist im Kapitaldeckungsverfahren die zwingende Norm: In der Privatvorsorge muss jeder Aktive für einen Rentner aufkommen: für sich selbst.

Mehr Sicherheit am Risikomarkt

Ein Lieblingsargument gegen die staatlichen Umlageverfahren lautet, dass diese der politischen Willkür ausgeliefert und daher chronisch unsicher seien. Im Gegensatz dazu seien kapitalgedeckte Privatrenten ein sicheres Ruhekissen. Nachdem wir die Natur der Finanzmärkte kennen gelernt haben, sollte sich dieses Argument nicht mehr aufrechterhalten lassen. Ein Blick in die Geschichte bestätig, dass nicht das Kapitaldeckungsverfahren, sondern das Umlageverfahren sicher ist, sogar bombensicher: das österreichische überlebte beide Weltkriege. Die Kapitaldeckung ging hingegen in beiden Kriegen verloren. Und dazwischen, 1929, ein drittes Mal.

Auch ohne Börsenkrach können Versicherungen oder Unternehmen, an denen die Renten hängen, jederzeit Bankrott gehen oder Menschen durch Fehlberatung um Teile ihrer Rente gebracht werden – das haben wir in den USA und in Großbritannien gesehen. Der deutsche Ökonom Christian Christen fasst es zusammen: »Es ist geradezu paradox, den Finanzmarkt, der durch eine hohe Volatilität, massive Krisenanfälligkeit, Korruption, Skandale sowie Bankrotte gekennzeichnet ist, als ›Fels in der Brandung‹ gegenüber der staatlich organisierten Alterssicherung darzustellen.«[33] Vor diesem Hintergrund fragte *Der Spiegel* Thomas Fischer vom Vorstand der Deutschen Bank, was er denn zu tun gedenke, wenn es erneut zu einem fatalen Börsencrash käme wie 1929. Und nach mehrmaligem Nachbohren schoss es aus dem Banker heraus: »Wissen Sie, was wir dann machen? Dann kehren wir zum Umlageverfahren zurück. Weil das können wir immer.«[34] Apropos Umlageverfahren: Der Grund für seine Einführung in Deutschland war die Angst vor dem Kommunismus. 1957 entschied sich Kanzler Adenauer gegen das Kapitaldeckungsverfahren, weil er fürchtete, dass die Rententräger binnen kurzem zu Monopolisten mit absoluter Macht am Kapitalmarkt würden. Da könne man ja gleich den Kommunismus einführen.

Das können wir uns nicht leisten

Die deutsche Rentenversicherung hat einen Verwaltungsaufwand von 2 Prozent der Beiträge, die österreichische von 1,9 Prozent. Nicht ganz so effizient sind die Privaten: Die Bandbreite bei den lateinamerikanischen Fonds bewegt sich zwischen 13 und 26 Prozent.[35]

Kolumbien	13,5 Prozent	Peru	19,1 Prozent
Uruguay	14,7 Prozent	Argentinien	23,1 Prozent
Chile	17,7 Prozent	Mexiko	26,0 Prozent

Im Durchschnitt sind es so viel wie in Großbritannien: 20 Prozent.[36] Auch in Australien spreizt sich die Bandbreite mit 11,2 und 35,5 Prozent[37] um den »Faktor 10«[38]: Der Markt ist zehnmal teurer als der Staat. Warum ist der Unterschied so krass? Zunächst haben private Versicherer keine einheitliche Umlagekasse zu verwalten, sondern müssen aufwändig mit Aktien, Anleihen und Immobilien spekulieren. Dafür wollen die Investmentbanker zweitens gebührend entlohnt werden. Drittens stehen die Privaten im Wettbewerb und müssen Unsummen für Werbung und Marketing ausgeben, um möglichst viele Kunden davon zu überzeugen, dass ihr Vorsorgeprodukt besser ist als alle anderen. In Chile sind das bis zu 40 Prozent der Gesamtkosten. Und viertens wäre da noch der Gewinn. Während öffentliche Rentensysteme nicht profitorientiert arbeiten, sind Privatversicherer zumeist Aktiengesellschaften, denen die Shareholder mit zweistelligen Renditeerwartungen im Nacken sitzen. Wenn aber 10–15 Prozent Gewinn abfallen sollen, ist das bereits ein gewaltiger Kostenfaktor – oder ineffizient.

Versucht man den Maklern oder Versicherern die Kosten des jeweiligen Produkts aus der Nase zu ziehen, kann man lange ziehen. Oft weiß man beim dritten Mal Nachfragen nicht einmal die Hälfte: Ausgabeaufschlag, Managementgebühren, Depotspesen, Transaktionskosten, Verwaltungsaufwand, Provisionen, Zusatzleistungen, Kapitalgarantiekosten, Verrentungskosten ... ein dichter Dschungel an – renditemindernden – Kosten. In einem Prospekt der Bank Austria Creditanstalt heißt es beim Stichwort Kosten: »Ausgabeaufschlag: 3 Prozent, keine Planverwaltungsgebühr«[39]. Der Eindruck: Einmalig 3 Prozent Eröffnungskosten, danach Gratisdienstleistung. Die Realität: Wer weiß das schon? Man kann die Kosten auch an der Depotsubstanz pauschalieren. In Großbritannien wären das 1,5 bis 2,5 Prozent der Substanz.[40] Klingt nicht viel. Oder? Wir wollen ein kleines Rechenbeispiel wagen: Im ersten Beitragsjahr macht der Beitrag logischerweise 100 Prozent der Substanz aus, also wären 2,5 Prozent Kosten gemessen am Depot auch 2,5 Prozent Kosten gemessen an den Beiträgen – das ist verdächtig nahe am öffentlichen Schlankheitsideal. Anders sieht es im 40. Beitragsjahr aus. Da sollte die Summe im Topf zumindest 40-mal so groß sein wie der Beitrag. Dann sind 2,5 Prozent der Depotmasse schon 100 Prozent des Beitrags. Anders: Die gesamten Beiträge in den letzten Jahren gehen für die Verwaltung drauf. Wenn wir uns an den Satz der Asset Management und die Eindeutschung von Christian Christen erinnern – langfristig ist eine Rendite von 1,5 bis 2,5 Prozent zu erwarten –, dann fressen die Gebühren die gesamte Rendite auf. Aus diesem Grund gibt es in Chile und Großbritannien viele private Hungerrenten.

Aufgeschreckt durch die jüngsten Börsenturbulenzen verpflichten die Gesetzgeber in Deutschland (Riester-Rente) und Österreich (Zukunftsvorsorge) dazu, zumindest den Kapitalerhalt zu garantieren. Zu deusch: Null Prozent Rendite werden garantiert, ohne Abgeltung der Inflation. Selbst dagegen haben sich die Versicherer mit Händen und Füßen gewehrt, in Österreich wollten die Banken sogar, dass der Staat die Kapitalgarantie übernimmt.[41] Weil so eine Garantie kostet. Sie kostet so viel, dass Walter Wagner, Chef der Volksbanken-Kapitalanlage, sogar meint, dass bei der (österreichischen) Zukunftsvorsorge »Renditedenken gar nicht richtig am Platz ist«[42]. Auf Deutsch: Die neuen Rentenversicherer wollen nicht mehr für eine zweistellige Kapitalvermehrung sorgen, sondern nur noch dafür, dass es nicht schrumpft. Diese Leistung bringt auch ein staubiges Sparbuch zustande.

Wer glaubt, dass damit das Kostenkapitel abgehandelt ist, irrt. Am Schluss der Ansparphase ist erst einmal (hoffentlich) ein Geldhaufen auf dem Konto, laut einem Werbeprospekt der Bank Austria zwischen 195.050 Euro bei 12 Prozent Rendite und 80.690 Euro bei 6 Prozent Rendite (geringere Renditen gibt es in diesem Prospekt nicht).[43] Jetzt kommt die »Verrentung«. Denn die meisten Menschen wollen sich den Geldhaufen nicht selbst einteilen müssen, sondern eine monatliche Fixrente (Annuitäten) erwerben, um vom Todeszeitpunkt unabhängig ein stabiles Einkommen zur Verfügung zu haben. Kostenpunkt: 10–15 Prozent des angesparten Kapitals, in Extremfällen bis zu 25 Prozent.

Und noch ein Kostenposten muss berücksichtigt werden: Während die gesetzliche Rentenversicherung Kindererziehungs- und Arbeitslosenzeiten anrechnet und Invalidität, Verwitwung sowie

Verwaisung mitversichert sowie für die Kosten von Rehabilitationszentren aufkommt, sind all diese Leistungen in der Privatversicherung nicht inbegriffen. Man kann sie schon in Anspruch nehmen, aber nur gegen Aufzahlung mit klingender Münze. Invalidität? Plus 3 Prozent. Und so weiter ...

Für den normalsterblichen Konsumenten sind Kosten und Bedingungen der unzähligen privaten Vorsorgeprodukte undurchschaubar. Er/sie muss mehr oder weniger der Werbung Glauben schenken. Sowohl in Chile als auch in Großbritannien wechseln die Kunden oft aus Unzufriedenheit oder Unsicherheit den Anbieter und das kostet erneut. Beim »mis-selling scandal« haben wir gesehen, dass die Vorsorgeberater den Menschen auch Produkte aufschwatzen können, die für sie massive Verluste bedeuten.

Angesichts dieses komplexen Kostengebirges ist es schon sehr amüsant und gleichzeitig traurig[44], wenn ausgerechnet ein Versicherungs-Boss, Christian Sedlnitzky von Raiffeisen, selbst nach dem Börsenkrach noch insistiert, dass das öffentliche Pensionssystem in Österreich »das teuerste der Welt sei«, das »wir uns nicht mehr leisten können«[45].

Milliardengeschäft für die Versicherungen

Womit wir beim eigentlichen Untertitel dieses Kapitels wären. Zentrale Triebfeder hinter der Rentenprivatisierung ist die Versicherungswirtschaft. Derzeit gehen in Deutschland 82 Prozent, in Österreich gar 92 Prozent der Rentenbeiträge, insgesamt rund 200 Milliarden Euro, in der solidarischen Rentenversicherung direkt von einer Generation zur nächsten – und damit am Markt vorbei. Niemand macht Profit, wenn auch Alte und Junge von diesem Generationenvertrag profitieren. Das Vorbeischleusen von solch gigantischen Geldmassen an Provisionsanwärtern nennt der Vorsitzende der österreichischen Privatangestellten-Gewerkschaft Hans Sallmutter »eine untragbare Provokation für die Finanzmärkte«. Ließen sich von diesen 200 Milliarden Euro zumindest

10 Prozent herunterschneiden oder vielleicht sogar 20 wie in Großbritannien – gar nicht auszudenken ... Entsprechend muss auch der politische Druck verstanden werden, der von Banken und Versicherungen auf die Politik ausgeübt wird. Den Druck, der auf uns ausgeübt wird, erleben wir am täglichen Werbeterror.

Das Umstiegsdilemma

Wenn es tatsächlich darum ginge, die Kosten für das öffentliche Rentensystem zu senken, dann dürfte nicht auf private Kapitaldeckung umgestellt werden. Denn die Privatrente ist für eine andere Generation – die eigene. Entsprechend muss eine (Übergangs-) Generation zweimal zahlen – einmal für die auslaufende Umlage-Generation und *zusätzlich* für die eigene Privatrente. Das kostet natürlich, auch bei einer Teilprivatisierung. Dieses Umstiegsdilemma haben wir indirekt schon kennen gelernt: Die Riester-Rente begrenzt zwar den Beitrag in die gesetzliche Rentenversicherung auf 22 Prozent. Gleichzeitig kommen aber 4 Prozent für die eigene Privatrente dazu, macht zusammen exakt das, was damit verhindert werden sollte: 26 Prozent Beitragssatz 2030. In Chile wird der Umstieg nicht von den Arbeitnehmern finanziert, sondern vom Staat über Schulden und Privatisierungen. Um sich die Privatisierung des Rentensystem leisten zu können, privatisiert man: Banken, Telekom, Energieversorgung, Schlüsselindustrien ... Auch in Argentinien wurde die Privatisierung aus dem staatlichen Budget finanziert. Die Umstiegskosten lagen dort in den letzten sieben Jahren ziemlich exakt in der Höhe des Haushaltsdefizits:[46]

Prozent vom BIP

	1994	1995	1996	1997	1998	1999	2000	2001
Kosten der Privatisierung	0,51	1,10	1,20	1,30	1,59	1,86	2,59	3,16
Budgetdefizit	0,11	0,53	1,93	1,46	1,36	1,68	2,39	3,02

Mit anderen Worten: Die Privatisierung des Rentensystems war ein entscheidender Faktor bei der Verschärfung der Wirtschaftskrise in Argentinien. Damit sind wir bei den Kosten der Rentenprivatisierung für den Staat.

Schlanker Staat?

Ein weiteres Schwergewichtsargument für den Systemwechsel ist die Entlastung des öffentlichen Haushalts. Die beschriebenen Übergangskosten waren dazu ein erster Gegenindikator, aber nur der erste. Festhalten, jetzt kommen wieder Kosten – diesmal für die Allgemeinheit.

Man kann Renten auf zwei Arten aus dem Budget fördern: Durch Zuschüsse oder mit Steueranreizen. In Österreich dominiert das Umlageverfahren, das einen Staatszuschuss in der Höhe von 2 Prozent des BIP erhält. In Großbritannien müssen die Leute mit starken Steueranreizen aus dem SERPS gelockt werden. Das verursacht dem Staat massive Einnahmenausfälle – in der Höhe von rund 3 Prozent des BIP, deutlich mehr als beim öffentlichen Pensionsweltmeister Österreich.[47] Manche Länder locken zusätzlich mit staatlichen Prämien auf den freien Markt. In Deutschland sind bis 2007 fast 10 Milliarden Euro Zuschuss für die Riester-Renten vorgesehen, in Österreich ein – im Verhältnis – ähnlicher Betrag. In Irland kostet die Förderung der kapitalgedeckten Rente schon genauso viel wie die der öffentlichen, in Australien ist es halb so viel.[48] Die neoliberale Logik: Weil kein Budgetgeld für das Umlageverfahren vorhanden ist, wird das Kapitaldeckungsverfahren eröffnet – und großzügig aus dem Budget gefördert. Auch hier ist ein Blick auf den Verteilungseffekt aufschlussreich: Der Bundeszuschuss ins Umlageverfahren kommt besonders den unteren und mittleren Einkommensschichten zugute (es beinhaltet Umverteilungselemente und ist durch eine Höchstrente gedeckelt). Im Kapitaldeckungsverfahren werden nur jene Besserverdienenden prämiert, die sich das Ansparen überhaupt leisten können: Umverteilung nach oben.

Die Übergangskosten und die Förderung der kapitalgedeckten Eigenvorsorge durch Steueranreize und Prämien sind nur die ersten beiden Punkte der Kosten-Telenovela. Der dritte: Wenn Staaten ihre Rentensysteme privatisieren und damit bewirken, dass ein immer geringerer Anteil der Bevölkerung eine armutsvermeidende Rente ansparen kann, steigt die Zahl der Sozialfälle – und damit die Belastung des Budgets.

Viertens: Wenn Privatversicherer Bankrott gehen, gibt es drei Möglichkeiten: 1. Die Versicherten gehen leer aus (USA). 2. Die Versicherungen bilden eine Auffanggesellschaft (das ist in Deutschland mit »Protektor« gerade noch rechtzeitig vor dem Ableben der Mannheimer Leben geglückt). 3. Der Staat springt ein, siehe Japan, Großbritannien, Schweiz, Chile. David Mum und Gerald Klec von der Grundlagenabteilung der österreichischen Privatangestelltengewerkschaft erkennen darin das »Selbstverständnis des Neoliberalismus: Solange alles ›nach Plan‹ geht, und von den Kapitaleignern Gewinne für die eigene Tasche erwirtschaftet werden können, soll man alles der privaten Hand überlassen. Sobald jedoch Probleme auftreten, ist der Staat wieder gefragt, und mit den Steuergeldern der gesamten Bevölkerung wird das System ›gerettet‹.«[49]

»Protektor« funktioniert übrigens, solange die Mannheimer Leben eine Einzelerscheinung bleibt. Kommt es zu einer Pleitewelle wie in Japan oder – wie absehbar – in Großbritannien, dann gute Nacht, Steuerzahler.

Fünftens: Wenn der Internationale Währungsfonds die westlichen Versicherungen und Investmentbanken aus den von ihnen entscheidend mit ausgelösten Finanzkrisen rettet (Mexiko 1994, Südostasien 1997, Russland 1998, Brasilien 1998, Argentinien 2001 ...), dann passiert dies mit Steuergeldern der Eigentümer-Länder des Währungsfonds. Ganz abgesehen von den Auswirkungen dieser Krisen auf die Weltkonjunktur ...

Glaubt noch irgendjemand an die Entlastung der Budgets durch Privatisierung? Es gibt noch ein Sechstens: Wenn zugunsten von immer mehr Privatansparern eine Hochzinspolitik gewählt wird – und das tut die Europäische Zentralbank in ehrwürdiger Fortsetzung der Hartwährungspolitik der Deutschen Bundesbank –, dann schneidet das dem Staat tief ins eigene Fleisch: Liegt nämlich die Zinsrate über der Wachstumsrate (das war in den letzten 20 Jahren der Fall), dann nehmen vor allem kleinere Unternehmen keine Kredite mehr auf und schaffen keine Arbeitsplätze mehr. Dadurch steigen die Arbeitslosigkeit (in Europa seit 20 Jahren) und die Kosten für den Staat. Hinzu kommt: Höhere Zinsen auf die Staatsschuld belasten das Budget abermals empfindlich. Wäre das reale Zinsniveau in Österreich in den 90er-Jahren so niedrig gelegen wie in den 70er-Jahren, wäre der Zinsendienst auf die Staatschuld nur halb so hoch gewesen – und Österreich hätte einen soliden Budgetüberschuss genossen. Damit soll nicht gesagt sein, dass die Europäische Zentralbank aufgrund der Privatrentner das Zinsniveau so hoch hält, aber eine flächendeckende Abhängigkeit der EU-Bürger und -Bürgerinnen von Zinseinkommen würde die volkswirtschaftlich so schädliche Hochzinspolitik der EZB zusätzlich rechtfertigen. Damit sind wir beim letzten Rentenmythos angelangt – dem, dass die beste Lösung des Rentenproblems in einer »Ergänzung« der Umlagesysteme durch kapitalgedeckte Elemente liege.

Radikale Unvereinbarkeit

Die Konkurrenz um den Bundeszuschuss und die massive Belastung des Budgets durch die Systemumstellung waren bereits Hinweise darauf, dass Umlage- und Kapitaldeckungsverfahren sich nicht ergänzen, sondern einander im Weg stehen. Noch viel grundsätzlicher stellt sich die Frage, woraus sich denn das jeweilige Verfahren nährt. In dieser Frage offenbart sich die radikale Unvereinbarkeit beider Systeme:

Das Umlageverfahren ist dann gesund, wenn die Beschäftigung möglichst hoch und die Arbeitslosigkeit möglichst niedrig ist; und wenn Löhne und Gehälter möglichst rasch steigen – das nützt auch der Mehrheit der Bevölkerung.

Die Privatrenten sind hingegen auf hohe Zinsen, stark steigende

Aktienkurse und Immobilienpreise angewiesen – lauter Umstände, die der Mehrheit der Bevölkerung schaden:
Wenn die (realen) Zinsen über der Wachstumsrate liegen, verzichten die Unternehmen auf Investitionen und schaffen, wie vorhin ausgeführt, keine Arbeitsplätze. Es kommt noch dicker: Das Kapitaldeckungsverfahren lebt davon, dass die Zinsrate *über* der Wachstumsrate liegt. Erst dann ist die Primärrendite (vor Steuern und Spesen) im Kapitaldeckungsverfahren höher als im Umlageverfahren (was auch noch nicht viel nützt, weil der Arbeitgeberbeitrag entfällt, Kindererziehungszeiten nicht angerechnet werden, das Finanzmarktrisiko aufrecht bleibt etc.). Liegt hingegen die Zinsrate *unter* dem Wirtschaftswachstum, dann ist das Umlageverfahren Sieger – und dann geht es aber auch der Wirtschaft gut.
Auch die Kurspflege bei Aktien verlangt ihre Opfer: Wenn große Unternehmen Sozialleistungen streichen oder Massenentlassungen vornehmen, hüpfen ihre Aktienkurse oft vor Freude in die Höhe. Für den Einzelnen kann das bedeuten: Ich werde in meinem eigenen Interesse entlassen, damit meine (Firmen-)Aktien steigen.
Und wenn die Preise von Grundstücken, Eigentumswohnungen und Mieten steigen, weil die Rentenfonds wie wild damit spekulieren oder in Zeiten impotenter Börsen diesen »sicheren Hafen« anlaufen, dann hüpfen die Versicherten zum dritten Mal nicht vor Freude. Beim Konkurs der Schweizer Rentenkasse Vera/Pavos rügte der Konkursrichter, dass die kassierten Mieten zu niedrig gewesen seien ...

Fazit: Versuchen die Beschäftigen zu Aktionären oder Rentiers zu werden, schneiden sie sich tief ins eigene Fleisch. Mit Aktien sind noch nie die Massen reich geworden, sondern immer nur einige wenige mit Hilfe einer Masse Dummer. Die Renten sollten auf keinen Fall (weiter)privatisiert werden.

8

Privatsache Zukunft

Wem gehört die Informationsgesellschaft?

Die (Tele-)Kommunikations-Branche ist ein leuchtendes Beispiel dafür, welche Vorteile der freie Markt dem Konsumenten bringen kann. Privatisierung und Liberalisierung haben blitzschnellen Netzausbau, günstige Tarife und hoch entwickelte Endgeräte zu Spottpreisen ermöglicht – sowohl bei Mobiltelefonen als auch für das Internet. Das ist einfach so.
Ist das so einfach?

Ein Erfolgsmodell?

Margaret Thatcher steht auch am Beginn dieser Entwicklung. 1984 leitete sie die Privatisierung der British Telekom ein, in drei Etappen zog sich der Staat bis 1993 völlig aus diesem Unternehmen zurück. In dieser Zeit sanken die Tarife für Ortsgespräche um 19 Prozent, die für Ferngespräche gar um 61 Prozent. Von über 250.000 Mitarbeitern wurden rund 100.000 abgebaut. Die Entlassungen wurden immer zeitgerecht vor einem neuen Börsegang angekündigt, um das Kaufinteresse zu steigern. Der Staat nahm umgerechnet rund 20 Milliarden Euro ein.[1]
Das gefiel auch den Regierungen der anderen EU-Staaten. Zu diesem Zeitpunkt war das Telefonnetz in den meisten Ländern der Union in der Hand eines staatlichen Monopolisten. 1994 einigten sich die Postminister der Union darauf, bis zum 1. 1. 1998 die Telekommunikationsmärkte zu liberalisieren und nationale Mono-

pole aufzuheben. Außer den Briten hatte nur Italien bereits eine Teilprivatisierung durchgeführt. Spanien war ein Sonderfall, weil Telefónica als Privatunternehmen gegründet, dann teilverstaatlicht wurde, nur um später wieder ganz privatisiert zu werden. Auch als Privatunternehmen behielt Telefónica ein gesetzlich garantiertes Monopol, das nun aufgehoben werden musste.

Vor 1998 war »Telekom« im Wesentlichen noch gleichbedeutend mit »Festnetz«. Praktisch parallel zur Marktöffnung wurde jedoch auch der GSM-Standard einsatzfähig, das Handy trat seinen Siegeszug an. Als dann Ende der Neunziger auch noch das Internet die (virtuelle) kritische Masse erreichte, war die Folge ein ungeheurer Boom. Handy-Masten wuchsen an jeder Ecke, Internet-Provider erschlossen noch das kleinste Dorf, DotComs die neuen Märkte und den Neuen Markt in Frankfurt. Das Ende dieses Booms war bekanntlich etwas abrupt.

Der schnelle Ausbau der Mobilnetze in ganz Europa wird in der Wirtschaftspresse meist auf die Liberalisierung zurückgeführt und als Erfolg der Privatisierungspolitik gewertet – nicht für die Anleger, aber doch für die Konsumenten. Doch diese Interpretation ist bei einer genaueren Betrachtung sehr löchrig.

Es gibt keine andere Branche, in der eine groß angelegte Liberalisierung und Privatisierung einen auch nur annähernd vergleichbaren Effekt hatte. Weder in der Luftfahrt noch im Nahverkehr, weder am Elektrizitätsmarkt noch beim Erdgas gab es durch die Liberalisierung einen ähnliche Technologieimpuls. Das legt die Vermutung nahe, dass der Sachverhalt umgekehrt ist: Die liberalisierten Unternehmen profitierten von der technischen Entwicklung, die zufällig zur »richtigen« Zeit einen Quantensprung machte. Die neuen Kommunikationsmittel waren plötzlich da und die Konsumenten rissen sich nach ihnen. Die Zeit war reif, völlig unabhängig von der Privatisierung.

Die Entwicklung am britischen Markt bestätigt diese Vermutung. Dort trat mit Vodafone schon 1982, vor dem Verkauf der British Telekom, ein privater Telekom-Anbieter auf. 1985 nahm das Unternehmen sein Mobilfunknetz in Betrieb. Bis Mitte der Neunziger kamen weitere Konkurrenten auf den Markt, wie

Orange (France Telekom) und One 2 One (nun T-Mobile). 1995 hatte Vodafone 1,15 Millionen Handykunden. Erst jetzt, ein Jahrzehnt nach der Liberalisierung des Marktes und der Privatisierung der British Telekom, begann das rasante Wachstum. 1999 hatte Vodafone 5 Millionen Kunden in Großbritannien, Anfang 2001 bereits 10 Millionen. Und das, obwohl der Kuchen nun durch vier geteilt werden musste.

Hätten staatliche Telefongesellschaften ihre Kapazitäten so schnell ausbauen können? Wohl kaum. Die binnen weniger Jahre aus dem Boden gestampften Mobilfunk-Netze wären für öffentliche Betriebe nur über Steuererhöhungen oder Schulden zu finanzieren gewesen. Auch die Privaten nahmen das Geld dazu ja nicht aus erwirtschafteten Gewinnen, sondern von den Finanzmärkten. Die nötigen Milliarden wurden durch Kredite, vor allem aber durch neue Aktien flüssig gemacht; ohne den New-Economy-Wahn an den Börsen wäre das nicht möglich gewesen. Es war die Zeit des One-Click-Investments: Die Finanzmärkte waren, ganz nach den Vorstellungen Friedrich von Hayeks und Milton Friedmans, beinahe völlig liberalisiert worden. Der Aktienboom zog die Telekoms hoch, die Telekoms zogen die Börsen nach oben, zwei neoliberale Konzepte, von denen jedes auf den Schultern des anderen zu stehen versuchte. Einige Zeit ging das gut.

Aber ist das wirklich ein Erfolgsmodell, das man in Zukunft auf andere Branchen anwenden sollte? Der Wertverfall der Telekom-Aktien seit dem Sommer 2000 übertrifft in Summe sogar noch den der Internet-Werte. Die Schuldenberge der Unternehmen sind direkt proportional zu den geplatzten Träumen. Hätten Staatsbetriebe solch hohe Kredite aufgenommen, um die Bevölkerung mit Handys zu versorgen – die Wirtschaftsliberalen wären die Ersten gewesen, die das als Wahnsinn bezeichnet hätten. Und zu Recht.

Das Argument, das Debakel sei nicht auf Kosten des Steuerzahlers gegangen, greift zu kurz. Denn die volkswirtschaftlichen Kosten, die durch das Platzen der Spekulation entstehen, müssten dagegen aufgerechnet werden. Drei Jahre später taumelt die Weltwirtschaft immer noch, den Finanzministern brechen die Steuer-

einnahmen weg. Die unverhofften Mehreinnahmen zur Tilgung der Staatschuld (UMTS) sind da nur ein Tropfen auf den heißen Stein. Ein Ende der Krise ist nicht absehbar, daher kann man noch keine Bilanz ziehen.
In den meisten Ländern gibt es jetzt mehrere Netzbetreiber, die in der gesamten Firmengeschichte noch nie eine positive Bilanz vorweisen konnten. In den nächsten Jahren ist eine »Konsolidierung des Marktes« zu erwarten. Warum sollte man auch »Pleitewelle« dazu sagen, wenn es eine schönere Bezeichnung gibt? Und dann dürfte es auch ziemlich schnell mit den Vorteilen für die Kunden vorbei sein. Das neoliberale Privatisierungsargument, dass Konkurrenzkampf die Preise drückt, funktioniert auch umgekehrt: Ist der Kampf vorbei, wird es wieder teurer, siehe die Badewannenkurve im Energiekapitel. Was diese Kurve im Telekom-Sektor besonders steil machen wird: Die gigantischen Schulden müssen abbezahlt werden, und wer, wenn nicht die Kunden, soll das übernehmen?
In den Vorreiterländern ist es schon so weit. In Italien wurde 1995 der Markt liberalisiert. Telekom Italia Mobile (TIM) und die Mannesmann-Tochter Omnitel lieferten sich zunächst einen verlustreichen Preiskampf, aber schon 1999 teilten sie sich den Markt einträchtig. Die Tarife stiegen, beide Firmen schrieben Gewinne. Als beide Unternehmen die Preise noch mal anheben wollten, traten eine halbe Million Italiener in den Handystreik. Letztlich war es aber die Aufsichtsbehörde, die den Konzernen Preissenkungen verordnete. Wegen verbotener Preisabsprachen wurden beide Gesellschaften zu Strafen in Höhe von 76 Millionen Euro verurteilt. Neueinsteiger haben keine Chance mehr: Heute haben TIM und Omnitel einen Marktanteil von 90 Prozent.
In Großbritannien ergab eine Untersuchung der Regulierungsbehörde Oftel, dass die Mobilfunkbetreiber deutlich überhöhte Gebühren für Anrufe in ihr Netz verlangten. Die Wettbewerbskommission wurde eingeschaltet und stimmte Oftel zu, dass »die Betreiber gegen das öffentliche Interesse handeln«. Die Kommission kam auch zu dem Schluss, dass der Markt versagte: »In einem Markt mit Wettbewerb übt die Wahlmöglichkeit der Konsumenten Druck auf die Unternehmen aus, die Preise den Kosten anzu-

passen oder Kunden zu verlieren. Aber wer bei einem Mobiltelefon anruft, hat keine Wahl und muss die von den Betreibern festgesetzten hohen Gebühren in Kauf nehmen. Es gibt keinen Anreiz für Anbieter, ihre Gebühren zu senken, weshalb diese deutlich höher als die Kosten bleiben.« Laut Oftel und der Wettbewerbskommission hatten die Mobilfunkkonzerne um 40 Prozent überhöhte Preise in Rechnung gestellt und den Anrufern damit rund 280 Millionen Euro pro Jahr aus der Tasche gezogen.[2] Den Unternehmen wurden Tarifsenkungen von 15 Prozent binnen weniger Monate und weitere 15 Prozent jedes Jahr für drei Jahre verordnet. Vodafone, T-Mobile und Orange gingen vor Gericht und verloren prompt.[3] Der Richter entschied, die Anordnung sei durchdacht und keineswegs irrational.[4]
Kaum besser als in England ergeht es den Konsumenten in den Vereinigten Staaten, wo der Telefonmarkt schon ab 1984 stufenweise dereguliert wurde. Zwar fielen seit damals (natürlich) die Tarife, aber die Consumers Union zieht in einer Studie dennoch unzufrieden Resümee: »Gebrochene Versprechen, irreführendes Marketing und furchtbares Service wurden akzeptierte Geschäftsmethoden in einem zunehmenden Wild-West-Markt, wo ununterbrochenes Telemarkting dich beim Abendessen stört, bei der Service-Nummer aber niemand abhebt.«[5]

Schönheitsfehler

In der EU ist die Liberalisierung noch zu jung, um eine definitive Bilanz ziehen zu können, doch schon wimmelt es von Schönheitsfehlern, die in der »Erfolgsstory« selten miterzählt werden.
In ganz Europa wurden 150.000 Beschäftigte entlassen, die jetzt als Arbeitslose (weiterhin) vom Staat bezahlt werden müssen. Bei der Deutschen Telekom wurden 1995–2000 gut 15.000 Beschäftigte abgebaut (– 9 Prozent), die Telekom Austria baute zwischen 1998 und 2001 ebenfalls 9 Prozent aller Beschäftigten ab – die starken Zuwächse beim Mobilfunk schon gegengerechnet, sonst hätte der Verlust 25 Prozent betragen.[6]

Sind einmal so viele Beschäftigte entlassen, lassen sich fette Gewinne machen. Die British Telekom bekennt sich offen zum Shareholder Value, sie macht in der Periode 1994–2000 mit 20 Milliarden Pfund genauso viel Gewinn, wie der Staat einmalig durch die Privatisierung erlöst hat.[7] Der Staat hat jetzt keinerlei Einkommen mehr, dafür hat er für die Arbeitslosen aufzukommen. Auch die private Deutsche Telekom hat ihren Gewinn von 2,7 auf 6 Milliarden Euro erhöht, nachdem sie sich 15.000 Menschen entledigt und diese dem Staat überantwortet hatte. Der Neoliberalismus hat einen Wiederholungszwang: Die Gewinne sind privat, die Verluste bleiben beim Staat.

In Österreich ist der Wettbewerb vorrangig auf die Preise fokussiert, die Infrastruktur bleibt dabei auf der Strecke. Die neuen Anbieter mieten lieber Infrastruktur, anstatt eine eigene zu errichten. Denn die Benutzungsentgelte, die sie den Exmonopolisten zahlen müssen, sind nicht kostendeckend. Die Exmonopolisten, die durch die aggressiven Preisstrategien der Neuen ohnehin schon unter Druck sind, reagieren mit einem Verzicht auf Infrastruktur-Investitionen. Der Exmonopolist Telekom Austria hat die Investitionen nach eigenen Angaben um 30 Prozent zurückgefahren. Unternehmens-Chef Heinz Sundt wirft dem Regulator »Job-Verfehlung« vor, durch die fehlgeschlagene Regulierung würden »alle miteinander weniger investieren«[8]. Nach Angaben der Marktanalyse-Agentur Kreutzer Fischer & Partner sind die Festnetz-Investitionen in Österreich insgesamt sogar um 51 Prozent gesunken.[9] Worst-case-Szenario: Leitungen sind zu Stoßzeiten belegt, wenn man anrufen will, heißt es: »Derzeit sind alle Verbindungen zwischen Berlin und Wien belegt, bitte versuchen Sie es später noch einmal.« Ein kleineres, aber für Nicht-Handy-Besitzer umso ärgerlicheres Übel: Die öffentlichen Telefonzellen werden ausgedünnt, und wenn sich eine findet, ist sie meist kaputt.

Während der dramatische Rückgang der Investitionen in die Fest-netz-Infrastruktur die Versorgungssicherheit bedroht, ist die Mobiltelefonie-Infrastruktur ein einzigartiges Beispiel für »Doppelgleisigkeit« in der Infrastruktur. In keinem anderen »natürlichen Monopol« gibt es Parallelstrukturen. Man stelle sich vor, es gäbe zwei parallele Autobahnen München – Salzburg von zwei Betreibern. Oder zwei parallele Stromleitungen von zwei verschiedenen Versorgern. Oder zwei Wasserleitungen, eine von RWE, eine von Vivendi. Absurd, oder? Beim Mobilfunk ist das der Fall: Jeder Betreiber hat seinen eigenen Mastenwald. Bezahlen müssen das die Konsumenten (ganz abgesehen von den Anrainern, die das Gesundheitsrisiko zu tragen haben).

Vor der Liberalisierung waren die Grundgebühren aus sozialen Überlegungen niedrig und nicht kostendeckend. Auch die Ortsgespräche waren relativ günstig – sie wurden durch die teureren Ferngespräche quersubventioniert. Heute ist es umgekehrt: Ortsgespräche sind relativ teurer, Ferngespräche relativ billiger. Polemisch: Heute subventionieren nicht mehr die multinationalen Konzerne die kleinen Haushalte, sondern die kleinen Haushalte die multinationalen Konzerne. Weil sich in einem liberalisierten Wettbewerb (egal, ob Strom, Telekom oder Gas) der Preiswettkampf immer um die dicken Fische abspielt – zu Lasten der Masse.

Die Arbeiterkammer Wien hat in einer Studie nachgewiesen, dass die Vorteile der Telekomliberalisierung für kleine Haushalte mit einer durchschnittlichen Monatstelefonrechnung von 25 Euro kaum zu spüren sind. Während zwar die Gesprächsgebühren um 46,6 Prozent gesunken sind, sind gleichzeitig die Grundgebühren um 28,6 Prozent[10] gestiegen. Fazit: die Entlastung bei der Telefonrechnung beträgt nur 13,3 Prozent oder 3,31 Euro pro Monat.[11] Sobald die Preise wieder anziehen, ist diese Entlastung sehr rasch wieder weg. In Einzelfällen haben kleinere Haushalte für dasselbe Telefonverhalten sogar teurere Rechnungen zu begleichen. Es sind also nicht alle Gewinner der Liberalisierung.

Hinzu kommt: Trotz stark gestiegener Grundgebühr ist die Befreiung für sozial Schwache gestrichen. Es gibt zwar Möglichkeiten staatlicher Zuschüsse für Bedürftige, doch ob ein privater Anbieter diese »vermittelt«, bleibt ihm überlassen – verpflichtet ist er dazu nicht. Eine Verpflichtung würde von den privaten Anbietern vermutlich als »Überregulierung« oder gar als »Handelshindernis« abgewehrt.

Auch Regulierungen können diese Schönheitsfehler nicht beseitigen. Wie schon im Energiekapitel beschrieben, ist Regulieren in der Praxis äußerst mühsam, da es gleichbedeutend ist mit der Profitbeschneidung für multinationale Konzerne. Das gilt auch für den Telekom-Bereich. Mögliche Regulierungsziele könnten sein: Verpflichtende Investitionen in die Infrastruktur, Grundgebührbefreiung für sozial Schwache, Sekunden- statt Minutenabrechnung (oder gar »Grundgebühr« für jedes begonnene Gespräch) etc. Die Privaten wissen sich zu wehren. Im September 2002, als die Neuformulierung des österreichischen Telekom-Gesetzes anstand, warnten sie öffentlich vor der »Gefahr der massiven Überregulierung«[12]. Die EU hat reagiert und will mittelfristig die Regulatoren, die doch angeblich der Garant für gelungene Liberalisierung sind, durch eine reine Wettbewerbsaufsicht ersetzen.

Zusammenfassend: Während Unternehmen und Vieltelefonierer durch deutliche Preisvergünstigungen derzeit zu den Gewinnern zählen (solange die Badewannenkurve in der Senke verharrt), profitieren schon jetzt Wenigtelefonierer kaum oder gar nicht. Auf der Negativseite der Bilanz stehen ein dramatischer Rückgang der Infrastrukturinvestitionen beim Festnetz (was die Versorgungssicherheit bedroht), der Abbau von Tausenden von Arbeitsplätzen (was das Budget und die Steuerzahler belastet), Einnahmenausfälle für den Staat durch die Privatisierung, das Regulierungsproblem, die ineffiziente Infrastruktur-Vervielfachung sowie das ungeklärte Gesundheitsrisiko im Mobilfunk und – aufgrund der zu erwartenden Marktbereinigung und der hohen Verschuldung der Telekom-Unternehmen – ein mittelfristiges Anziehen der Preise auf das Vorliberalisierungsniveau oder sogar darüber hinaus. Damit soll (noch) nicht gesagt werden, dass die Liberalisierung fehlgeschlagen ist, aber der euphorische Erfolgsjubel soll durch das Erzählen der ganzen Wahrheit ins rechte Licht gerückt werden. Umso mehr, als die Telekomliberalisierung – als bisher einziges Beispiel eines Liberalisierungs»erfolges« – das stärkste Argument der Privatisierer für die Liberalisierung aller anderen Grundversorgungsbereiche – von der Wasserversorgung über Strom und Gas bis zu Bildung, Gesundheit und Renten – herangezogen wird.

Die Privatisierung der Post bringt allen was

Nur zur Erinnerung: Die Durchdringung der Menschheit mit dem Internet beträgt weniger als 5 Prozent. Und die Anbieter sind fast alle privat. Das Internet ist keine öffentliche Dienstleistung und wird auch nicht als solche wahrgenommen. Im Gegensatz zum Brief, der durch das Netz dort, wo es eines gibt, zum Teil ersetzt wird. Aber das ist bald Geschichte. In wenigen Jahren wird der Briefträger Angestellter eines multinationalen Konzerns sein – wenn er überhaupt noch kommt.

Gegenwärtig befinden sich die Postdienste in der EU noch weitgehend in öffentlicher Hand und sind auch meist noch ein Monopol. Sogar in Großbritannien ist die Post – als letztes Unternehmen – noch staatlich, nachdem sich die Gewerkschaft 1996 in einem monatelangen Streik erfolgreich gegen die Privatisierung gewehrt hatte. Die Vorreiter bei der Postprivatisierung sind die Niederlande und Deutschland.[13]

Die EU betreibt den Liberalisierungsprozess mit einer schrittweisen Herabsetzung der Gewichtsgrenze für Postsendungen. Seit Anfang 2003 dürfen Poststücke über 100 Gramm von Privaten befördert werden. 2006 soll die Grenze auf 50 Gramm halbiert und 2009 völlig aufgehoben werden. Dann gilt der freie Postmarkt.

Schon jetzt bereiten sich die meisten EU-Mitglieder darauf vor. Die österreichische Post wurde 1999 in eine – derzeit noch öffentliche – Aktiengesellschaft umgewandelt und in fünf Geschäftsbereiche unterteilt: Brief, Paket, Zeitung, Werbematerial und Schalterdienst: So lassen sich die goldenen Filetstücke besser herauslösen, falls private Investoren wählerisch sein sollten. Nach den Plänen der Regierung soll die österreichische an die Deutsche Post verkauft werden. Das bringe Effizienzsteigerungen, wird argumentiert.

Zur Steigerung der Effizienz müssen allerdings zunächst die Postbediensteten entfernt werden. In den letzten Jahren wurden sie in runden Tausenderpaketen abgebaut. Da 2002 der Gewinn der Neo-Aktiengesellschaft leicht einbrach, wird die »Personalabbaurate« 2003 von 1455 auf 1755 angehoben.[14]
Wenn weniger Personal da ist, braucht man auch nicht so viele Schalter. Oft wurde im Zuge der Modernisierung aus zwei Schaltern einer gemacht. Das verlängert zwar die Warteschlangen und erhöht den Blutdruck der Postkunden, dafür steigert es im Gegenzug die »Motivation« der Schalterbeamten. Die schauen im Dienste höherer Effizienz nicht mehr ins Antlitz der Kunden, sondern in einen Bildschirm.
Gespart wird nicht nur bei Beamten und Schaltern, sondern auch bei Postämtern. Dank Liberalisierung wurden in Österreich 638 der 2300 Postämter geschlossen. In fast 400 Gemeinden ersatzlos, in den restlichen Gemeinden wird es »Post-Partner« oder »Postservicestellen« mit eingeschränktem Service geben. Auch in Deutschland werden demnächst 800 »Post-Agenturen« geschlossen, das sind 11 Prozent. Aber die meisten Menschen haben ja ein Auto und einen Internetanschluss. Die meisten.
Und die Tarife? Nachdem der Inlandsbrief schon vor einigen Jahren schlagartig um 40 Prozent teurer wurde, wurden 2003 die Preise für mittelschwere Briefe um bis zu 30 Prozent angehoben. Spezialdienste wie Nachsendeaufträge wurden empfindlich, das beliebte Postfach sogar um 1000 Prozent teurer.
Zur Erhöhung der logistischen Effizienz wurde ein hochtechnologisches und topmodernes Verteilungszentrum im Süden von Wien gebaut. Die Feuertaufe 2003 fiel leider ins Wasser: Briefe innerhalb Wiens brauchten oft statt einem Tag deren drei oder vier. Ein nicht gerne der Öffentlichkeit preisgegebener Grund: Um Kosten zu sparen, wurde ein hoher Anteil von schlecht bezahlten Leiharbeitskräften eingesetzt, was zahlreiche Probleme verursachte. Laut Personalvertretung haben sich die »Anlaufschwierigkeiten« mittlerweile gelegt, Leiharbeitskräfte werden nur noch für »Spitzenlasten« eingesetzt. Voraussetzung für die Beibehaltung der Qualität nach der vollständigen Liberalisierung

ist laut Personalvertreter und Aufsichtsratmitglied Martin Palensky allerdings ein staatlicher Mehrheitseigentümer. Und genau den will die Bundesregierung eliminieren.
Fazit: Auch die Post-Privatisierung bringt allen was: Preissteigerungen, zugesperrte Postämter, schlechteres Service, teurere Einzeldienste. Pardon: Und natürlich Gewinne für die Aktionäre.

Das Netz

Und das Internet? Mit welcher Geschwindigkeit die technische Infrastruktur in den letzten Jahren ausgebaut wurde – und zwar beinahe ausschließlich von privaten, gewinnorientierten Betreibern –, ist wirklich beeindruckend. Serverfarmen, inter- und transkontinentale Backbone-Verbindungen und Millionen Anschlüsse für Endkunden wurden parallel aufgebaut, getrieben vom Kampf um jedes Zehntel Prozentpunkt Marktanteil. Trotz gewaltiger Investitionen wurden diese Kosten noch kaum an den Kunden weitergegeben.
Ist also nach einer Konsolidierung des Marktes eine ähnliche Entwicklung zu erwarten, wie sie im Mobilfunkmarkt schon beginnt? Was den Zugang zum Provider, also die »Online-Kosten« betrifft, steht das zu befürchten. Als das herkömmliche Modem noch Tor zum Netz war, konnte man den Provider binnen weniger Sekunden wechseln: Man musste nur eine neue Telefonnummer anwählen. Oder, noch leichter: die Gratis-CD der nächstbesten Computerzeitschrift einlegen und einen der vielen Testzugänge installieren. Mit den modernen Breitbandtechnologien ist die Wahlmöglichkeit des Kunden oft eingeschränkt, zumindest jedoch erschwert worden. »Provider-Hopping« ist Vergangenheit und Gratisaccounts werden auch nicht mehr angeboten ...
Vergleiche mit »früher« sind schwer anzustellen. Bevor der Cyberspace zum Spielplatz der New Economy wurde, tummelten sich dort hauptsächlich Wissenschaftler und Freaks. Erfunden wurde das Internet von den US-Streitkräften, die eine Kommunikationsstruktur brauchten, die auch nach einem Atomschlag noch einsatzfähig

war. Ein Netz ohne Hierarchie, ohne leicht angreifbare Ziele sollte es sein. Dass ausgerechnet Militärs für eine so »anarchistische« Erfindung verantwortlich sind, ist von pikanter Ironie.

Wie steht es mit dem, was das Internet wirklich ausmacht: dem Inhalt? Die ersten Anwendungen im Netz waren E-Mails, Newsgroups und IRC, also Chat. Diese Dienste wurden auf nicht kommerzieller Basis betrieben, tatsächlich untersagte die National Science Foundation gar bis 1991 die kommerzielle Nutzung des Internets.

Als der Siegeszug des Internets sich abzuzeichnen begann, gab es Unternehmen wie AOL und CompuServe, die ihren Kunden ein Gesamtpaket bieten wollten: Einerseits den technischen Zugang zum Netz und andererseits Zugriff auf ein eigenständiges Informationsangebot, das exklusiv für die Kunden der jeweiligen Firma zusammengestellt wurde. AOL schluckte CompuServe und wurde zum größten Provider der Welt, aber inhaltlich ist das Konzept an drei Buchstaben gescheitert: www.

Der heute wichtigste Teil des Internets, das World Wide Web, dieses dicht verlinkte Netz aus »Seiten«, entstand größtenteils auf nichtkommerzieller Basis. Entwickelt wurden die technischen Grundlagen (Hyperlinks, HTML) im europäischen Kernforschungsinstitut CERN, gedacht war es für wissenschaftliche Zwecke.

Millionen Homepages von Einzelpersonen und Vereinen, Wissenschaftlern, Fans und Freaks, die den ausgefallensten Hobbys nachgehen, enthalten jede Information, die man sich nur vorstellen kann – und noch einiges mehr. Die Errichtung des Webs war ein zutiefst demokratischer Prozess, die größte kollektive Arbeit der Menschheit. Bis heute ist der freie, nicht kommerzielle Zugang zu Daten die Regel. Bezahlt wird vielleicht für Produkte, die man erwirbt, aber nur selten für Informationen. Die New Economy sieht da alt aus: Heftig bemühen sich die Firmen, die noch übrig sind, den Leuten einzutrichtern, dass dieser Zustand nicht ewig dauern kann, dass sie sich schön langsam daran gewöhnen sollten, für Informationen auch bezahlen zu müssen. Doch die Entwicklung geht in Wirklichkeit genau in die entgegengesetzte Richtung: der Gratis-Austausch von Informationen floriert wie nie zuvor.

Daraus ergibt sich eine wesentliche Erkenntnis: Es gibt Alternativen zu staatlicher Kontrolle oder gar zentraler Planwirtschaft auf der einen Seite und dem freien Markt auf der anderen. Zumindest in manchen Bereichen scheint auch eine demokratische, gemeinschaftliche Verwaltung möglich zu sein. Die Inhalte des Netzes werden von einer lose definierten Gemeinschaft gepflegt. Von diesem demokratiepolitischen Experimentierfeld könnte die Menschheit aber bald vertrieben werden.

Lassen wir zunächst die Copyright-Problematik, also etwa das Tauschen von Musik-Dateien, links liegen und reden wir von Grundsätzlichem. Die Privatisierungsdiskussion tritt hier in ein neues Stadium ein. Denn auch wenn die meisten Websites in Privatbesitz von Personen oder Firmen sind, so ist das Netz als Ganzes doch von öffentlichem Charakter. Immer wieder unternehmen Politikern und Manager mediale Vorstöße und fordern eine stärkere Regulierung des Internets, um damit nicht nur die Struktur, sondern auch die Inhalte effizient kommerziell nutzbar zu machen. Das ist nichts anderes als eine Privatisierung.

Viele Leute glauben, dass das Netz immer unregulierbar bleiben wird, dass gewiefte Programmierer und Hacker immer eine Möglichkeit finden werden, um Regierungen und Konzernen ein Schnippchen zu schlagen. Das ist leider unwahrscheinlich, wie der amerikanische Verfassungsrechtler Lawrence Lessig[15] deutlich gemacht hat. Die fröhliche Anarchie des Netzes ist nur oberflächlich, hinter all den bunten Icons und Buttons und Bildern verbergen sich Computerprogramme – Programme, die Webseiten finden, Inhalte katalogisieren, Datenpakete von Router zu Router schicken, Nachrichten packen, verschlüsseln und decodieren. Und es gibt auf der Welt wohl kaum etwas, das noch klarer reguliert wäre als ein Computerprogramm ...

Das Internet hat derzeit eine de facto unkontrollierbare Struktur, weil seine Schöpfer es so wollten. Das ist kein Zufall und schon gar kein Naturgesetz. Das Netz ist alles andere als eine statische Struktur, die Programmcodes, die es steuern, entwickeln sich weiter. Nein: *sie werden weiterentwickelt.*

Regierungen und Unternehmen haben ein gemeinsames Interesse

daran, digitale Datenströme kontrollierbar zu machen. Ein Beispiel von vielen: Intel, Microsoft und andere arbeiten zum Beispiel an einer Technik namens TCPA. Damit wird jeder Computer identifizierbar, jeder Schritt des Users überwachbar. Weil TCPA direkt in den Prozessor des Rechners integriert sein wird, also Hardware ist, wird es nicht zu knacken sein. Man kann natürlich Computer ohne diese Technik verwenden, aber wenn ihr Marktanteil erst einmal groß genug ist, werden die Softwarehersteller nur noch für TCPA-Computer geeignete Programme veröffentlichen. Die Rückendeckung der Regierungen ist den Konzernen sicher, nicht zuletzt wegen dem so genannten Kampf gegen den Terror. Und auch die US-Militärs, die sich wie Goethes Zauberlehrling fühlen müssen, sind wohl heilfroh, wenn sie die Geister wieder loswerden, die sie riefen.

Freie Meinungsäußerung ist ein Menschenrecht. Wo sollte das Beachtung finden, wenn nicht in einer Informationsgesellschaft? Wenn die Kanäle nicht mehr öffentlich sind, wurde auch dieses Recht privatisiert. Die öffentliche Diskussion darüber ist praktisch gleich null, in den Medien kommt das Thema kaum vor.

Medienkonzentration

Fünf Medienkonzerne bestimmen unser Bild von der Welt. Hunderte Fernseh- und Radiosender, Zeitungen und Magazine, Filmstudios und Plattenfirmen, Buchverlage und Webportale stehen unter ihrer Kontrolle. Es vergeht kaum ein Tag, an dem diese Unternehmen nicht irgendwo auf der Welt ein Medium kaufen, verkaufen, gründen oder wegen fehlender Rendite zusperren. Wir beschränken uns im Folgenden auf einen kurzen, groben Überblick.

Im Januar 2001 ging einer dieser Mediengiganten aus dem Zusammenschluss von America Online und Time Warner hervor, er heißt folgerichtig AOL Time Warner. Amerika Online war Amerikas führender Internetanbieter mit damals 27 Millionen Kunden in 24 Ländern. Unter dem Dach von Time Warner fand sich nicht nur die Filmfirma Warner Bros, sondern noch 11 weitere Film-

und TV-Unternehmen. Warner Bros Cinemas unterhielt Multiplex-Kinos in 12 Ländern. Time Warner besaß CNN und weltweit 29 weitere Kabelnetze, Time Life Books und 23 weitere Verlage, Time, Fortune und 33 weitere Magazine mit 120 Millionen Lesern weltweit. Dazu kamen 52 Plattenlabels und die Turner Entertainment Corporation (vier Sportteams), einige Themenparks und Warner Bros Studio Stores in 30 Ländern.

Der Medienkonzern mit den meisten Sympathie-Trägern unter Vertrag ist wohl Disney. Aber außer Mickey, Donald, Aladdin und Simba kontrollieren Onkel Walts Erben auch das TV-Netzwerk ABC mit 10 Fernseh- und 29 Radiostationen, Kabelfernsehnetze in einem Dutzend Länder, Magazinverlage, Zeitungen, Disney Books, Infoseek und ein gutes Dutzend weitere Onlineunternehmen, einige Musiklabels, Disneyland in Los Angeles und Paris, Disney World in Florida, 27 Hotels, ein paar Kreuzfahrtschiffe, 720 Disney Stores rund um den Erdball, den World Sports Complex, dazu ein paar Eishockey- und Baseballteams und die MGM Filmstudios. Dort können die hauseigenen Filmproduktionsfirmen Walt Disney, Touchstone, Miramax, Buena Vista und andere drehen. Und dann gibt's noch die Disney Theatrical Productions, die Lion King und andere Werke für Bühnen adaptieren.

Die Bertelsmann AG ist Deutschlands größter Medienkonzern. Ihr Reich umfasst die RTL Group, Europas größtes Rundfunkunternehmen mit 24 Fernsehsendern, dazu Radiostationen, Produktionsfirmen und Rechtehandel. Der Gruner+Jahr-Verlag besitzt 120 Magazine und Zeitungen in 14 Ländern (z. B. *Geo, Stern, TV Today, Brigitte, Kapital, Eltern* und einen Anteil von 25 Prozent am *Spiegel*), dazu einige Online-Aktivitäten. Mit Random House übernahm Bertelsmann den größten Buchverlag im englischsprachigen Raum, der nach der Fusion mit den deutschen Verlagen nun der größte Buchproduzent der Welt ist. BertelsmannSpringer wiederum ist der größte Wissenschaftsverlag der Welt, mit 700 Fachzeitschriften und 4000 Buch-Neuerscheinungen jährlich. BMG, die Bertelsmann Music Group, besitzt mehr als 200 Plattenlabel in 41 Ländern und ist das zweitgrößte Musikunternehmen in den Vereinigten Staaten.

Die News Corporation ist das Unternehmen von Rupert Murdoch. Er kontrolliert BskyB, die britischen Sky-Channels mit über 150 Kanälen, Foxtel in Australien, Star TV in Asien, Phoenix TV in China und andere Sender von Neuseeland über Indien und Europa bis Lateinamerika. In den USA erreichen seine Fernsehstationen vier von zehn Haushalten. Ihm gehören das Fox TV-Netzwerk mit 22 Stationen und sieben weitere Kabelnetze, dazu die Sender Fox News und 20th Century Fox TV, im Printbereich die *New York Post*, der Großverlag HarperCollins und einige kleinere Buchverlage. In England besitzt Murdoch die *Times*, die *Sun* und die *News of the World*. In Australien kontrolliert er mehr als 100 Zeitungen, in Neuseeland 55 und auf den Fidschi Inseln praktisch alle Blätter. Auch Murdoch setzt auf Sport, er nennt die gesamte australische Rugby-Liga, mehrere britische Fußballclubs und das L.A. Dodgers Baseballteam sein Eigen.
Murdoch wird nachgesagt, sich sehr für das zerfallende Medienimperium von Vivendi zu interessieren. Unser alter Bekannter aus dem Kapitel über Wasserprivatisierungen hätte noch 2002 in keiner Aufzählung der größten und aggressivsten Medienkonzerne fehlen dürfen – das ist aber Geschichte. Der Konzern verkauft wesentliche Teile ab, um seine Schulden zu decken, und will sich in Zukunft vor allem auf das Mobilfunkgeschäft konzentrieren (und seine 40-Prozent-Beteiligung an Veolia Environnement!).
Dann ist da noch die Viacom-Gruppe, Besitzer von Paramount Pictures, 180 Radiostationen, Infinity Outdoor, der größten Werbefirma der Welt, Blockbuster, der größten Videothekenkette der Welt, und Anteilen an mehreren hundert Kinos auf allen Kontinenten. Am 7. September 1999 übernahm Viacom das Fernsehnetzwerk CBS, zu dem mehr als 200 Fernsehstationen gehören. Die Sender Nickelodeon und MTV erreichen jeweils über 300 Millionen Zuseher auf der Welt. MTVs größter »Konkurrent« VH1 gehört seit einiger Zeit ebenfalls zum Konzern. Mit dieser Übernahme verstieß Viacom gegen US-Gesetze, die die Medienkonzentration beschränkten. Binnen weniger Wochen wurden diese Regeln angepasst. Und am 2. Juni 2003 beschloss die Aufsichtsbehörde FCC wieder eine Neuregelung des Marktes. Nun

dürfen Fernsehnetze bereits 45 Prozent der Haushalte erreichen – wieder profitiert Viacom davon, aber auch Murdochs News Corporation, die nach einigen Akquisitionen ebenfalls die 40-Prozent-Marke übersprungen hat.

Was das alles mit Privatisierung zu tun hat? 1998 wollte Präsident Clinton den Druck auf Politiker, Spendengelder für ihren Wahlkampf aufzutreiben, verringern. Ein neues Gesetz sollte Fernsehsender zwingen, den Kandidaten Sendezeiten gratis oder zu stark reduzierten Preisen zur Verfügung zu stellen. Die Idee mag nicht ganz uneigennützig gewesen sein, denn die Republikaner bekommen seit jeher höhere Spenden aus Wirtschaftskreisen als Clintons Demokraten – aber egal, ob Al Gore damit geholfen werden sollte oder nicht, demokratiepolitisch wünschenswert wäre die Maßnahme wohl auf jeden Fall gewesen. »Die Sendefrequenzen sind öffentliches Eigentum«, sagte Clinton »und die Sender müssen uns helfen, unsere Demokratie zu stärken.« Der Vorsitzende der Federal Communication Commission, William Kennard, erklärte am nächsten Tag, seine Behörde würde entsprechende Regeln ausarbeiten. Die großen Netzwerke konnten sich mit Clintons Wünschen allerdings nicht anfreunden und wandten sich an »befreundete« Politiker wie den Republikaner John McCain. Der erzkonservative Kongressabgeordnete ist einer der einflussreichsten Medienpolitiker der USA. McCain verfügt über blendende Kontakte zu Medien- und Telekommunikationsunternehmen: Von Firmen wie US West, QWest, Bell South oder ATT erhielt er in den letzten Jahren mindestens 165.929 US-Dollar an Wahlkampfhilfe.[16]

Wenige Tage nach Kennards Wortmeldung erklärte McCain, die FCC überschreite damit ihre Kompetenzen. Mehrere andere Kongressmitglieder äußerten sich in ähnlicher Weise. William Kennard verzichtete schließlich auf die Umsetzung von Clintons Vorschlägen. Die Sendefrequenzen sind weiterhin öffentliches Eigentum, an die Medienunternehmen werden bloß Nutzungslizenzen vergeben. Dennoch schaffte es nicht einmal der US-Präsident, ein öffentliches Interesse an diesen Frequenzen gegen die Profitinteressen der Konzerne durchzusetzen, die sich Wahlwerbung weiterhin voll bezahlen lassen wollen.

Die USA sind da kein Einzelfall. In Holland gibt es mehrere hundert winziger Radiostationen, die alternatives Radioprogramm machen: Piratensender. Bisher wurde das stillschweigend geduldet. Im Mai 2003 startete die Regierung eine Initiative, um das gesamte radiotaugliche Frequenzband aufzuteilen und zu verkaufen. Die Pläne sehen zwei Arten von Radiostationen vor: öffentlich-rechtliche und kommerzielle private. Dabei gibt es allein in Amsterdam drei Radiostationen, die weder das eine noch das andere sind, sondern unabhängige, von Freiwilligen betriebene Sender, die mit niedrigen Budgets ein Rund-um-die-Uhr-Programm auf die Beine stellen. Unter Medienaktivisten machte damals das Gerücht die Runde, der Bürgermeister der Stadt habe schon zugestimmt, die Sender im Zweifelsfall mit Polizeigewalt räumen zu lassen. Und das, obwohl einer von ihnen – Radio 100 – um eine offizielle Lizenz angesucht und dabei erklärt hatte, weiterhin nicht-kommerzielles, unabhängiges Programm machen zu wollen. Aber diese Kategorie ist im Gesetz gar nicht vorgesehen. Bei Redaktionsschluss des Buches war diese Sache noch nicht entschieden, dafür wurde ein ähnliches Problem in einer anderen Stadt akut: In Wien droht mehreren unabhängigen Medienprojekten, darunter auch dem freien Radio Orange, das Aus, weil die ohnehin niedrigen öffentlichen Förderungen gestrichen wurden.
Weil diese Medien sich nicht von Werbekunden abhängig machen wollen, bräuchten sie öffentliche Unterstützung. Weil sie sich der offiziellen Politik gegenüber nicht willfährig zeigen, bleibt diese aus. Eine Informationsgesellschaft sollte sich unabhängige Journalisten eigentlich gerne leisten, so viel kostet das nicht.
Dass staatliche Medien manchmal unabhängiger sind als private, zeigt sich während und nach dem letzten Irak-Krieg. Im Vergleich zur britischen BBC sahen die amerikanischen Nachrichtensender alt aus. Alt wie aus den unseligen 40er-Jahren, trotz modernster Propagandatechnik. Trotzdem können Medien unter direkter oder indirekter Regierungskontrolle auch nicht der Weisheit letzter Schluss sein.
Daher wären freie Medien ein Experiment, das die Gesellschaft in großem Umfang wagen sollte. Mit öffentlichen Geldern unter-

stützt, aber nicht vereinnahmt, könnten sie mehr leisten als nur Nischenprogramme. Ohne damit Nischen abwerten zu wollen.
Die Kritik am neoliberalen Privatisierungswahn muss nicht zwangsläufig nur defensiv sein und verteidigen, was angegriffen wird. Die Gesellschaft verändert sich, Machtstrukturen verschieben sich. Nötig wäre eine breite, offensive Diskussion darüber, was in Zukunft die Aufgaben der Gesellschaft sein sollen und was den Eigeninteressen jedes Einzelnen überlassen bleibt.
Das Internet und auch die klassischen Medien zeigen, dass in vielen Bereichen auch jenseits von Profitorientierung und staatlicher Kontrolle eine Alternative besteht, die auch umsetzbar ist: Demokratisierung. Die Erkenntnis ist zugegebener Maßen nicht sehr neu: so verwalten viele »primitive« Völker seit jeher ihre Ressourcen.

Unsere Kultur als Industrie

Freie Medien sind nicht nur politisch, sondern auch kulturell wünschenswert. Sie bieten wichtige Freiräume für Kreativität. Freie Radios etwa verzichten meist auf teure, copyright-geschützte Musik großer Plattenfirmen, statt dessen bekommen lokale Bands die Möglichkeit, sich dem Publikum vorzustellen.
Dass Musik heute nicht mehr in erster Linie Kunst, sondern Industrie ist, ist eine Tatsache. Unausweichlich ist es nicht. Es ist das Wesen einer Industrie, Produkte herzustellen: in diesem Fall Schellacks, Musikkassetten, Vinylplatten, Compact Discs. Bevor man Musik auf physische Medien pressen konnte, war sie keine Industrie. Jetzt muss man Musik nicht mehr auf physische Medien pressen – und die Industrie ist mit einem Schlag unnötig.
Das Mega-Milliarden-Business führt einen verzweifelten Überlebenskampf und versucht das Tauschen von Musikdateien über das Internet ebenso zu unterbinden wie das Brennen von CDs am Heim-PC. Derzeit entstehen für jedes Leck, das sie schließt, zwei neue. Das muss allerdings nicht so weitergehen. Die Industrie steckt gewaltige Beträge ins Lobbying für strengere Copyright-Gesetze und nutzt al-

len Einfluss der Mediengiganten in ihrem Rücken. Wenn das Netz technisch regulierbar gemacht wird, dann wird sicher auch auf die Interessen der Musikindustrie Rücksicht genommen.

Aber ist das auch gerechtfertigt? Während wir dies schreiben, meldet alleine die Tauschbörse KaZaA 4.664.766 User online, die beinahe eine Milliarde Dateien zum Tausch anbieten. Bei dem Löwenanteil der Files wird das nach geltendem Recht wohl illegal sein. Obwohl das praktisch jedem Teilnehmer am mp3-Bazar klar ist, empfindet sich doch kaum jemand als Dieb. Schon die derzeitige Rechtslage entspricht also offensichtlich nicht mehr dem Rechtsempfinden der Gesellschaft, verschärfte Gesetze wohl noch weniger.

In einer Demokratie sollten Gesetze aber grundsätzlich das Rechtsempfinden der Bevölkerung widerspiegeln, nicht umgekehrt. Ausnahmen von dieser Regel sind gerechtfertigt, wenn die Mehrheit die Menschenrechte einer Minderheit bedroht, aber die Pfründe der Unterhaltungsindustrie sind wohl kaum ein solches.

Für die Künstler ist die derzeitige Situation ein Drama. Die Plattenverträge werden immer strenger, ihre Anteile immer kleiner und die Verkäufe brechen zusammen. Hört man sich unter Usern von Tauschbörsen um, kann man durchaus feststellen, dass ein gewisses Schuldempfinden gegenüber den Künstlern, die Zeit, Kreativität und Liebe in ihr Werk gesteckt haben, weit verbreitet ist. Der Großteil der Benutzer wäre bereit, einen »fairen« finanziellen Beitrag, was immer das heißen mag, zu leisten, wenn dieser *den Künstlern* zu Gute kommt. Doch es gibt derzeit keine befriedigende Möglichkeit dazu, obwohl das Internet die ideale Plattform wäre. Verschiedene Portale, die diesen Versuch unternehmen, laufen schlecht. Warum?

Vielleicht, weil die Leute darauf nicht die Musik finden, die sie suchen. Die Künstler, die auf diesen Portalen veröffentlichen, haben gegen die Marketing-Power der Medienindustrie mit Magazinen, Radiosendern und Fernsehsendern keine Chance. Man lädt nur einen Song herunter, den man kennt. Aus diesem Marketing bezieht die Industrie nun aber ihre Existenzberechtigung: Sie müsse Musiker entdecken, fördern, »promoten« ... Zugegeben,

diese Tätigkeiten sind wichtig und notwendig, aber sie sind *Dienstleistungen*. Lebensberechtigung für eine gigantische Industrie sind sie nicht.
Kultur ist ein öffentliches Gut, weil sie die Privatsache jedes Einzelnen ist. Wird sie privatisiert, ist das gut für Einzelne.

Privatisierte Kultur

Marilyn Monroe über dem Lüftungsschacht: eine Ikone des 20. Jahrhunderts, die zum kollektiven Bewusstsein des westlichen Kulturkreises gehört. Sollte man meinen. Stimmt aber nicht ganz, sie gehört – Bill Gates. Der gründete 1989 seine Bildagentur Corbis, weil er ein digitales Kunstarchiv aufbauen wollte, das »die gesamten Errungenschaften der Menschheit einfangen« sollte.[17] Gates' Vision: Jedes Mal, wenn in Zukunft die Mona Lisa über einen Computerbildschirm flimmerte, sollten bei Corbis die Kassen klingeln. Nun, zu Marylin hat er es schon gebracht, auch Albert Einstein und seine Zunge gehören Gates. So wie über 70 Millionen andere Fotos.
Gates' schärfster Konkurrent auf diesem Markt ist Milliardärsspross Mark Getty. Der hat damit das Familiengeschäft in die neue Zeit übertragen, glaubt er: »Geistiges Eigentum ist das Öl des 21. Jahrhunderts«, wird er in einer Spiegel-Reportage zitiert. Diese Metapher verwenden übrigens auch Manager aus der Wasserbranche für ihr Produkt.
Fest steht, dass die strengen Copyright-Vorschriften unseren Zugang zur Kultur verändern. Früher wurden die Bilder großer Meister von Schülern möglichst detailgetreu nachgemalt. Das könnte heute schon eine Klage nach sich ziehen. Kunst hat immer davon gelebt, ältere Meisterwerke nachzuahmen, die Idee dahinter neu zu interpretieren. Früher nannte man das »sich inspirieren lassen«, heute nennt es die Unterhaltungsindustrie »Diebstahl geistigen Eigentums«. Dabei beruht auch das Original *immer* auf älteren Werken, es gibt keine Kunst, die aus dem Nichts entsteht. Dieser kreative Humus wird seit Jahrtausenden von ei-

ner Künstlergeneration an die nächste weitergegeben, er ist Allgemeinbesitz. Man stelle sich vor, Filippo Brunelleschi hätte sich Anfang des 15. Jahrhunderts seine Erfindung der Perspektive patentieren lassen. Vielleicht hätte Leonardo da Vinci dann lieber zweidimensional gemalt, als Gebühren an Brunelleschis Erben abzuführen? In diese Richtung führen aber »moderne« Copyright-Gesetze, egal ob bei Musik, Malerei oder Film.

Das hat in manchen Fällen fatale Auswirkungen. In Filmarchiven verrotten derzeit viele Kilometer wertvollen historischen Materials, weil die Urheberrechte unbekannt sind. 80 Prozent aller in den 1920ern gedrehten Filme sollen schon unwiederbringlich verloren sein. Den Rest könnte man restaurieren, scannen und auf DVDs brennen. Damit wäre wertvolles Kulturgut nicht nur gerettet, sondern der Allgemeinheit zugänglich gemacht. Die Kosten ließen sich wohl durch den Verkauf der DVDs finanzieren. Aber: Bei sehr vielen alten Filmen in den Archiven ist die Copyright-Frage ungeklärt. Es findet sich kein Unternehmen, das bereit ist, die teure Restaurierung zu finanzieren, solange das Risiko besteht, dass nach Veröffentlichung des Materials Erben und Rechteinhaber auftauchen, die ihren Anteil am Umsatz haben wollen.

Der Anwalt Lawrence Lessig, von dem wir zuvor schon gehört haben, hat im Sommer 2003 daher eine internationale Unterschriften-Initiative gestartet. Copyright-Inhaber sollten nach 50 Jahren jedes Jahr einen symbolischen Dollar für ihre Rechte bezahlen. Tun sie das nicht, gehen diese Rechte an die Allgemeinheit über. Ein äußerst moderater Vorschlag, der radikalen Copyright-Gegnern nicht weit genug geht, allgemein aber auf breite Zustimmung stieß: Binnen weniger Wochen unterzeichneten über 16.000 Menschen die Online-Petition.[18]

»Wir brauchen dies als ersten Schritt. Wir sind, wo wir sind, da die meisten Menschen nicht an Allgemeinbesitz glauben. Die meisten Leute verstehen es nicht einmal. Wenn ganz gewöhnliche Menschen die Kreativität sehen könnten, die entstehen würde, wenn die 60er-Jahre Teil des Allgemeinbesitzes wären, dann würden sie wieder Sinn darin sehen, das Copyright zu limitieren«, argumentierte Lessig.

Es geht den meisten Copyright-Aktivisten nicht darum, dass jedes Produkt geistiger Arbeit kostenlos weitergegeben werden muss. Natürlich haben Urheber Rechte, natürlich brauchen sie die Möglichkeit, ihre Arbeit auch zu Geld zu machen. Aber es geht darum, ihre Rechte gegen die der Allgemeinheit abzuwiegen. Richard Stallman, erster Kreuzritter der Open-Source-Bewegung für freie Software, prägte den Spruch: »Ich spreche von ›frei‹ wie in ›Freiheit‹, nicht wie in ›Freibier‹«.
Die Diskussion darüber, was »geistiges Eigentum«, »Urheberrecht«, »Allgemeinbesitz« und »künstlerische Freiheit« in Zukunft bedeuten sollen, ist in vollem Gang. Geführt wird sie von wenigen hoch motivierten Idealisten und vielen hoch bezahlten Anwälten. Die Privatisierer scheinen einen gewissen Vorteil zu haben ...

Privatisiertes Wissen

Wissen ist der Rohstoff der Informationsgesellschaft. Bedenklich ist daher, dass diese Ressource durch das technische Gegenstück zum Copyright – das Patent – immer stärker privatisiert wird. Im Prinzip ist das nichts Neues: Immer schon haben Erfinder versucht, ihre Schöpfungen möglichst lange für sich zu behalten. Gutenberg zum Beispiel hütete das Geheimnis seiner Druckmaschine wie seinen Augapfel und verdiente damit gutes Geld. Als eingeweihte Mitarbeiter kündigten, die Stadt wechselten und dort ohne seine Erlaubnis seine Erfindung nachbauten, verhielten sie sich genau so. Bis wieder Mitarbeiter kündigten, in die nächste Stadt zogen und die Maschine nachbauten ... Man stelle sich vor, Gutenberg hätte ein wirksames rechtliches Mittel gehabt, sie daran zu hindern. Oder irgendjemand wäre ein paar Jahrhunderte später auf die Idee gekommen, einfach alle Rechte an dem Prinzip für sich zu beanspruchen – weil es vorher noch niemand gemacht hat. Absurd? Keineswegs.
Im August 2001 hob das US Patent and Trademark Office ein Patent der Firma RiceTec auf, das es selbst einige Monate zuvor ver-

geben hatte. Das Produkt, um das es sich handelte, war Reis. Basmati-Reis, um genau zu sein.
Basmati ist eine Reissorte, die seit Menschengedenken in Indien gepflanzt wird. Die Bauern tauschen jedes Jahr Teile ihres Saatguts untereinander. Eine alte Tradition, die Glück für die Ernte bringen soll. Was die Bauern früher wohl kaum wussten: Dadurch wird Saatgut mit unterschiedlichem Erbgut vermischt, auf jedem Feld vollzieht sich in den nächsten Monaten ein darwinistischer Ausleseprozess. Das Resultat dieses kollektiven Zuchtprogramms sind die heutigen, qualitativ hochwertigen Basmati-Sorten.
RiceTec führte kleinere Manipulationen am Erbgut einiger Körner durch und beantragte ein Patent für die ganze Sorte, was durch das US-Patentamt genehmigt wurde und durch das TRIPS-Abkommen der Welthandelsorganisation WTO globale Gültigkeit erlangte. Indische Bauern hätten dadurch ihre traditionelle Qualitäts»marke« verloren. Geleitet von der Aktivistin Dr. Vandana Shiva klagten sie erfolgreich dagegen. RiceTecs Verhalten, so argumentierten sie, war Piraterie. Biopiraterie. Die Firma kaperte ein Allgemeingut, das über Jahrhunderte hinweg entstanden war, ohne dass jemand auf die Idee gekommen wäre, es besitzen zu wollen.
Ähnliche Beispiele häufen sich. Im Jahr 2000 zum Beispiel durchforstete die British Telekom ihren Bestand von mehreren tausend Patenten. Die meisten waren wohl aus der Kategorie »Dinge, die die Welt nicht braucht«, aber ein über zehn Jahre altes Patent mit der Nummer 4.873.662 erwies sich als recht interessant. Es betraf »ein Informationsbearbeitungssystem, in dem Information von einem Computer an einem entfernten Punkt abgerufen und über das öffentliche Telefonnetz zu einem Terminal-Gerät übertragen wird«. Diese Formulierung ist recht allgemein gehalten, man dürfte die Idee auch nicht weiterverfolgt haben. Das Patent geriet über ein Jahrzehnt in Vergessenheit. Dann plötzlich war sich British Telekom sicher, dass damit perfekt die Hyperlink-Technologie beschrieben wäre, über die Information auf Webseiten verknüpft ist. Jeder, der Hyperlinks einsetzte, sollte nun Lizenzgebühren an die British Telecom zahlen. Kassieren wollte das Unternehmen

nicht bei den Endkunden, sondern bei den Internet-Providern.[19] Zum Glück kam das Unternehmen damit nicht durch. Im Online-Magazin *Slashdot* schrieb jemand: »Als Nächstes haben wir dann wohl Leute, die versuchen, ein Patent auf Klopapier zu erhalten. Wo hört dieser Wahnsinn auf?«

Nun, man soll niemanden auf dumme Gedanken bringen. Die Deutsche Telekom erhob im Jahr 2001 zwar nicht Anspruch auf Klopapier, aber immerhin auf die Farbe Rosa.[20] Und kurz darauf auch noch auf den Buchstaben T[21] und das Wort »Internet«, wenn um das zweite t ein Kreis wie bei einem @ gezogen wird[22] ...

9

Der Suizid des Staates

Mit Sicherheit ein Geschäft

Kritiker werfen den Neoliberalen oft vor, ihr Ziel sei ein Rumpfstaat, der sich nur noch um Justiz, Polizei und Militär kümmert. Das ist falsch. Mit halben Sachen geben sich Fundamentalisten nie zufrieden.

Die Geschichte von Ralph Garcia

New Mexicos Gefängnisse, schrieb vor einigen Jahren ein Journalist, sind voll mit Amerikas verarmten, manchmal brutalen Außenseitern – und das seien nur die Wachen.[1]

Einer dieser Verarmten war Ralph Garcia. Er war Farmer, bis eine Dürre ihn ruinierte. Dann musste er jede Arbeit annehmen, die er bekommen konnte.

Damals, 1998, eröffnete ein privates Unternehmen zwei Gefängnisse in New Mexico. Die Firma hieß Wackenhut und hatte Erfahrung in diesem Geschäft. Also wurde Garcia Gefängniswärter, für 7,95 Dollar die Stunde. Das war weniger, als man in dieser Gegend hinter dem Tresen eines Fast-Food-Restaurants verdiente, aber es war ein Job.

Er wurde in ein kurzes Trainingsprogramm gesteckt, aber schon bevor er es abgeschlossen hatte, trat er seinen Dienst im Santa Rosa-Gefängnis an. »Training on the job« nennt man das wohl. Zu den Leuten, die er zu beaufsichtigen hatte, zählten mehrfache Killer, die mexikanische Mafia und wegen Mordes verurteilte

Mitglieder eines Neonazi-Kults. Trotz dieser Insassen wurde das Gefängnis nur in die mittlere Sicherheitsstufe eingeordnet.
New Mexikos staatliche Gefängnisse sind ineffizient. Jeder Zellenblock wird immer von zwei Beamten kontrolliert, die Häftlinge haben Einzelzellen. Wackenhut drehte das Verhältnis um, legte zwei Insassen in eine Zelle und überließ jeden Block einem einzelnen Wächter. Das Unternehmen garantierte dem Staat, die von ihm gelieferten Häftlinge um 43 Dollar pro Tag einzusperren, zu bewachen und zu ernähren.
Ralph Garcia hat sich seinen Lebensunterhalt wohl verdammt schwer verdient. Im ersten Betriebsjahr der beiden Wackenhut-Gefängnisse gab es Unruhen, Messerstechereien und drei Morde. Im April 1999 kam es zu einem Aufstand, den eine Hundertschaft Polizei niederschlagen musste. Die Kosten dafür fraßen die geplanten Einsparungen des Staates wieder auf. Senator McSorley äußerte sich skeptisch, das durch die Privatisierung in die Finanzen gerissene Loch ließe sich kaum abschätzen. Sollte so ein Einsatz noch einmal nötig werden, drohten andere Politiker, würde man die Kosten dafür dem Konzern in Rechnung stellen. Auch intern gab es Kritik: Ein hochrangiger Angestellter warnte Mitte August die Geschäftsführung, dass mit nur einer Wache pro Block jeder Tag ein tödliches Lotteriespiel war. »Dann verlieren wir lieber eine Wache als zwei«, soll die Antwort gelautet haben.
Diese eine Wache war Ralph Garcia. Nur zwei Wochen später, am 31. August 1999, war Garcia mit sechzig Gefangenen allein in seinem Block, obwohl die Zellentüren offen waren. Es gab Streit, zunächst wurde ein Häftling niedergestochen, dann Garcia. Dann kam es zum Tumult.
In diesem Moment rief ein Polizist eher zufällig im Gefängnis an. Durch das Telefon konnte er das Chaos hören. Alles okay, kein Problem, sagte der Wackenhut-Angestellte an der anderen Seite der Leitung. Offensichtlich wollte er die Rechnung für den Polizei-Einsatz nicht verantworten.
Zwei Stunden später rief dann doch jemand vom Gefängnis bei der Polizei zurück. Nun war nichts mehr okay, sondern ein Mord zu melden. Ralph Garcia war verblutet.

Die Privatsheriffs

Der Ex-FBI-Agent George Wackenhut machte sich 1954 selbständig. Das erste Geschäftsfeld von The Wackenhut Corporation war die organisierte Denunziation. Sie legte Akten über Bürgerrechtler und andere Unruhestifter an, später auch über Anti-Kriegsdemonstranten und so ziemlich jeden, der sich in – für amerikanische Verhältnisse – linken politischen Kreisen bewegte. Diese Dossiers verkaufte das Unternehmen an jeden, der sich dafür interessierte und das nötige Kleingeld aufbrachte. Wackenhut selbst wird, kaum verwunderlich, als »hard-line right winger« beschrieben.[2]

Bis 1966 baute er so auf diese Weise eine Datenbank mit vier Millionen Akten auf. Als der US-Kongress zehn Jahre später eine Untersuchung von Firmen mit derartigen Privatarchiven einleitete, übergab Wackenhut die Papiere an die Anti-Communist Church League of American Activities, eine doch äußerst konservative religiöse Gemeinschaft.

Sein Unternehmen hatte inzwischen andere Geschäftsfelder erschlossen. Es stellte das Wachpersonal für amerikanische Botschaften, das Testgelände des Atomwaffenprogramms in Nevada, für die Savanna River Plutonium Mine und das Atommüll-Endlager in Hanford. Das brachte gute Kontakte zur Atomenergie-Branche und Aufträge zur Bewachung von Atomkraftwerken. Auch der enge Kontakt mit dem Energieministerium lohnte sich. Wackenhut schützt strategisch wichtige Anlagen wie die umstrittene Alaska Pipeline.

Die Gerüchteküche brodelt. Seit den 70ern soll Wackenhut im Gegenzug für öffentliche Aufträge verdeckte Operationen für die US-Geheimdienste durchführen. Vor allem solche, für die man vom Senat keine Erlaubnis einholen will. In Kanada verhinderte Premierminister Pierre Trudeau aus diesem Grund den Kauf einer Waffenfirma durch Wackenhut, und François Mitterrand verhinderte die Eröffnung einer französischen Niederlassung mit den Worten: »Wir sind die CIA gerade losgeworden, wir wollen sie nicht zurück.«[3] In den Achtzigern soll die Firma in Mittelamerika

aktiv gewesen sein, in El Salvador etwa 1500 Mann unter Waffen gehabt haben. Unter Ronald Reagan stiegen die Regierungsaufträge um 45 Prozent. 1992 veröffentlichte ein Magazin Hinweise darauf, dass Wackenhut die Sicherheitsmaßnahmen für einen Transport von Rohmaterial für chemische Waffen übernommen hat.[4] Vermutete Endstation: Irak.
Als Mitarbeiter von Wackenhut den Geschäftsmann George Hammel überwachten und ihm im geeigneten Moment Unterlagen über das Tankerunglück der Exxon Valdez stahlen, die er der Umweltschutzbehörde übergeben wollte, schaltete sich sogar der Kongress mit einer Untersuchung ein. Das Gerücht, dass sich die Firma auch um die Sicherheit am angeblichen UFO-Landeplatz Area 51 kümmert, ist verglichen mit solchen Fällen beinahe langweilig.
Immer neue Nahrung finden die zahlreichen Legenden um Wackenhut in den engen personellen Verbindungen, die das Unternehmen zu offiziellen Stellen unterhält. Regelmäßig wechseln Beamte und Soldaten, vom Justizministerium bis hin zur Air Force, in die Führungsetage der Wackenhut Corporation. Auf der Gehaltsliste stehen zudem aktive Politiker beider amerikanischen Parteien als Lobbyisten. Und Spenden wie jene 20.000 Dollar für die Antrittsfeierlichkeiten von Präsident George W. Bush schaden der Firma wohl auch nicht gerade.
Ab Mitte der Achtziger stieg Wackenhut in die entstehende private Gefängnisbranche ein. Das ging nicht immer sauber vonstatten: Als in Florida die Privatisierung der Gefängnisse eingeleitet wurde, war einer der Top-Berater Charles Thomas von der University of Florida. Während er Empfehlungen für die Privatisierung abgab, hatte er verschwiegen, dass er Aktien von Wackenhut und ähnlichen Firmen im Wert von 660.000 Dollar besaß. Als die Sache aufflog, wurde Thomas aus der Kommission geschmissen und zu 20.000 Dollar Strafe verurteilt. Später wurde er Manager bei der Corrections Corporation of America (CCA), einem anderen der Top-3-Unternehmen der Branche.
Das dritte im Bunde ist das dänische Unternehmen Group4 Falck. Es betreibt unter anderem den größten privaten Wachdienst der Welt und übernimmt polizeiähnliche Aufgaben von Thailand bis

Argentinien, von Aserbaidschan bis Südafrika. Die Privatsheriffs kümmern sich um Gebäudeüberwachung und Personenschutz, Geldtransporte und Gefangenenüberstellungen (allein 600.000 jährlich in England). Die Abteilung »Global Solutions« managt Gefängnisse, Flüchtlingslager, Schulen, neuerdings auch bereits ein Krankenhaus und liest die Zähler für Englands private Gas-, Strom- und Wasserversorger ab. Für die Polizei in Warwick übernimmt das Unternehmen sogar schon polizeiliche Hilfsarbeiten, wie die Verwaltungsarbeit bei Verhaftungen – das Abnehmen der Fingerabdrücke inklusive.

Global Solutions hat den Auftrag, das neue Hauptquartier des britischen Nachrichtendienstes GCHQ zu errichten. Der Bau wird etwa die Größe des Wembleystadions haben und eine der leistungsfähigsten Computeranlagen der Welt beherbergen. Das GCHQ (Government's Communications Headquaters) ist Großbritanniens Auge und Ohr im internationalen Datenverkehr, belauscht Telefongespräche und liest E-Mails mit. Group4 Falck wird nach der Fertigstellung das Gebäude auch betreiben und die Agenten ihrer Majestät mit einem herzhaften Buffet ebenso versorgen wie mit frischem Klopapier. Das Reinigungspersonal und sogar die Wachen werden vom Konzern gestellt. Ein dänisches Privatunternehmen garantiert dann die Sicherheit eines britischen Geheimdienstes. Das nennt man Outsourcing.[5]

Anfang 2002 übernahm Group4 Falck mit einem Schlag den härtesten Konkurrenten und kaufte The Wackenhut Corporation (TWC). Aus für Außenstehende nicht ganz durchsichtigen Gründen trennte man sich aber bereits im Mai 2003 wieder von deren Tochterfirma Wackenhut Corrections Corporation (WCC), die die Gefängnisse und Internierungslager betreibt. Einer der Gründe könnte eine zu große Marktkonzentration und ungewollte Aufmerksamkeit von Kontrollbehörden in diesem Bereich gewesen sein. Group4 Falck kündigte an, sich künftig auf das Sicherheitsbusiness zu konzentrieren, während die ehemalige Tochterfirma, nun in Besitz internationaler Anleger und Fonds, sich auf das Einsperren von Menschen spezialisiert. Es gibt neuerdings also zwei Wackenhuts.

Nicht mal McJobs

Das häufigste Argument für Privatgefängnisse ist ein bereits bis zum Überdruss bekanntes: Sie sind angeblich effizienter. Gemeint ist natürlich wieder »billiger«. Und wie bei Wasserversorgung, Energie, Bildung und anderen Sparten der Grundversorgung geht die Rechnung nur auf, wenn man die gesellschaftlichen Nebenwirkungen nicht einkalkuliert.
Gefängniskonzerne bieten den Regierungen zunächst an, die Kosten pro Häftling geringer zu halten als in den öffentlichen Anstalten. Nun gibt es in einem Gefängnis nicht allzu viel zu sparen, bei den technischen Sicherheitseinrichtungen kann man beispielsweise schlecht den Rotstift ansetzen, zumindest nicht offiziell. Der größte Kostenfaktor ist auch hier das Personal – und genau da streichen die Unternehmen.
Wackenhut bietet in den USA ein Einstiegsgehalt von etwa 8 Dollar pro Stunde. In Texas stellten Behörden fest, dass das sogar deutlich weniger sei, als McDonald's seinen Angestellten zahlt.[6] Zum Vergleich: in den Staatsgefängnissen von Arkansas lag das Einstiegsgehalt im Jahr 2001 bei 10,11 Dollar, also 25 Prozent höher. Im nationalen Durchschnitt klafft die Einkommensschere noch weiter auseinander. Das jährliche Anfangsgehalt in privaten Gefängnissen liegt einem Bericht zufolge bei 17.628 Dollar[7], in öffentlichen bei 23.002 Dollar (+30,1 Prozent). Damit verdienen Staatsdiener im Normalfall schon beim Dienstantritt mehr, als die meisten Privatwachen je in ihrer Karriere erreichen werden. Deren durchschnittliches Höchstgehalt liegt nur bei 22.082 Dollar, verglichen mit 36.328 Dollar (+64,9 Prozent) im öffentlichen Bereich.
Natürlich ist es nicht leicht, unter diesen Bedingungen Personal zu finden und zu binden. Oben erwähnter Bericht verweist auch auf eine Studie des Federal Bureau of Prisons, wonach die Personalfluktuation in privaten Gefängnissen deutlich höher ist als in öffentlichen, und das »speziell während der kritischen Anfangsphase. Beinahe die Hälfte der privaten Gefängnisse, die in diesem Abschnitt untersucht wurden, hatte einen [Personal-]Umschlag

von 50 Prozent oder mehr in nur sechs Monaten. In einigen Fällen, in denen es zu ernsten Betriebsproblemen kam, wurden in Befragungen und Untersuchungsberichten auch Umwälzungen von mehr als 100 Prozent dokumentiert. In Wackenhuts Jena Jugend-Justizzentrum [... stellte das Justizministerium fest, dass] die Umschlagsquote 300 Prozent erreichte.«
Das ist kein rein amerikanisches Phänomen. In Großbritannien kam eine andere Studie im Frühling 2003 zu ähnlichen Ergebnissen: »Gehälter und Zuschüsse für die meisten Beschäftigen in privaten Gefängnissen in England und Wales hinken denen ihrer Gegenüber im öffentlichen Sektor nach. Die Manager wiederum kommen im privaten Sektor besser weg.« Das einfache Personal verdient bei den Privaten demnach zwischen 15 und 50 Prozent weniger, das Management dafür um 10 Prozent mehr. Die Studie ergab auch, dass in Privatgefängnissen 35 Prozent des Personals jährlich wechseln, in öffentlichen Haftanstalten dagegen nur 5,3 Prozent. [8]
Hinter diesen nüchternen Zahlen stecken ernsthafte Probleme. Die Mitarbeiter der Privatgefängnisse sind nicht nur schlechter motiviert und schlechter ausgebildet, durch die hohe Fluktuation haben sie auch deutlich weniger Erfahrung. Oft muss mit Überstunden und Doppelschichten fehlendes Personal ausgeglichen werden, die Folge ist natürlich geringere Aufmerksamkeit. Der erwähnte Bericht über die Verhältnisse in den USA weist auch darauf hin, dass die »Ausbruchsrate in privaten Gefängnissen viel höher ist als in öffentlichen. [...] Stichprobenartige Drogentests im Juli 1999 ergaben, dass in 60 Prozent der öffentlichen Gefängnisse nichts gefunden wurde, während das nur auf ein Drittel der Privatgefängnisse zutraf. [...] Für Gefängnisse mit vergleichbaren Sicherheitsstandards ermittelte [ein vom Ministerium beauftragter Prüfer] in Privatgefängnissen 49 Prozent mehr Angriffe von Insassen auf Wachen und 65 Prozent mehr Angriffe von Insassen auf andere Häftlinge.«
In diesem Umfeld verwundert es auch nicht, dass regelmäßig Fälle bekannt werden, in denen Wachen Gefangene misshandeln oder missbrauchen. Im Santa-Rosa-Gefängnis, wo Ralph Garcia

beschäftigt war, wurde schon kurz nach der Eröffnung ein Häftling wiederholte Male von einer Gruppe Wachen verprügelt und gegen den Kopf getreten, und das im Beisein ihres Vorgesetzten. Als der Fall an die Öffentlichkeit drang, entließ Wackenhut die Mitarbeiter – und versetzte den Leiter in ein anderes Gefängnis.[9]
In einem besonders schlimmen Fall, dem Jugendgefängnis von Jena in Louisiana, zog der Staat sogar Häftlinge ab und verlegte sie in eine andere Anstalt, weil sie vor den eigenen Wachen nicht sicher waren. Ein 17-jähriges Opfer war so sehr misshandelt worden, dass Teile seiner Eingeweide in den Kolostemiebeutel gelangten.[10]

Stammkunden

Die Resozialisierung von Jugendlichen ist unter solchen Umständen wohl eher die Ausnahme als die Regel. Vielleicht ist sie auch gar nicht gewünscht. Noch mehr als bei Wachpersonal und Sicherheit sparen die Privatgefängnisse bei Fortbildung und Beschäftigung von Insassen. Obwohl ihre Verträge im Normalfall eine Verpflichtung zu solchen Angeboten vorsehen, halten sich die Betreiber nicht daran. Kontrollen ergeben immer wieder, dass in privaten Anstalten weniger Unterrichtseinheiten gehalten werden, diese kürzer sind und die Vortragenden schlechter qualifiziert sind als in öffentlichen Gefängnissen. Aus marktwirtschaftlicher Sicht sollte das nicht verwundern: Jeder Unternehmer trachtet danach, eine Stammkundschaft aufzubauen, die immer wiederkommt.[11]
In Großbritannien schrieb der Director General of the Prison Service, Martin Nary, in einem Bericht über Wackenhuts Jugendgefängnis in Ashfield: »Dieser Report ist vermutlich der deprimierendste, den ich in meiner Zeit als oberster Kontrollor abgegeben habe. Er beschreibt eine Einrichtung, die teilweise darin versagte, Kindern eine sichere und anständige Umgebung zu bieten oder ihnen die Schulungs-, Trainings- und Wiedereingliederungsmöglichkeiten zu gewähren, die im Zentrum ihrer Haftzeit stehen sollten. Das alles trotz der Tatsache, dass diese Einrichtung mit

besonders verletzlichen und bedürftigen Menschen zu tun hatte.«[12]
Was ist das für eine Gesellschaft, die sich weigert, sich anständig um Kinder und Jugendliche zu kümmern, die einmal einen Fehler gemacht haben? Was ist das für eine Gesellschaft, die sich nicht mal um die Schwächsten sorgt? Welchen Sinn hat da überhaupt noch ein Staat, wenn sogar diese Aufgabe zu Profit gemacht wird?

Jetzt auch in Deutschland!

Wer aber glaubt, Derartiges gebe es nur in Großbritannien und den USA, wiegt sich in falscher Sicherheit. Auch in Deutschland fährt der Zug in diese Richtung. Begonnen hat es eher verschämt, mit der privaten Errichtung von Haftanstalten, die dann von der öffentlichen Hand gemietet und betrieben wurden. Das Land Berlin ließ das »Haus Kieferngrund« für jugendliche Untersuchungshäftlinge privat bauen, hat es mittlerweile aber erworben. In Waldeck bei Rostock wurde 1996 die erste privat errichtete Justizvollzugsanstalt eröffnet.[13] Schon vor diesen Haftanstalten für Verdächtige und Kriminelle waren in Glasmoor und Wuppertal Schubhaft-Gefängnisse von Privaten gebaut worden. Das spiegelt perfekt die Entwicklung in den Vereinigten Staaten wider, wo die erste private Haftanstalt ebenfalls für illegale Einwanderer gedacht war.
In den Schubhaft-Anstalten Büren und Ingelsheim ist zum Teil auch schon der Betrieb privatisiert, Aufseher der Firma Kötter Justizdienstleistungen kümmern sich gemeinsam mit Beamten um die Häftlinge. Kötter erwartet sich von diesem Markt wohl einiges: Um besseren Zugang zu Beamten und öffentlichen Stellen zu haben, hat man einen »Sicherheitsbeirat« gegründet und ehemalige Spitzenbeamte auf die Gehaltsliste des Unternehmens gesetzt, ganz wie in den USA. Aushängeschild ist der GSG9-Gründer und Kommandant der Geiselbefreiung von Mogadischu, Ulrich Wegener. Für beste Kontakte sorgt Hubertus Grützner, unter anderem ehemaliger Bundesvorsitzender der Gewerkschaft der

Polizei. Zitat von der Homepage Kötters: »Seine langjährigen Kontakte zu Schlüsselfunktionsträgern des Bundesgrenzschutzes, der Polizei und zu Bundestagsabgeordneten liefern aktuelle, zuverlässige Informationen aus dem Bereich der Sicherheit.«

Auch die Verpflichtung von Klaus Homeyer, Erster Polizeihauptkommissar a. D., dürfte sich für das Unternehmen lohnen: »Als Mitglied mit umfangreicher Praxiserfahrung und Kontakten zu den Polizeiverbänden verfolgt Klaus Homeyer das Ziel, Einfluss auf die Meinungsbildung über das private Sicherheitsgewerbe und dessen Mitwirkungsmöglichkeiten bei der Gewährleistung der Inneren Sicherheit zu nehmen. Ebenso will er Potenziale für die Privatisierung bestimmter Aufgabenfelder der Polizei aufzeigen.«[14]

Nun ist Deutschland dabei, die nächste Stufe der Liberalisierung zu betreten: teilprivatisierte Gefängnisse. Im hessischen Hünsfeld soll nach den Vorstellungen von Justizminister Christean Wagner bereits 2005 die erste derartige Anstalt den Betrieb aufnehmen. Bei Redaktionsschluss dieses Buches hatte sich der Spatenstich allerdings verzögert, unter anderem, weil der Anbieter mit dem günstigsten Angebot nicht zum Zug gekommen war und geklagt hatte.

Eine Vollprivatisierung von Gefängnissen ist nach der derzeitigen Gesetzeslage in Deutschland nicht möglich. Die Lobbyingarbeit dafür hat aber schon begonnen: Von 24. bis 26. März 2003 fand im Berliner Grand Hotel Esplanade ein Seminar mit dem Titel »Haftanstalten – (Teil-)Privatisierte Justizvollzugsanstalten als neues Geschäftsfeld« statt. Dort wurde die »Erschließung eines lukrativen Betreibermodells« diskutiert und eine berechtigte Frage gestellt: »Welche Grenzen setzen hoheitliche Aufgaben wirklich?«

Illegalisierte Menschen

Unter den Privatisierungen leiden nicht Kriminelle und schon gar nicht die Wachen am meisten. Die ärmsten Opfer sind Flüchtlinge. Eigentlich sollte man annehmen, dass Menschen, die vor Hunger, Folter und Krieg entkommen wollen, ein *soziales* Problem sind, doch die Politiker behandeln sie wie ein Sicherheitsproblem. Und am schlimmsten trifft es diejenigen, die in Australien ein besseres Leben suchen.

Seit 1. September 1994 werden alle Menschen, die ohne Visum in Australien einzureisen versuchen, verhaftet und in Lagern konzentriert. Dazu ist es nicht notwendig, dass diesen Personen ein Verbrechen nachgewiesen wird. Sind sie Inhaber eines Reisepasses des falschen Landes, eines Passes mit den falschen Stempeln oder sie haben gar keinen Reisepass – das reicht als Begründung, um sie jahrelang in Wüstencamps unter unmenschlichen Bedingungen einzupferchen. Um nach In-Kraft-Treten des betreffenden Gesetzes, des Migration Reform Acts, möglichst schnell eine ausreichende Anzahl von Lagern zur Verfügung zu haben, hat die australische Regierung Errichtung und Betrieb privaten Konzernen übertragen. Marktführer ist Australasian Correction Management (ACM), ein Ex-Tochterunternehmen von Group4 Falck, das zur nun unabhängigen Wackenhut Correction Corporation gehört.

ACM betrieb unter anderem das berüchtigte Lager Woomera im Süden des Kontinents, aus dem im Jahre 2001 nach einem Aufstand mehr als 500 Flüchtlinge ausbrachen. Bevor sie von Polizisten festgenommen und wieder zurückgebracht wurden, erzählten sie von systematischen Menschenrechtsverletzungen, von Folter bis Vergewaltigung. Als es wegen ähnlicher Vorwürfe Monate später zu einem Prozess gegen Wackenhut-Angestellte kam, durften Lagerinsassen nicht vor Gericht aussagen. Aus Protest nähten sich einige von ihnen die Lippen zusammen.

In der Folge gab es mehrere direkte Aktionen von australischen Aktivisten und Aktivistinnen gegen Woomera. Zwei Mal gelang es ihnen, die Zäune rund um Woomera niederzureißen und Flüchtlinge zu befreien. Im Frühling 2003 wurde das Lager daraufhin geschlossen und die meisten Gefangenen in das neue Camp Baxter transportiert. Baxter liegt tiefer in der Wüste, ein Entkommen ist praktisch unmöglich. Häftlinge berichten von Ha-

ken an den Wänden, an die »problematische« Insassen mit Handschellen gekettet werden, und anderen Repressionsmaßnahmen. Inzwischen wurde auch Baxter Ziel von Befreiungsaktionen.
Englands Premierminister Tony Blair forderte unlängst, Asylsuchende schon außerhalb der EU in Lager zu stecken. Der Plan wurde am EU-Gipfel in Thessaloniki abgelehnt. Sehr zum Bedauern von Österreichs Außenministerin Benita Ferrero-Waldner, die diese Camps in Nazi-Diktion als »Anhaltelager« bezeichnet und begrüßt hatte (in Anhaltelagern inhaftierte die austro-faschistische Regierung ihre politischen Gegner). Gute Chancen auf das Betreiben dieser Lager hatte nicht nur die Wackenhut Corporation, sondern auch ein in Europa schon lange tätiges Unternehmen: European Homecare.
Diese Firma betreibt mit mehr als 200 Mitarbeitern 16 Flüchtlingsunterkünfte in Deutschland. Ein Erstaufnahmelager in Chemnitz, ein Wohnheim in Möhlau (Sachsen-Anhalt), eines auf Rügen, eines in Düren in NRW, und so weiter und so fort. Das Unternehmen mit Sitz in Essen kümmert sich auch um die Verpflegung und Verteilung von Hygiene-Artikeln an die Asylwerber ebenso wie um ihre Beratung. In Deutschland ist die Privatisierung der Flüchtlingsbetreuung bisher kein Thema öffentlicher Diskussion – wenngleich man fairerweise auch festhalten muss, dass eine Gleichsetzung der deutschen Unterkünfte mit den australischen Lagern wohl nicht zu rechtfertigen wäre.
In Österreich ist European Homecare dagegen durchaus Gegenstand kritischer Medienberichterstattung. Im Herbst 2002 entzog der Innenminister mehreren NGOs die Finanzierung für die (Heimkehr-)Beratung von Asylwerbern und privatisierte diese Aufgabe. Ein weltweit vermutlich einzigartiger Vorgang.
Den Zuschlag bekam das Essener Unternehmen. Für 12,90 Euro Tagespauschale werden nun Flüchtlinge beraten. Wenn jemand seine Asylpläne aufgibt und heimfährt, gibt's eine Erfolgsprämie. Aus dem Ministerium erging die Anweisung, den Flüchtlingen keine Hoffnung auf eine Aufnahme in Österreich zu machen und das Verfahren als unangenehm und aussichtslos darzustellen.
Dennoch schaffte es European Homecare in den ersten vier Mo-

naten gerade mal, 20 »Kunden« zur Heimkehr zu bewegen. Die Caritas brachte es zuvor auf 15 – pro Woche.[15] Auch hier zeigt sich wieder, dass nicht die Privatisierung, nicht die Vergabe von Aufgaben an nichtstaatliche Dienstleister, das Problem an sich ist – dies ist privat.
Das Problem ist, dass profitorientierte Unternehmen eben nach dem maximalen Profit streben und nicht nach der bestmöglichen Erfüllung ihrer Aufgabe.

Habt Acht!

Private Wachdienste boomen weltweit, nicht zuletzt deshalb, weil in vielen Ländern aus budgetären Gründen auch bei der Polizei gespart wird.
So galt es zum Beispiel bis zum 11. September 2001 als moderne Geschäftspraxis, die Sicherheitsmaßnahmen auf internationalen Flughäfen zu privatisieren. Ein Trend, der nun nicht mehr ganz so up to date ist. Für Wirtschaftsnobelpreisträger Joseph Stiglitz sind derartige Privatisierungen mittlerweile gar absurd:
»Ins Zwielicht geraten sind aber die mittlerweile international üblichen privaten Sicherheitsdienste auf Flughäfen. Tatsächlich erscheinen rückblickend einige der unter den Regierungen Bush und Clinton getroffenen Maßnahmen besonders absurd, indem sie den Auffassungen der Marktfundamentalisten nicht nur entsprechen, sondern sie sogar noch übertrumpfen. So war es etwa völlig widersinnig, einen derart lebenswichtigen Bereich des öffentlichen Interesses wie die Flughafensicherheit zu ›privatisieren‹: Die niedrigen Löhne, die Privatunternehmer in diesem Bereich zahlen, führten zu hoher Personalfluktuation. Kurzfristig konnten die Fluggesellschaften und Flughäfen zwar höhere Gewinne erzielen, aber langfristig haben sie und die amerikanische Bevölkerung große Verluste erlitten, wie wir zu unserem Schrecken mittlerweile wissen.«[16]
Nun setzen auch Unternehmer lieber wieder verstärkt auf den Staat, und sei es nur um Geld zu fordern. Das Gremium der Flug-

linien-Repräsentanten in Deutschland (BARIG) verabschiedete kurz vor den letzten Bundestagswahlen im September 2002 in einer Resolution ihre Wunschliste an die neue Bundesregierung. Darin heißt es: »BARIG vertritt nachhaltig die Auffassung, dass erhöhte Sicherheitsaufwendungen zur Abwehr von Terrorrisiken – insbesondere durch den Einsatz von Bundesgrenzschutz und Polizei – in den Verantwortungsbereich des Staates fallen und dies im Rahmen der Gewährleistung von innerer Sicherheit zu den ureigensten staatlichen Hoheitsaufgaben gehört. Die Kosten müssen deshalb zumindest zu einem Teil vom Staat getragen werden.«[17]

Wesentliche Kernaufgaben der Polizei, wie etwa die Verbrechensaufklärung, sind nicht so leicht kommerzialisierbar. Aber wie die bereits erwähnte Kooperation von Group4 Falck mit der Polizei in Warwick zeigt, werden die Grenzen langsam aufgeweicht – von den nordamerikanischen Bounty Hunters, die geflüchtete Verdächtige für ein Kopfgeld wieder einfangen, ganz zu schweigen. In Österreich sorgte Anfang 2003 die Bürgermeisterin von Innsbruck, Hilde Zach, für Aufregung, weil sie private Sicherheitsdienste für die Aufrechterhaltung der öffentlichen Ordnung einsetzen wollte. Heftige Reaktionen in Öffentlichkeit und Medien scheinen den Plan vorerst vereitelt zu haben.

Aus unternehmerischer Sicht ist die Lage klar: Würde ein Staat die gesamte Polizeiarbeit auslagern wollen und dafür zahlen, würden sich wohl auch Anbieter finden. Alles nur eine Frage des Geldes.

Eines der besten Geschäfte in der Branche scheint derzeit die Ausbildung von Polizei-Einheiten nach Kriegen oder Bürgerkriegen zu sein. Das US-Unternehmen DynCorp ist hier Weltmarktführer. In Haiti erhielt das Unternehmen 1994 den Auftrag, die komplette Polizei des Landes neu zu organisieren und auszubilden, dann folgten Bosnien-Herzegowina, der Kosovo und Osttimor.

In Bosnien geriet DynCorp in die Schlagzeilen, weil Mitarbeiter in den Frauenhandel verwickelt waren. Als eine Angestellte, die Expolizistin Kathryn Bokovac, das Verbrechen meldete, geschah zunächst nichts – und sechs Monate später wurde Bokovac gekündigt. Erst als die Vorfälle an die Öffentlichkeit gelangten, zog

DynCorp die notwendigen Konsequenzen und entließ die involvierten Mitarbeiter. Das Unternehmen hat in der Folge auch neue Regeln für seine Polizei-Ausbildner aufgestellt: Diese Männer und Frauen, die anderen beibringen sollen, wie man Recht und Ordnung aufrechterhält, müssen nun ein Papier unterschreiben, wonach Menschenhandel und Prostitution »von der internationalen Gemeinschaft als unmoralisch, unethisch und strengstens verboten betrachtet werden«.[18]

Diese Regeln beherzigen DynCorp-Mitarbeiter mittlerweile auch in Afghanistan, wo sie nicht nur Polizisten ausbilden, sondern auch die Leibwache des Präsidenten Hamid Karzai stellen, seit die US Special Forces von dieser Aufgabe abgezogen wurden.

Privatkrieg mit Privatsoldaten

Derzeitiges Hauptaufgabengebiet des Unternehmens ist der Irak. Dabei geht es nicht nur um die Polizeieinheiten. DynCorp-Mitarbeiter waren auch während des Feldzuges für die US-Armee tätig. Von der Logistik bis hin zur Bedienung hochkomplexer Waffensysteme bietet der Konzern eine breite Palette an Dienstleistungen. Erste Erfahrungen dieser Art sammelte das von Ex-Soldaten gegründete Unternehmen bereits in den Kriegen in Korea und Vietnam bei der Unterstützung der Luftversorgung. Doch die neue Taktik von Donald Rumsfeld und seinem Feldherrn Tommy Franks, auf eine möglichst kleine, aber technisch hochgerüstete Truppe zu setzen, eröffnet spezialisierten Privatanbietern viele Möglichkeiten. DynCorps Chef Paul Lombardi dazu selbstbewusst im Magazin *Der Spiegel*: »Man kann ohne uns kämpfen. Aber es wäre schwierig.«[19]

Als in den Neunzigern das Verteidigungsbudget sank, kaufte Lombardi serienweise Softwareunternehmen, knapp 20 an der Zahl. Seit damals betreut DynCorp auch wesentliche Teile der IT-Infrastruktur des US-Militärs. Im Dezember 2002 wurde die Firma dann selbst von einer Softwarefirma, der Computer Sciences Corporation (CSC), für 950 Millionen Dollar übernommen.

Der wirtschaftsliberale Urvater Adam Smith wollte nahezu jede öffentliche Aufgabe dem Markt überlassen, aber auf die Idee, das Militär zu privatisieren, kam nicht einmal er: »Nur eine Regierung, die Streitkräfte unterhält, kann ihre Hauptaufgabe erfüllen, das Land vor Gewalt und Angriffen anderer Staaten zu schützen«, schrieb er in *Wohlstand der Nationen*. Im Folgenden führte er aus, dass die Modernisierung der Kriegsführung immer höhere Kosten verursacht und Geld dadurch zum alles entscheidenden Faktor wird. Aber wenn Geld die Hauptrolle spielt und Private nach neoliberaler Logik immer effizienter sind, was liegt da näher, als weite Teile des Militärapparats auszulagern?

Unter Ronald Reagan begann ein groß angelegtes Privatisierungsprogramm, das seitdem ständig ausgedehnt wird. DynCorp ist nur eine von vielen Firmen in diesem Geschäft und nicht einmal die größte, wohl aber die geschickteste und umstrittenste. DynCorp hat es geschafft, bis in die Schaltstellen des Militärs einzudringen. Mittlerweile geht das so weit, dass Kampfhubschrauber für einen Einsatz nicht mehr von Soldaten bewaffnet werden, sondern von DynCorp-Angestellten. DynCorp betreibt Waffentestgelände für die Armee, das Naval Air Warfare Center in Maryland, wartet die Telekommunionsanlagen des US-Außenministeriums, produziert Anthrax-Impfstoff, stellt Wachen für die Grenzkontrollen zu Mexiko und das Bodenpersonal für die Air Force One. [20]

Aber der umstrittenste Auftrag, den die US-Regierung an DynCorp vergeben hat, sind wohl die Einsätze im Rahmen des Plan Colombia. Mit einem 600-Millionen-Dollar-Vertrag des Außenministeriums in der Tasche operiert das Unternehmen seit 1997 in Lateinamerika. Zentrales Aufgabengebiet ist die Drogenbekämpfung aus der Luft. DynCorp-Piloten flogen seitdem Einsätze in Peru, Bolivien und Ekuador, die Hauptfront sind die Cocafelder Kolumbiens. Das Unternehmen soll bis jetzt drei Piloten und einen Sanitäter verloren haben, doch offizielle Bestätigungen bleiben aus. Der Sanitäter hieß Michael Demons und soll am Flugfeld einer Herzattacke erlegen sein. Sein Leichnam wurde als »verunglückter Tourist« in die Vereinigten Staaten zurückgeflogen.[21]

DynCorp soll im April 2001 ein Flugzeug, in dem Missionare saßen, als Drogenkurier identifiziert haben. Die peruanische Luftwaffe schoss die Maschine daraufhin ab.[22] In Ekuador haben Bauern das Unternehmen geklagt, weil durch das versprühte Gift Kinder gestorben sein sollen. Um die Sprühflugzeuge, die bei ihren Einsätzen immer wieder beschossen werden, besser zu schützen, »sichern« rechte Paramilitärs zuvor das Areal. Outsourcing an Todesschwadronen wird vom US-Außenministerium aber strikt bestritten, ebenso die Zusammenarbeit mit Söldnern. »Söldner werden im Krieg eingesetzt«, sagte ein Mitarbeiter des Ministeriums gegenüber der Presse. »Das hier ist Drogenbekämpfung.«[23]

Private Militäreinsätze sind für manche Menschen offensichtlich eine praktische Sache. Es sterben keine Soldaten; es gibt keine mediale Aufmerksamkeit. Setzen sich dennoch einmal Reporter auf die Fährte, muss das Unternehmen nicht einmal minimal so tun, als würde es mit der Presse kooperieren wollen: Geschäftsgeheimnis. Auch der US-Kongress muss über Aufträge unter einem Volumen von 50 Millionen Dollar nicht informiert werden.

Die demokratische Repräsentantin Janice Schakowsky kämpft um ein Gesetz, diese Praktiken zu unterbinden. »Die Steuerzahler finanzieren unwissentlich einen Privatkrieg mit Privatsoldaten«, sagte sie in einer Anhörung vor dem Kongress. »Amerikas Steuerzahler finanzieren bereits das mächtigste Militär der Welt mit 300 Milliarden Dollar jährlich. Warum sollten sie ein zweites Mal zahlen, um unsere Operationen zu privatisieren? Wie soll die Öffentlichkeit wissen, wofür ihr Steuergeld eingesetzt wird? Wenn die Möglichkeit zu einem privatisierten Golf-von-Tonkin-Zwischenfall besteht, dann verdienen die Menschen Amerikas eine umfassende und offene Debatte, bevor diese Politik noch weiter geht.« Im Golf von Tonkin wurde das US-Kriegsschiff »Maddox« 1964 beschossen, was für die Vereinigten Staaten der Anlass war, erste Luftschläge gegen Vietnam zu führen. Der damalige Verteidigungsminister gab später zu, dass die US-Streitkräfte damals bewusst provoziert hätten.[24]

»Geschieht dieses Outsourcing, um öffentliche Überprüfbarkeit,

Kontroverse oder Peinlichkeit zu vermeiden? Geschieht es, um Leichensäcke vor den Medien zu verstecken und so vor der öffentlichen Meinung zu verbergen?«, fragte Schakowsky weiter. »Oder geschieht es, um alles abstreiten zu können, weil diese privaten Vertragspartner nicht denselben Regeln unterliegen wie US-Streitkräfte im aktiven Dienst?«[25]

Schakowskys Aussichten, ihr Gesetz im derzeitigen politischen Umfeld durchzubringen, sind gleich null.

Wer hat die Kontrolle?

Polizei, Gefängnisse, Asylwerber-Betreuung, Militär – es scheint, als wären die letzten Schranken gefallen. Was betrachtet ein neoliberaler Staat eigentlich noch als sein ureigenstes Aufgabenfeld?

In Ronald Reagans Privatisierungsauftrag hieß es dazu: »Manche Funktionen sind von Natur aus Regierungsaufgaben, sie sind so eng mit dem öffentlichen Interesse verknüpft, dass nur Staatsbedienstete ein Mandat haben, sie auszuüben.« Dazu zählten Regierungsprogramme, die eine Wertentscheidung beinhalteten, die Lenkung der nationalen Verteidigung, der Waffengattungen und Geheimdienste sowie Handlungen mit außenpolitischen Konsequenzen. Aber auch Kampfeinsätze, die Unterstützung von Kampfeinsätzen und die Versorgung von Truppen für Kampfeinsätze waren nach Reagans Vorstellung nicht privatisierbar.[26]

Die Realität sieht anders aus. Die Grenzen zwischen privatisierten und staatlichen Kriegern verschwimmen. Im Irak haben sie hinter der Front Schulter an Schulter gearbeitet, es scheint nur eine Frage der Zeit zu sein, bis sie nebeneinander kämpfen.

DynCorp-Chef Lombardi wiegelt ab. Seine Leute würden nur Dienstleistungen erbringen. »Das Außenministerium sagt, hier sind die Missionen, die ihr für uns fliegen sollt. Es sagt wo, wann und wie – es ist nicht unsere Entscheidung.«[27]

Es steht zu hoffen, dass es das niemals wird. Wayne Madsen vom Electronic Privacy Information Center, ein ehemaliger Angestellter sowohl der NSA als auch von DynCorps Mutterfirma CSC, sieht das anders: »Nimm an, das Außenministerium gibt eine Studie in Auftrag, wie eine Friedensmission in einem bestimmten Land aussehen soll. DynCorp sagt: Ihr müsst das machen, und das, und das; und dann tauchen die selben Punkte im Papier des Ministeriums auf, wenn es Angebote einholt. DynCorp stellt sich selbst die Tickets aus.«[28]

Manche werden sich des Problems bereits bewusst. Eine Analyse aus dem Jahr 2001 warnt davor, dass Privatkonzerne mit ihren gewaltigen Werbe- und Lobbying-Budgets die Außenpolitik eines Landes beeinflussen könnten und »demokratische Schranken in der Entwicklung und Anwendung von militärischer Gewalt« untergraben könnten.[29]

Die Ausbreitung der Zivilisation

Beenden wir dieses beunruhigende Kapitel mit einem Wort von Adam Smith. Der schließt seine Ausführungen über die Bedeutung des Geldes in der modernen Kriegsführung in *Wohlstand der Nationen* mit den Worten: »Im Altertum konnten sich die reichen Länder kaum gegen die armen Barbarenstämme verteidigen. Heute hingegen ist es für ein unterentwickeltes Volk schwerer, sich gegen ein zivilisiertes Land zur Wehr zu setzen. Die Erfindung der Feuerwaffen erscheint damit auf den ersten Blick verderblich. Sie begünstigt jedoch mit Sicherheit den Fortbestand und die weitere Ausbreitung der Zivilisation.«

Man kann das ganz sicher auch anders sehen.. Aber niemand kann den Neoliberalen vorwerfen, sie hätten die Theorie nicht gelernt ...

10

Die Grenzen des freien Marktes

Warum die unsichtbare Hand versagt

Die unsichtbare Hand des Marktes ist offensichtlich alles andere als unfehlbar. Wenn man genauer hinsieht, zeigt sich, dass sich die Privatisierungsdesaster bei der Grundversorgung immer wieder ähneln. Das Marktversagen scheint System zu haben. Wir wollen noch einmal die wichtigsten Gründe zusammenfassen und unsere Schlussfolgerungen daraus ziehen.

1. Die Konsumenten profitieren nicht.
2. Die Steuerzahler profitieren nicht.
3. Die Starken profitieren.
4. Ein Staat ist keine AG.
5. Am Ende haftet der Staat.
6. Privatisierung und Korruption gehen Hand in Hand.
7. Es gibt Alternativen.

1. Die Konsumenten profitieren nicht

Privatisierung und Liberalisierung seien zum Vorteil der Konsumenten, wird von marktgläubigen Politikern gern behauptet. Die Konkurrenz am freien Markt würde unter Anbietern einen Wettlauf um niedrigere Preise und höhere Qualität auslösen.
Zwei Jahrzehnte neoliberale Politik haben im Bereich der Grundversorgung genau das Gegenteil bewiesen: Es gibt Bereiche, die der Markt nicht regeln kann – nicht zum Wohle der Kunden und

schon gar nicht zum Wohle der Allgemeinheit. Etwa drei Dutzend Beispiele haben wir in diesem Buch vorgestellt, viele andere haben keinen Platz mehr gefunden.

Das liegt daran, dass fundamentale Grundlagen einer Marktwirtschaft in sensiblen Bereichen nicht funktionieren. Das freie Spiel von Angebot und Nachfrage führt in der Grundversorgung zu katastrophalen Ergebnissen.

Ein wichtiger Grund: Wasser- und Energieversorgung, Gesundheits- und Bildungssystem, Rentenversicherung, Verkehrs-, Telefon- und Internetnetze sind natürliche Monopole. Sie sind nicht nur am effizientesten durch *einen* Anbieter zu erbringen, sondern auch nicht mit vorrangig betriebswirtschaftlichen Zielen zu organisieren.

Werden die öffentlichen Monopolisten zerschlagen und privatisiert, folgen am Markt einige turbulente Jahre, dann kommt die »Konsolidierung«. Aus dem öffentlichen Ex-Monopol wird ein privates Oligopol von wenigen Anbietern. Ist der Markt erst einmal aufgeteilt, kratzt eine Krähe der anderen kein Auge mehr aus und die Preise steigen wieder an, selbst bei den »Liberalisierungserfolgen« Strom und Telekom.

Die typische Auswirkung der Liberalisierung auf die Infrastruktur ist die totale Vernachlässigung derselben – aus Kostengründen. Die Folgen sind sinkende Qualität und Versorgungssicherheit für die Konsumenten.

2. Die Steuerzahler profitieren nicht

Ein weiteres Hauptargument der Privatisierungsbefürworter lautet: In der Zeit vom Zweiten Weltkrieg bis in die Mitte der 1980er-Jahre wurden Staatsbetriebe in Westeuropa zumeist ökonomisch ineffizient geführt, machten Verluste und benötigten Zuschüsse aus dem Budget. Die Steuerzahler würden daher von Privatisierungen profitieren.

Aber: Betriebswirtschaftlich ineffektive Staatsbetriebe sind eine Folge politischer Entscheidungen. Politiker zwingen Staatsunternehmen, Arbeitslose zu vermeiden. Sie erzwingen Sozialtarife für

Bedürftige und die – niemals rentable – Versorgung abgelegener Regionen. Die finanziellen Verluste öffentlicher Unternehmen resultieren aus den gesellschaftlich wertvollen Aufgaben, die sie übertragen bekommen. Nach der Privatisierung bleiben diese Aufgaben unerfüllt und die Kosten dafür weiter beim Steuerzahler, nun eben durch Arbeitslosengelder, steigende Sozialhilfefälle, Förderungen für strukturschwache Regionen oder Umweltreparaturmaßnahmen. Die Unternehmensbilanzen schauen freundlicher aus, die Staatsbudgets nicht.

Bevor öffentliche Betriebe privatisiert werden, werden sie üblicherweise betriebswirtschaftlich saniert, das heißt, die ihnen aufgebürdeten Belastungen werden verringert. Noch *während sie in Staatsbesitz* sind, gelingt es vielen, Gewinne zu machen.

In Österreich etwa will die Regierung unter Bundeskanzler Schüssel alle Staatsbetriebe verkaufen. Der Grund dafür ist ein ausschließlich ideologischer, kein Sachzwang. Während ständig der Stehsatz wiederholt wird, dass der Staat kein Unternehmen führen könne, sind die Beteiligungen der Staatsholding ÖIAG hochprofitabel. Die österreichische Post macht ebenso Gewinne wie die Stahlbetriebe der VOEST.

Umgekehrt sind viele privatisierte Unternehmen nur lebensfähig, weil sie weiterhin Subventionen oder Steuervorteile erhalten (z. B. British Energy) oder weil ihnen Schulden in Milliardenhöhe erlassen wurden (Railtrack).

So schlecht ist der demokratische Staat als Unternehmer also gar nicht. Wären diese Betriebe nicht verkauft worden, hätten sie mit ihren Gewinnen die Steuerlast langfristig mildern können. Die Privatisierungserlöse dagegen sind einmalig und oft unter dem Wert der Unternehmen. Zwar hätten Politiker den Betrieben wohl irgendwann wieder Aufgaben zugedacht, die sie »ineffektiv« gemacht hätten, aber aus der Sicht des Steuerzahlers wäre das nur ein Verschieben von Budgetposten gewesen – und geschickte Politik hätte daraus den größtmöglichen Vorteil ziehen können. Aber so gehen die Gewinne in Zukunft an wenige Eigentümer, während die Bevölkerung die Kosten trägt.

3. Die Starken profitieren

Öffentliche Betriebe tragen gesellschaftliche Verantwortung. Gewinnorientierte Konzerne tun das nicht. Übernehmen sie die Grundversorgung, tragen sie aktiv zur Schaffung einer Zwei-Klassen-Gesellschaft bei.

Das Risiko, von den verschiedenen Lebensnotwendigkeiten abgeschnitten zu werden, verteilt sich nicht gleichmäßig auf die ganze Bevölkerung: Die Menschen, die ohne Krankenversicherung leben, sind dieselben, die ihre Kinder auf katastrophale Schulen schicken müssen, denen Wasser, Strom, Gas und Telefon abgedreht wird. Sie sind auf öffentliche Verkehrsmittel angewiesen, spüren daher Fahrpreiserhöhungen deutlicher als der wohlhabende Gelegenheitsfahrgast und wohnen meist nicht im Stadtzentrum – also abseits der lukrativen Hauptrouten in unprofitablen Gegenden, in die sich kaum ein Privatbus verirrt. Die ärmste Bevölkerungsschicht verliert durch den neoliberalen Privatisierungswahn Schritt für Schritt alle Elemente der Grundversorgung.

Verstärkt wird das durch die übliche Kostenstruktur privater Versorger: Hohe Anschluss- und Grundgebühren, niedrige laufende Kosten, dazu noch Mengenrabatte für Großkunden. Diese Kostenstrukturen zeigen sich ganz deutlich bei den vermeintlichen »Liberalisierungserfolgen« Strom und Telefon. Aber auch die staatlichen Zuschussprämien in der Privatrente kommen nur denen zugute, die sich private Vorsorge überhaupt leisten können. Bezahlt werden sie hingegen von allen Steuerzahlern. In der Krankenversicherung profitieren wiederum Gesunde, und das sind aus statistischer Sicht die Wohlhabenden. Aufgrund des fehlenden Schwangerschaftsrisikos profitieren auch Männer durch geringere Prämien – ebenso in der Rentenversicherung aufgrund der geringeren Lebenserwartung.

Die Folge: Kleine Verbraucher, Kranke und Frauen leisten eine Querfinanzierung für Großabnehmer, Wohlhabende und Männer. Die asthmatische Alleinerzieherin in der 40-Quadratmeter-Wohnung im Erdgeschoss subventioniert das weitläufige, schwer zu heizende Dachbodenloft des männlichen Singles.

Das erste Privatisierungsopfer ist aber die ländliche Bevölkerung: Nicht genug damit, dass ihr aufgrund der Handelskonzentration Nahversorger vor der Nase zusperren, es kommen auch Postämter, Nebenbahnen, Telefonzellen und Buslinien abhanden. Alle netzgebundenen Anschlüsse (Strom, Gas, Wasser, Kanal, Telefon, Internet) werden nach einer Privatisierung beinahe nur noch in Ballungszentren ausgebaut. Das trifft speziell arme Länder, in denen die öffentlichen Netze bisher nur rudimentär ausgebaut sind, in denen aber oft schneller privatisiert wird als in der EU.

Das krasseste Beispiel der Benachteiligung sozial Schwacher ist der Zwang, auf das Privatauto umzusteigen, wenn der öffentliche Verkehr ausfällt. Ein Auto kann sich nicht jeder Mensch leisten. Dafür müssen die, die keines haben, die sinkende Lebensqualität durch die Automobilisierung (= Privatisierung der Mobilitätsversorgung) ausbaden. Ein öffentliches Verkehrssystem, das den Zwang zur privaten Mobilität nimmt, wäre daher nicht nur ein ökologisches Erfordernis, sondern auch eine entscheidende Frage sozialer Gerechtigkeit. Und die Kosten eines flächendeckenden (und entsprechend attraktiven) Verkehrssystems für alle wären wiederum um ein Vielfaches niedriger als die derzeitige individuelle Versicherung gegen Immobilität durch den Autokauf.

4. Ein Staat ist keine AG

»Der Staat ist ein schlechter Unternehmer«, hört man immer wieder. Betriebswirtschaftlich mag das stimmen. Volkswirtschaftlich sicher nicht. Denn in dem Maße, in dem ein Staat sozial, ökologisch, regionalentwicklerisch oder entwicklungspolitisch effizient ist, verliert er betriebswirtschaftlich an Effizienz. Die »Deutschland AG« und die »Firma Österreich« sind neoliberale Schlagworte, die in Zeiten des Börsenbooms leider sehr werbewirksam waren. Aber Staaten existieren aus anderen Gründen als Aktiengesellschaften und Politiker sollten nicht versuchen, Betriebswirte zu sein.

Privatisierte Betriebe sind ihren Eigentümern und zumeist dem

Shareholder Value verantwortlich, öffentliche Betriebe eben der Öffentlichkeit. Dementsprechend verfolgen sie ganz unterschiedliche Ziele und gehen oft diametral entgegengesetzte Wege.
Private Krankenkassen haben nicht das geringste Interesse daran, Schwerkranken zu helfen. Im Gegenteil, jeder profitorientierte Betrieb müsste danach trachten, sie loszuwerden. Private Stromversorger haben kein Interesse an Kleinkunden mit viel Verwaltungsaufwand und wenig Umsatz. Energiesparmaßnahmen sind ihr größter Feind, wenn sie den Gewinn schmälern. Die Langzeitkosten der Umweltverschmutzung durch kalorische und nukleare Kraftwerke werden von der Gesellschaft getragen und tauchen nicht in den Bilanzen auf. Private Trinkwasserversorger haben kein Interesse an möglichst hoher Wasserqualität. Nachdem die Kunden sich von einem Alternativanbieter keine eigene Wasserleitung installieren lassen können, lässt sich Wasserqualität nicht einmal theoretisch über den Markt steuern. Es gibt kein natürlicheres Monopol als die Wasserversorgung.
Private Abwasserentsorger haben kein Interesse daran, den Reinigungsgrad über das gesetzlich vorgeschriebene Minimum anzuheben. Oft halten sie nicht einmal dieses ein, wie das Beispiel von RWE/Thames Water drastisch zeigt.
Private Abfallentsorger haben kein Interesse an möglichst sicherer, sondern an möglichst billiger Lagerung des Mülls (z. B. im offenen Meer).
Private Rentenversicherer haben kein Interesse daran, sichere Renten zu bieten, sondern eine möglichst große Gewinnspanne aufzuspreizen.
All diese Probleme sind bekannt. Das Gegenargument der Privatisierungsbefürworter ist immer dasselbe: Da muss man eben mit guter Regulierung Vorsorge treffen, damit nichts schief geht. Wir haben in diesem Buch daher auch zu zeigen versucht, dass sich ein liberalisierter Markt nicht vernünftig regulieren lässt. Jemandem die Freiheit zu geben, aber zur Sicherheit Fesseln um die Knöchel zu binden, ist ein Widerspruch in sich und kann zu keinen guten Resultaten führen. Im günstigsten Fall ist eine solche Lösung tollpatschig, im schlimmsten Fall gefährlich. Wenn Berei-

che wie die Trinkwasserversorgung oder die Ausbildung unserer Kinder so sensibel sind, dass Politiker völlig zurecht nicht den Mut finden, sie dem freien Markt zu überlassen – warum lassen sie sich dann überhaupt in Privatisierungen treiben?

5. Am Ende haftet der Staat

Die Gesellschaft trägt die Kosten für all jene »Nebeneffekte«, die eine Privatisierung mit sich bringt und die früher von öffentlichen Betrieben vermieden wurden. Höhere Arbeitslosenzahlen, mehr Sozialfälle und Umweltschäden sind offensichtliche Kostenfaktoren, aber es gibt auch gut versteckte, die man nicht in Zahlen gießen kann. Wenn private Gefängnisse weniger Geld in die Ausbildung von Insassen investieren und diesen Menschen damit keine neuen Perspektiven für die Zeit nach der Haft eröffnen – was kostet das? Welchen Preis zahlt die Gesellschaft dafür, nicht nur rein finanziell betrachtet?
Die Öffentlichkeit trägt auch die Kosten für das »Rosinenpicken« der privaten Betreiber. Darunter versteht man, dass Investoren nur die profitablen Sektoren öffentlicher Betriebe kaufen, die Verluste machenden Teile aber unverkäuflich sind. Bei den privatisierten Gesellschaften wiederum wird rationalisiert, und unrentable Einzelleistungen werden gestrichen, etwa Nebenbahnen. Der Politik bleibt dann die Wahl, diese Aufgaben aus Steuermitteln zu bestreiten oder ganz darauf zu verzichten.
In Graz etwa wurde das öffentliche Verkehrsnetz unter dem gemeinsamen Dach der Grazer Stadtwerke durch die Energieversorger mit finanziert. Für eine Privatisierung fanden nur die profitablen Energiebetriebe Interessenten, weshalb sie zu Jahresbeginn 2003 in eine eigene Gesellschaft ausgegliedert wurden. Für die Zukunft des öffentlichen Verkehrs in der Stadt lässt das nichts Gutes vermuten. Die Belastung des städtischen Budgets wird ansteigen, bis der Punkt erreicht ist, wo »wir uns das nicht mehr leisten können«. Dann werden die unrentabelsten Linien eingestellt werden, während die Energiebetriebe weiterhin Gewinne

machen und kluge Leute davon faseln, dass der Staat eben wirklich ein schlechter Unternehmer ist.

Wenn eine Privatisierung schief geht und sich ihr Widerspruch zum öffentlichen Interesse nicht mehr verbergen lässt, zahlt die Bevölkerung ein weiteres Mal drauf. Ob es der sündteure Rückkauf von Railtrack ist, die Auflösung der Wasserversorgungsverträge in Potsdam, Atlanta und Cochabamba oder die Rettung bankrotter Rentenversicherer mit Steuergeldern: Die öffentliche Hand muss all das auffangen, was der unsichtbaren Hand des Marktes durch die Finger rutscht.

Die Reparaturen kosten oft mehr, als der kurzfristige Gewinn des Staates durch die Privatisierung war. Die Sanierung des völlig verlotterten britischen Eisenbahnnetzes etwa wird in den nächsten Jahren mehr Geld verschlingen, als eine kontinuierliche Pflege über die Jahre hinweg gekostet hätte.

6. Privatisierung und Korruption gehen Hand in Hand

Wo es öffentliche Gelder gibt, gibt es auch Korruption, Nepotismus und Unterschlagung. Demokratische Gesellschaften konnten dieses Übel zwar keineswegs ausmerzen, aber doch zumindest erheblich einschränken.

Wie kommt es daher, dass wir in diesem Buch beinahe in jedem Kapitel über Korruptions- oder Betrugsfälle gestolpert sind? Die Medicare-Betrügereien, die laut FBI »epidemische Ausmaße« erreicht haben. Der Sumpf der Wasserversorger von Grenoble bis Mailand. Die betrügerischen Verkaufsmethoden bei britischen Privatrenten ...

Privatisierungsbefürworter tun gerne so, als wären das isolierte Einzelfälle. Ihr Argument: Je weiter sich der Staat aus öffentlichen Aufgaben zurückzieht, desto geringer ist die Angriffsfläche für Korruption. Das klingt leider nur im ersten Augenblick logisch, denn gerade im Bereich der Grundversorgung kann sich der Staat nie völlig zurückziehen. Im Gegenteil, Regulationsbehörden, die die Einhaltung von teuren Standards überwachen, sind geradezu

grell bemalte Zielscheiben. Auch jene Politiker und Beamte, die mit der Ausschreibung und Durchführung von Privatisierungen beauftragt sind, werden immer wieder in Versuchung geführt. Dabei handelt es sich nicht um Einzelfälle, sondern um ein strukturelles Problem. Privatisierung und Korruption gehen Hand in Hand, was angesichts der potenziellen Verdienstmöglichkeiten nicht überrascht. In Frankreich wurde nach den Erfahrungen am Wassermarkt ein eigenes Anti-Korruptionsgesetz erlassen. Dass die dafür verantwortlichen Firmen zu den treibenden Kräften hinter den GATS-Verhandlungen zählen, gibt Anlass zur Sorge.
Leider wird dieses Problem auch noch exportiert. Während die gesamten Achtziger und Neunziger hindurch bei politischen Festbanketten behauptet wurde, der freie Welthandel würde die Demokratie verbreiten, sponserten westliche Konzerne Diktatoren wie Pinochet, Suharto oder Milosevic. Der serbische Diktator etwa verkaufte 1997 die Hälfte der Telekom Serbia an italienische und griechische Unternehmen. Die Telecom Italia zahlte für ihren 29-Prozent-Anteil knapp 500 Millionen Euro. 3 Prozent dieser Summe sollen laut einem Bericht der Zeitung *La Republicca* direkt auf Milosevics Konten gewandert sein.
Der Tageszeitung zufolge hatte dieses Geschäft Milosevic ermöglicht, trotz der heftigen Oppositionsproteste die Wahlen von 1997 zu gewinnen. »Milosevic konnte mit dem Geld die Renten und die Staatsgehälter zahlen. [...] Was noch wichtiger ist, Milosevic konnte das Heer im Kosovo bewaffnen«, zitierte sie den serbischen Vize-Premierminister Zarko Korac.

7. Es gibt Alternativen

»There is no alternative«, sagte Margaret Thatcher bekanntlich über den Neoliberalismus. Fundamentalisten neigen zu Dogmen und glauben, die einzige Wahrheit erkannt zu haben, aber davon muss sich eine aufgeklärte Gesellschaft nicht beeindrucken lassen. In einer Demokratie gibt es immer Alternativen – und selbstverständlich auch zum totalen Markt.

In der offensichtlichsten dieser Alternativen leben wir in Kontinentaleuropa (noch): dem Sozialstaat. »Soziale Marktwirtschaft ist keine Marktwirtschaft.« Gegen dieses Diktum Friedrich von Hayeks gibt es nichts einzuwenden. Dass sich Deutschland, Österreich und die Schweiz, aber auch Frankreich, die Benelux-Länder und Skandinavien ausgerechnet die angelsächsische Zwei-Klassen-Gesellschaft als Vorbild nehmen sollten, entbehrt jeder Logik.

Natürlich, seit diese Staaten in den 1950ern, 60ern und 70ern ihre ökonomischen und sozialen Erfolgsstorys geschrieben haben, hat sich einiges verändert und darauf muss die Politik reagieren.

Unumgänglich wird eine demokratischere Organisation der öffentlichen Grundversorgung sein. Denn auch in den öffentlichen Betrieben hat es immer wieder Missstände und vor allem keine Mitbestimmung durch die Nutzer und Beschäftigten gegeben. Auf einen Telefonanschluss wochenlang zu warten ist ebenso eine Zumutung wie die Gemeinden bei der Fahrplanerstellung der öffentlichen Bahnen und Busse nicht einzubeziehen. Kalte und unmenschliche Behandlung in öffentlichen Krankenhäusern ist leider ebenso eine Tatsache wie der Ausschluss der Bevölkerung von der Mitgestaltung – obwohl sie die eigentlichen Expertinnen und Experten wären. Die Demokratisierung und die an den Bedürfnissen der Bevölkerung ausgerichtete Gestaltung der öffentlichen Grundversorgung ist eine der größten Herausforderungen des postneoliberalen Staates.

Der Druck, den die wirtschaftliche Globalisierung auf die Sozialstaaten ausübt, ist kein Naturgesetz, sondern das Resultat von politischen Entscheidungen. Die GATS-Verhandlungen der Welthandelsorganisation sind das beste Beispiel dafür: Wenn sie wie geplant über die Bühne gehen, wird der Druck auf die öffentlichen Dienstleister weiter steigen. Aber das ist nicht unabwendbar. Der Widerstand gegen Privatisierungen wächst weltweit, im Süden genauso wie im Norden. Und immer öfter erwachsen aus den erfolgreichen Verhinderungen oder aus dem Wieder-nach-Hause-Schicken von profitorientierten Konzernen funktionierende Alternativen. So wurde beispielsweise die Wasserversorgung in

Honduras deutlich verbessert. In Bolivien macht sich die siegreiche Plattform gegen die Wasserprivatisierung an eine Neugestaltung des Unternehmens. In Porto Alegre im Süden Brasiliens geht die Mitbestimmung schon so weit, dass die Bevölkerung über einen Teil des Stadtbudgets mitbestimmt – mit herausragendem Erfolg: Porto Alegre ist grüner, sauberer und sicherer geworden als andere brasilianische Städte. Das Modell wurde sogar schon nach Europa »exportiert«.
Eine der spannendsten Fronten im Zuge der neoliberalen Globalisierung wird sich in den nächsten Jahren daher zwischen dem globalen Liberalisierungs- und Privatisierungsdruck der multinationalen Konzerne und der WTO einerseits und dem zivilen Widerstand dagegen andererseits auftun. Wir wollen uns anhand des GATS ansehen, was auf uns zukommt.

11

Die Privatisierungsfalle

GATS, das Größte Anzunehmende Täuschungs-Szenario

Das General Agreement on Trade in Services (GATS) ist ein Abkommen der Welthandelsorganisation WTO, das weltweit die Liberalisierung von Dienstleistungen vorantreiben soll. Derzeit wird eine dramatische Ausweitung verhandelt. In 146 Ländern sollen den Großkonzernen alle Schranken geöffnet werden.

Geheimverhandlungen

Am 24. Januar 2000 spielte die EU-Kommission mit leichter Verspätung Christkind. In einem Schreiben wurde das Europäische Dienstleistungsforum ESF aufgefordert, eine Wunschliste für die Liberalisierung des globalen Dienstleistungshandels zusammenzustellen.[1] Das ESF ist nicht irgendein Verein, sondern versammelt die 85 größten Wasser-, Energie-, Finanz-, Telekom-, Tourismus- und anderen Dienstleistungskonzerne der EU an einem Tisch. Die Kommission versprach den Konzernmultis, die Liste bei den bevorstehenden GATS-Verhandlungen im Rahmen der Welthandelsorganisation WTO vorzubringen.
Für mögliche Weihnachtswünsche gab es zwei Kategorien: Erstens: Branchen, zu denen die Großkonzerne freien Zugang wol-

len. Zweitens: nationale Gesetze der Handelspartner, die den Freihandel mit Dienstleistungen »behindern« und daher entfernt werden sollten.
Der Kontakt zwischen EU-Kommission und ESF war genauso intim wie geheim. Während das ESF bereits eifrig am Wunschzettel schrieb, wussten in der EU weder Gemeinden noch Regionen, weder Städte noch Medien, weder Parlamentarier noch Bürger davon – obwohl vor der WTO in ihrem Namen verhandelt werden sollte.
Der Wunschzettel der Konzerne wuchs zu einer stattlichen Liste an, die insgesamt 109 Länder und 150 Dienstleistungssektoren umfasste. Die EU-Kommission spielte ein mustergültiges Christkind und schmiedete aus den Weihnachtswünschen ein 1000 Seiten starkes Forderungskonvolut. Kurz bevor dieses im Juli 2002 an die WTO-Handelspartner übermittelt wurde, passierte den Geheimverhandlern ein Missgeschick: Eine streng vertrauliche Zwischenfassung des Wunschzettels rutschte durch ein »Leck« im Internet und geriet in die Hände von GlobalisierungskritikerInnen und auf deren Homepages. Obwohl die EU-Kommission stets betont hatte, dass öffentliche Dienstleistungen vom GATS nicht berührt seien, fanden sie sich in den Forderungen der EU dicht gedrängt.
Als Erster reagierte die indische NGO Equations. Sie bezeichnete die Forderung der EU als »frontale Attacke auf die indische Verfassung«. Die EU forderte Indien im Namen ihrer Bürgerinnen und Bürger – aber ohne deren Wissen – auf, so heikle Bereiche wie Trinkwasser, Energie, Transport, Tourismus, Post, Telekom und Finanzdienstleistungen für multinationale Konzerne zu öffnen.
EU-Handelskommissar Pascal Lamy tobte: Beim nächsten Treffen des 133-Komittees in Brüssel[2] erteilte er den Chefverhandlern und Spitzenbeamten einen gewaschenen Rüffel. Willfährig verschärften einige Länder die Geheimhaltungspolitik: Ab sofort erhielten die vertraulichen Dokumente einen Stempel, um die »Lecks« im Wiederholungsfalle identifizieren zu können.
Warum wurde überhaupt geheim verhandelt? Auf die wiederhol-

ten Forderungen von GATS-kritischen NGOs, die Verhandlungsdokumente zu veröffentlichen, hatte Handelskommissar Lamy platt geantwortet: »I cannot do that.«[3] Begründung: Die Kommission wolle sich während der Verhandlungen aus taktischen Überlegungen nicht in die Karten schauen lassen. Die Bevölkerung solle erst über das Endergebnis informiert werden. Österreichs Chef-Verhandler Josef Mayer formulierte es so: »Sonst wird über Dinge diskutiert, die noch nicht endgültig sind.«[4]
Um die rasch wachsende Schar von GATS-Gegnern zu beschwichtigen, veröffentlichte die EU Anfang 2003 eine vage Zusammenfassung der EU-Forderungen auf ihrer Homepage. Dichter Nebel, der den Blick aufs Detail verhüllte. Erst im März wurde das ganze Ausmaß der EU-Forderungen bekannt – wieder durch eine Indiskretion – und haute selbst abgebrühte GlobalisierungskritikerInnen vom Sessel: Von nicht weniger als 72 Ländern forderte die EU-Kommission die Liberalisierung der Trinkwasserversorgung, obwohl sie bis zuletzt verbissen beteuerte, dass öffentliche Dienstleistungen vom GATS ausgenommen seien.

Von A wie Abfallbehandlung bis Z wie Zahnarzt

»Kein Dienstleistungsbereich ist a priori vom GATS ausgenommen.«[5] Das beschloss die WTO sicherheitshalber am 28. März 2001. Für die globalen Dienstleistungsverhandlungen wurde ein eigenes Klassifikationsschema mit 12 Großüberschriften und 155 Subüberschriften entwickelt. Die Dienstleistungsskala ist nach oben offen. Derzeit sind nur Polizei, Justiz, Militär und Zentralbanken ausgenommen. Angesichts privater Gefängnisse in den USA und des Eindringens privater Sicherheitsdienste in hoheitliche Sphären könnten auch die allerletzten Bastionen fallen. In Tirol denkt die Innsbrucker Bürgermeisterin bereits laut darüber nach, die öffentliche Sicherheit durch private Firmen gewährleisten zu lassen. So wie die öffentliche Sicherheit auf den Flughäfen in den USA durch privates Sicherheitspersonal garantiert wird – oder eben nicht: Der Ökonomienobelpreisträger Joseph Stiglitz argumentierte, dass am 11. September 2001 nur deshalb mehrere Dutzend bewaffnete Terroristen gleichzeitig durch die Sperren gelangen konnten, weil privates Personal – im Gegensatz zu öffentlichem – schlecht ausgebildet und schlecht bezahlt sei. Aber dazu später mehr, vorerst zurück zur nach oben offenen GATS-Skala. Unter den 12 Großüberschriften finden sich:

Unternehmerische und berufsbezogene Dienstleistungen
Kommunikationsdienstleistungen
Bau- und Montagedienstleistungen
Vertriebsdienstleistungen
Bildungsdienstleistungen
Umweltdienstleistungen
Finanzdienstleistungen
Medizinische und soziale Dienstleistungen
Tourismus und Reisedienstleistungen
Erholung, Kultur und Sport
Transportdienstleistungen
Sonstige nicht aufgeführte Dienstleistungen

Jede dieser Kategorien wurde noch in – insgesamt 155 – weitere Subkategorien unterteilt. So werden beispielsweise bei den Kommunikationsdienstleistungen Postdienste, Kurierdienste, Telekommunikationsdienste (Telefon, Internet) und audiovisuelle Dienstleistungen (Film-, Video-, Musikproduktion sowie Radio und Fernsehen) unterschieden. Unter Umweltdienstleistungen fallen die Trinkwasserver- und die Abwasserentsorgung, Müllabfuhr und -behandlung, Boden- und Gewässerentgiftung, Klimaschutz, Erhaltung der Artenvielfalt und Landschaftsschutz. Die Bildungsdienstleistungen gliedern sich wiederum in Vorschule, Pflichtschule, Universität, Erwachsenenbildung und andere. An diesen Beispiel ist ersichtlich, wie fein die zukünftigen Profitsektoren schon filetiert sind, um sie in mundgerechten Häppchen den multinationalen Konzernen zu servieren.
Dienstleistungen machen bereits bis zu 70 Prozent der Wirtschaftsleistung aus, der Handel mit solchen Dienstleistungen aber

hinkt noch hinterher: Nur ein Fünftel des Welthandels geschieht in dieser Sphäre. Die Erklärung dafür ist einfach: Dienstleistungen werden traditionellerweise von lokalen Unternehmen oder von der öffentlichen Hand erbracht. Genau das ist der springende Punkt. Das GATS bringt keine neuen Dienstleistungen, sondern führt nur dazu, dass bestehende (lokale und öffentliche) Dienstleistungssektoren von internationalen Konzernen übernommen werden.
Bleibt die Frage: Wie lassen sich Dienstleistungen grenzüberschreitend handeln? Das GATS unterscheidet vier Möglichkeiten, so genannte »modes«. 1. Die Dienstleistung kommt wie eine Ware über die Grenze, vor allem per Internet, z. B. Studium an einer Fernuniversität; 2. Der Konsument geht über die Grenze (Konsum im Ausland, klassisches Beispiel ist der Tourismus); 3. Der Dienstleistungsanbieter lässt sich im Ausland nieder (Direktinvestition, z. B. die Filiale eines Reisebüros oder einer Krankenhauskette); 4. Der Dienstleister kommt über die Grenze (Erbringung im Ausland, z. B. durch indische Software-Programmierer oder philippinisches Krankenhauspersonal). Aufgrund des dritten Punktes wurde das GATS als Wiederauferstehung des Investitionsschutzabkommens MAI angesehen, das 1998 in der OECD scheiterte. Und der vierte Modus macht aus dem GATS auch noch ein Migrationsabkommen. Aufgrund dieses Dreifach-Charakters als Handels-, Investitions- und Migrationsvertrag hat der ehemalige WTO-Generaldirektor Renato Ruggiero gesagt: »Das Dienstleistungsabkommen GATS umfasst Bereiche, die noch nie zuvor als Handelspolitik angesehen wurden. Ich vermute, dass weder die Regierungen noch die Geschäftswelt die volle Reichweite und den Wert der eingegangen Verpflichtungen erkannt haben.«
Einer der strittigsten Punkte war lange Zeit, ob und wie weit öffentliche Dienstleistungen vom GATS ausgenommen sind. Das WTO-Sekretariat versuchte stets zu beruhigen, dass öffentliche Dienste vom GATS ausgenommen seien. Doch der GATS-Text sieht eine Ausnahme öffentlicher Dienste nur dann vor, wenn diese weder »im Wettbewerb« (»in competition«) mit anderen Anbietern noch »auf geschäftlicher Basis« (»on a commercial basis«) erbracht werden.[6] Beides ist bestenfalls unklar: Stehen öffentliche

Schulen, Universitäten oder Spitäler etwa nicht mit privaten im Wettbewerb? Sind Studiengebühren, Rezeptgebühren, Selbstbehalte und Zugtickets nicht etwa eine »kommerzielle Basis«? Die Antwort kam von der WTO selbst: Sobald öffentliche, gemeinnützige und private, profitorientierte Schulen oder Krankenhäuser parallel bestehen, liege eine Wettbewerbssituation vor, womit beide unter das GATS fallen.[7]

Was liegt auf dem Verhandlungstisch?

Für die aktuellen »GATS-2000-Verhandlungen« gelten folgende Fristen: Bis Juni 2002 mussten alle 145 WTO-Mitglieder ihre Liberalisierungswünsche an die jeweils anderen Mitglieder stellen (»request«-Phase), bis Ende März 2003 waren die darauf aufbauenden Angebote zu übermitteln (»offer«-Phase).
Wir beginnen mit den Forderungen: Die EU verlangt von insgesamt 109 Ländern Marktzugang, Gleichstellung mit Inländern, Beseitigung von Handelshindernissen und umfassende Liberalisierung in folgenden Bereichen:

- *Freie Berufe* wie Rechtsanwälte, Wirtschaftsprüfer, Buchhalter, Steuerberater, Architekten, Ingenieure, Stadt- und Landschaftsplaner;
- bei *Unternehmensdienstleistungen* wie Gebäudeverwaltung, Maschinenwartung, Managementberatung, Werbung, Marktforschung oder Computerdienstleistungen;
- im gesamten *Telekomsektor*: Festnetz, Mobiltelefonie, Internet;
- bei *Post- und Kurierdiensten* speziell im Paketbereich, bei Expressdiensten, Zeitungen und Versandwerbung. Aber auch im Kernbereich der öffentlichen Postdienstleistung, dem Brief, wurden Forderungen gestellt.
- Bei den *Vertriebsdienstleistungen* sind sowohl Groß- und Einzelhandel betroffen als auch Franchising-Modelle.
- Das *Baugewerbe* wurde ebenso wenig verschont wie *Nachrichtenagenturen.*

Besonders aggressive Liberalisierung wird bei den *Finanzdienstleistungen* gefordert: Banken, Investmentgeschäfte und Versicherungen, inklusive Pensions- und Krankenversicherung. Die erst 1997 global ausgeweitete Liberalisierung in einem WTO-Spezialabkommen geht den Allfinanzkonzernen der EU noch viel zu wenig weit. Sämtliche Handelshindernisse sollen beiseite geschafft werden.

- Ebenso umfassend sind die Forderungen bei den *Transportdienstleistungen* (See-, Luft-, Straßen- und Bahntransport) sowie
- im gesamten *Energiebereich*: Lagerstättensuche, Förderung, Kraftwerksbau, Speicherung sowie sämtliche netzbezogenen Leistungen wie Handel, Brokering, Stromversorgung und Energieberatung.
- Auch die Forderungen im Bereich der *Umweltdienstleistungen* können sich sehen lassen: Abwasserentsorgung und -klärung, Trinkwasserversorgung, Müllabfuhr, Abfallbehandlung, Schutz und Entgiftung von Boden, Luft und Klima, Schutz der Artenvielfalt und von Landschaften.
- Im *Tourismussektor* zielen die Forderungen auf den Abbau von Niederlassungshürden für Hotels, Reisebüros, Tour-Anbieter und Restaurants, aber auch beim Aufkauf von (geschütztem Küsten-)Land sollen alle Schranken fallen.
- Selbst im heiklen *Bildungsbereich* gibt es Forderungen: Die EU verlangt von den USA Zugang zur höheren Bildung, sprich Universitäten und höhere Berufsbildung.

Damit werden in folgenden Bereichen der (öffentlichen) Grundversorgung Forderungen gestellt: Kranken- und Pensionsversicherung, Bildung, Trinkwasserversorgung, Transport, Energieversorgung, Post, Telefon, Internet und Umweltschutz.
Die Angebote der EU fielen im Vergleich zu den Forderungen eher bescheiden aus. Das ist nur logisch und war zu erwarten: Niemand macht zu Beginn der Verhandlungen große Zugeständnisse; diese werden erst im großen Feilschen abgerungen. Infolgedessen wurden zwar im ersten Angebot der EU, das am 30. April

2003 dem WTO-Sekretariat in Genf übermittelt wurde, in den Grundversorgungsbereichen Post, Telefon, private Kranken- und Pensionsversicherung, Transport, Müllabfuhr und Umweltschutz Zugeständnisse gemacht, doch die »Kernbereiche« der Daseinsvorsorge – Gesundheit, Bildung, Trinkwasserversorgung und Personennahverkehr – blieben vorerst ausgeklammert. Ob allerdings am Ende des Tages, sprich der Verhandlungen, diese für Konzerne besonders interessanten Brocken tatsächlich vom GATS verschont bleiben, steht auf einem anderen Blatt. Handelskommissar Lamy lässt über seinen Verhandlungsstil keinen Zweifel: »Wir müssen bereit sein, über alle geschützten Bereiche zu verhandeln, wenn wir einen ›Big deal‹ landen wollen. Das bedeutet Schmerzen in einigen Bereichen (...) wir werden die Zähne zusammenbeißen müssen um das zu bekommen, was wir wollen.«[8] Bei dieser Offensiv-Strategie können bis zum letzten Augenblick die heiklen öffentlichen Dienstleistungen »hineinrutschen«. Bereits Mitte April haben die USA darauf hingewiesen, dass sie den Ausschluss der audiovisuellen Medien von Seiten der EU nicht akzeptieren und massiv bekämpfen werden. Auch EU-Kommissar Pascal Lamy fordert »Nachbesserung« im US-Angebot, das er als »halb leer« bezeichnete.[9] Australien, Brasilien, Mexiko und die USA machen massiven Druck im Bildungsbereich und auch in den Bereichen Gesundheit, Trinkwasserversorgung, Energie, Transport, Öffentliche Dienste und Subventionen gibt es aggressive Forderungen der insgesamt 130 Handelspartner der EU.

Das Endziel: die totale Liberalisierung

Die WTO hat ein missionarisches Ziel: totale Liberalisierung. Ihr Kampf gilt Handelshindernissen jeder Natur – und Kultur. Diese sollen generalstabsmäßig und unumkehrbar abgebaut werden. Ziel ist völlig freier Marktzugang für internationale Konzerne, bis diese mit lokalen Kleinbetrieben weltweit gleichgestellt sind. Das ist kein einmaliger Akt, sondern ein langfristiger Prozess. Wichtiges Prinzip aller WTO-Verträge ist daher die »progressive Liberalisierung«, die fortschreitende Liberalisierung, bis das Endziel, der *eine* Weltmarkt und der *schrankenlose* Handel mit allen Gütern und Dienstleistungen, erreicht ist. In diesem Sinne ist auch der vierte Teil des GATS mit dem Ziel der »progressiven Liberalisierung« überschrieben. In Artikel XIX verpflichten sich die Unterzeichnerstaaten, durch periodische Verhandlungen »den Liberalisierungsgrad kontinuierlich zu erhöhen, Handelshindernisse zu beseitigen und den Marktzugang zu verbessern«.[10] Mit anderen Worten: Was heute noch nicht liberalisiert ist, kommt morgen dran. Weil die totale Liberalisierung ein langfristiger Prozess ist und kein einmaliger Fingerzeig der WTO, wird das GATS in aufeinander folgenden Runden permanent weiterverhandelt.

Periodische Verhandlungsrunden heißt: 1994 wurde nur der Grundstein gelegt. Aktuell sind wir in Runde zwei, den so genannten »GATS-2000-Verhandlungen«. Sollten einige Kernbereiche der Daseinsvorsorge diese Runde »überleben«, dann geraten sie in den nächsten Runden umso stärker unter Druck. Die Weltbank und verschiedene Investmentbanken schätzen den globalen Markt für die Trinkwasserversorgung auf 800 Milliarden US-Dollar pro Jahr, den globalen Bildungsmarkt auf 2000 Milliarden US-Dollar pro Jahr und den für Gesundheitsdienstleistungen gar auf 3500 Milliarden US-Dollar pro Jahr. Gretchenfrage: Wieso sollen gerade die profitabelsten Rosinen von der globalen Liberalisierung verschont bleiben? Das wäre so, als würde man ein Klimaschutzabkommen machen und den Schwerverkehr, die Zementindustrie und die Kohlekraftwerke davon ausnehmen.

Die internationalen Konzerne haben es jedenfalls ganz besonders auf die öffentlichen Dienstleistungen abgesehen, weil diese nicht konjunkturellen Modezyklen unterworfen sind, sondern von allen Menschen jeden Tag benötigt werden. Grundbedürfnisse sind ein großes Geschäft – hier lässt sich viel verdienen. Die EU-Kommission steht Gewehr bei Fuß. Michel Servoz, die rechte Hand Pascal Lamys, zuständig für die Liberalisierung des Dienstleistungshandels, meint lakonisch: »Bildung und Gesundheit sind reif für die Liberalisierung.«[11]

Liberalisierung ist Privatisierung

»Das GATS ist kein Privatisierungsabkommen«, lautet einer der Lieblingssätze der Verhandler, der gebetsmühlenartig wiederholt wird, wenn die Kritikerinnen und Kritiker die Übernahme von Gesundheits- und Bildungsdienstleistungen, der Pensionsvorsorge, des öffentlichen Verkehrs, der Post sowie der Trinkwasser- und Energieversorgung durch multinationale Konzerne befürchten. Das GATS regle lediglich die Liberalisierung von Dienstleistungen, heißt es dann. Bloß: Die Liberalisierung von öffentlichen Dienstleistungen, die nicht Hand in Hand mit Privatisierungen geht, muss erst erfunden werden. Soll etwa ein Markt hergestellt werden, damit öffentliche Anbieter zueinander in Wettbewerb treten? Das wäre die völlige Karikatur neoliberaler Ambitionen. Die Strategie ist vielmehr folgende: Erst wird ein bisschen marktgeöffnet: Nach dem Motto »erst Pakete, dann Briefe / erst Abwasserentsorgung, dann Trinkwasserversorgung / erst Nebenbahnen, dann Hauptstrecken« wird ein paar privaten Anbietern erlaubt, sich auf unproblematischen Geschäftsfeldern zu tummeln. Durch den »schonend« ausgelösten Wettbewerb verhalten sich öffentliche Anbieter zunehmend wie private, woraufhin sie in Aktiengesellschaften umgewandelt und erst teil-, dann mehrheitlich privatisiert werden, bis schließlich nur noch private Anbieter übrig bleiben. Im schlimmsten Fall folgt – nach einem Strohfeuer-Wettbewerb und samt anschließender Marktbereinigung – ein privates Monopol.

Der Neoliberalismus hat keine Angst vor der Totalprivatisierung, im Gegenteil. Kommt der neoliberale Geist zur Erfüllung, dann soll vom Staat nur das Skelett übrig bleiben: Polizei, Justiz, Militär, Zentralbank. (Die sind tatsächlich – noch – vom GATS ausgenommen.) Alles andere soll der Markt regeln, weil angeblich besser und billiger. Wie tief der Neoliberalismus in den Köpfen von Regierungen und Parteien nistet, zeigt das Beispiel Österreich: Ausgerechnet in ihrer »Nachhaltigkeitsstrategie« anlässlich des Umweltgipfels von Johannesburg setzt sich die österreichische Bundesregierung das ehrgeizige Ziel, die österreichische Steuer-

und Abgabenquote (derzeit rund 45 Prozent) so lange zu senken, bis sie »zu den niedrigsten der OECD« zählt.[12] Das wären zwischen 17 Prozent (Mexiko) und 23 Prozent (Südkorea). Um dieses strategische Ziel zu erreichen, müsste sich der Staat massiv aus dem öffentlichen Gesundheits-, Bildungs- und Pensionssystem zurückziehen. Die Zeichen der Zeit sollten gelesen werden, anstatt sich Sand in die Augen streuen zu lassen. »Das GATS ist kein Privatisierungsabkommen«, beten die Minister, das öffentliche Schulsystem werde beibehalten, die Trinkwasserversorgung wolle niemand privatisieren. Nur: Wie soll das gehen bei einer Zielvorgabe von 17 Prozent Abgabenquote?

Einbahnstraße ohne Rückwärtsgang

Die prominente WTO-Kritikerin Susan George hat eine Lieblingsanekdote zum Thema Handelsliberalisierung: »Wenn mein Auto kurz vor einem Abgrund zum Stillstand kommt, was mache ich? Richtig: Ich lege den Rückwärtsgang ein und fahre auf die Straße zurück.« Das GATS hat keinen Rückwärtsgang. Dafür hat es den Artikel XXI. Der macht die Rücknahme einer Liberalisierung so gut wie unmöglich: Drei Jahre lang darf überhaupt nichts zurückgenommen werden und danach nur nach Absprache mit den Handelspartnern und im Austausch für die Liberalisierung von einem mindestens genauso attraktiven, sprich profitablen Sektor. Auf Deutsch: Ich darf mir eine Liberalisierungswunde nur dann heilen, wenn ich mir anderswo eine gleich große Wunde aufreiße. Beispiel Railtrack: Rückverstaatlichung wäre zwar möglich, aber nur, wenn dafür ein anderer Sektor, beispielsweise der Gesundheitssektor, dem globalen Wettbewerb unterworfen wird.
Dass das GATS eine Einbahnstraße in Richtung Liberalisierung ist, ist kein Konstruktionsfehler im Vertrag, sondern neoliberale Logik. Denn dass Liberalisierungen fehlschlagen oder gar zu einer Katastrophe auswachsen können wie im Fall Railtrack in Großbritannien oder bei der Trinkwasserprivatisierung in Cochabamba/Bolivien, kommt in der neoliberalen Vorstellungswelt nicht vor. Da-

bei würde ein kurzer Blick in die Wirtschaftsgeschichte ausreichen, um daran erinnert zu werden, dass die Übernahme öffentlicher Monopole durch private Konzerne in der Regel zu Marktversagen führt. Beispielsweise wurden Ende des 19. Jahrhunderts in Wien die Straßenbahnen in städtisches Eigentum überführt, weil die privaten Betreiber eine miserable Performance hingelegt hatten. Überfüllte Waggons in schlechtem Wartungszustand, unpünktliche Züge, unzumutbare Arbeitsbedingungen. Auch die Energieversorgung wurde den Privaten aus der Hand genommen, als die Gasexplosionen gar zu regelmäßig wurden. Der große Unterschied zu damals: Im GATS wären diese Rücknahmen bestehender Liberalisierungen illegal, ein glatter Bruch des Völkerrechts. Die WTO sorgt vor. Nicht die Versorgungssicherheit der Bevölkerung ist ihr Ziel, sondern die Profitsicherheit der Konzerne.

Handelshindernis Demokratie

Die GATS-Liberalisierung hat nicht nur Privatisierung zur Folge, sondern auch Deregulierung. Denn der Marktzugang für ausländische Anbieter und die Gleichstellung mit inländischen Unternehmen ist ja keine theoretische Übung, sondern stößt auf zahlreiche Gesetze, die genau das verhindern und den interessierten Konzernen deshalb ein Dorn im Auge sind. Entsprechend fordert die EU von den Handelspartnern nicht nur umfangreiche Liberalisierung, sondern auch aggressive Deregulierung. In den – durchgesickerten – Forderungen der EU werden 109 Handelspartner zur Beseitigung zahlreicher Gesetze aufgefordert, die als »unnötige Handelshindernisse« bezeichnet werden.[13] Ein paar Beispiele:
Malaysia beschränkt den Handel mit seiner Landeswährung, dem Ringgit, um einer Wiederholung der fatalen Währungskrise von 1997 vorzubeugen. Obwohl die Einschränkung des Handels mit der eigenen Währung eine wichtige Maßnahme gegen Finanzkrisen ist, fordert die EU: Weg damit.
Thailand lässt keine Banken ins Land, die Filialen in völlig unre-

gulierten Offshore-Zentren unterhalten. Die EU fordert: Weg damit.
In Kenia dürfen sich ausländische Telekom-Unternehmen an inländischen höchstens zu 30 Prozent beteiligen. Die EU fordert: Aufhebung der Grenze.
Südafrika macht den Filialen ausländischer Banken Eigenmittelvorschriften. Die EU fordert: Eliminieren.
In Mexiko und Chile können ausländische Hotelketten nicht beliebig Küstenland aufkaufen. Die EU sagt: Weg damit.
Ägypten überprüft den Bedarf, bevor es ausländische Tourismus-Unternehmen (Hotels) ins Land lässt. Die EU sagt: keine Grenze.
Kamerun verpflichtet ausländische Investoren, pro 10.000 investierter US-Dollars zumindest einen Arbeitsplatz zu schaffen. Die EU fordert: Abschaffen.

»Marktzugang« ist also keine harmlose Vokabel, sondern bedeutet umfangreiche Deregulierung. In der Zusammenfassung ihrer Forderungen – für die Öffentlichkeit – verstreut die EU-Kommission Beruhigungspillen: »WTO-Mitglieder behalten das Recht zu regulieren und öffentliche Politikziele zu verfolgen; das GATS will diese Ziele nicht beeinflussen.«[14] Die deutsche Entwicklungshilfeministerin Wieczorek-Zeul springt auf den Beruhigungszug auf: Eine GATS-Liberalisierung »beschränkt nicht das Recht, die Erbringung der Dienstleistungen durch nationale Vorschriften zu regulieren«.[15]
Der Senat von Kalifornien sieht das anders. In einem besorgten Brief an den US-Handelsbeauftragten Robert Zoellick vom 28. März 2003 schreibt er, das GATS »trifft uns ins Herz unserer Fähigkeit, im allgemeinen Interesse zu regulieren. (...) Eine breite Palette von öffentlichen Dienstleistungen und Schutzbestimmungen könnten als Handelshindernisse angesehen werden.« Als mögliche Beispiele für Handelshindernisse werden Regulierungen im kalifornischen Gesundheitssystem genannt, etwa eine vorgeschriebene Mindestanzahl von Pflegepersonal pro Patient in Krankenhäusern. Oder im Umweltbereich die Beschränkung von Ölförderung, Landnutzung und Müllverbrennung. Aber auch

Trinkwasserstandards, Pestizidanwendungsvorschriften, Gesetze zu erneuerbaren Energien oder Giftmüllnormen könnten unter Artikel VI (Innerstaatliche Regulierung), Artikel II (Meistbegünstigung) oder Artikel XVI (Inländerbehandlung) des GATS geklagt werden. Die EU habe Kalifornien aufgefordert, 44 Gesetze abzuschaffen oder anzupassen.[16]

Notwendigkeitstest für die Demokratie

Damit sind wir im Herzstück der Demokratie angelangt. Denn die Deregulierungswucht des GATS zielt nicht nur auf bestehende Marktzugangsschranken, sondern auch auf alle anderen Gesetze, Regeln und Normen, die den Dienstleistungshandel auch nur im leisesten berühren. Was heißt das? Nationalstaaten, Länder und Gemeinden regulieren die von Privaten erbrachten Dienstleistungen, um nicht-ökonomische Ziele wie Umweltschutz, Gesundheitsvorsorge, Qualität, Arbeitsplatzsicherheit oder Regionalpolitik zu verfolgen. Es findet politische Gestaltung des Wirtschaftsgeschehens im öffentlichen Interesse statt. Wenn man Liberalisierungsbefürwortern Beispiele für fehlgeschlagene Liberalisierungen bringt, antworten sie am liebsten: Nicht die Liberalisierung ist das Problem, sondern die mangelhafte Regulierung. Bloß: Viele dieser öffentlichen Regulierungen können dank GATS von den Mitbewerbern als »Handelshindernisse« angesehen und beim Schiedsgericht der WTO angefochten werden.

Das GATS erlaubt den Unterzeichnerstaaten zwar, auch weiterhin politische Ziele zu verfolgen und Gesetze zu erlassen, jedoch müssen die entsprechenden Maßnahmen »vernünftig, objektiv und unparteiisch« sein und sie dürfen keine »unnötigen Handelshindernisse« darstellen. Die WTO wird beauftragt, »Disziplinen« zu entwickeln, die überprüfen sollen, ob nationale Maßnahmen den Handel mehr als nötig einschränken (»more burdensome than necessary«).[17] Aller Voraussicht nach wird im GATS – wie schon in den anderen WTO-Verträgen – der so genannte »Notwendigkeitstest« zur Anwendung kommen. Er entscheidet darüber, ob ein nationales Gesetz oder eine sonstige Maßnahme den freien Handel »mehr als nötig« einschränkt oder nicht.

Das WTO-Tribunal: Todesstoß für die Demokratie

Wer wendet den Notwendigkeitstest an? Wer entscheidet in der WTO, was ein »nötiges« und was ein »unnötiges« Handelshindernis ist? Das WTO-Gericht. Dieses Freihandelstribunal ist das »Herzstück«, das »Rückgrat« und die »zentrale Säule der WTO«, jedenfalls das »Juwel« der letzten Freihandelsrunde, das die WTO so schlagkräftig macht.[18] Denn im Unterschied zu den UN-Organisationen für Umwelt (UNEP), Menschenrechte (UNHCR), Entwicklung (UNDP), Arbeit (ILO) oder Gesundheit (WHO) kann die WTO ihre Politik mithilfe dieses Tribunals auch durchsetzen. Und da die WTO das ausschließliche Ziel des Freihandels verfolgt, kann sie diesen auch gegen »handelsfremde« Politikfelder – zum Beispiel Umweltschutz, Gesundheitsvorsorge oder Qualitätsstandards, die den Dienstleistungsmarkt regulieren – durchsetzen.

Das funktioniert so: Fühlt sich ein Handelsunternehmen durch ein Gesetz in seiner Geschäftstätigkeit gestört, kann es seine Regierung drängen, bei der WTO Klage einzulegen. Falls das betroffene Land sein Gesetz nicht freiwillig zurücknimmt, setzt das WTO-Sekretariat ein Streitschlichtungspanel ein, das aus drei ausgewählten Richtern besteht, die ein Urteil finden. Das Urteil wird rechtskräftig, sobald nur ein Land es annimmt. Bisher wurde in der Geschichte der WTO der Notwendigkeitstest elfmal angewandt und zehnmal wurde zugunsten des Freihandels entschieden:[19]

- Die USA wollten nur solchen Thunfisch zum Import zulassen, bei dessen Fang keine Delphine getötet wurden. Ging nicht.
- Die USA wollten nur solche Shrimps importieren, bei deren Fang keine Schildkröten getötet wurden. Ging auch nicht.
- Kanada wollte den Export bestimmter Lachs- und Heringarten beschränken, um ihren Bestand zu sichern. Ging nicht.
- Australien wollte bestimmte Lachssorten aufgrund befürchteter Krankheiten nicht importieren. Auch das ging nicht.

– Thailand wollte Zigaretten aus den USA mit höherem Teergehalt und toxischen Substanzen nicht importieren. Wurde nicht erlaubt.
– Die USA wollten den Benzinverbrauch von Autobussen regeln. Ging nicht.
– Die USA wollten Schadstoffe in Treibstoffen begrenzen. Auch das ging nicht.
– Die EU wollte kein Rindfleisch importieren, das Wachstumshormone enthielt. Die WTO erlaubte das nicht.
– Frankreich will keine asbesthaltigen Produkte importieren. Das wurde erlaubt – zum ersten Mal.
– Die EU will den Import von gentechnisch veränderten Organismen (GMO) verhindern – und wird von den USA aktuell deswegen verklagt.

In den genannten Fällen geht es noch ausschließlich um den Warenhandel. Das liegt daran, dass das GATS noch sehr jung und ohne Notwendigkeitstest ist, während das GATT, das den Warenhandel regelt (und aus dem die WTO hervorging), schon 1947 in Kraft trat. Der Notwendigkeitstest wurde im Lauf von Jahrzehnten im gesamten WTO-Rechtsbestand entwickelt und wird auch beim GATS zur Anwendung kommen. Und dann ist kaum noch ein nationales Gesetz vor dem Tribunal der WTO sicher: Besonders gefährdet sind öffentliche Dienstleistungen. Warum? Sie sind keine beliebigen Profitbranchen wie die Produktion von Bleistiften oder der Handel mit Fernreisen. Sie werden viel stärker reguliert als andere Dienstleistungsbranchen, um öffentliche und gemeinnützige Ziele durchzusetzen: die Versorgung auch entlegener Gebiete und einkommensschwacher Bevölkerungsschichten, hohe Qualität und Versorgungssicherheit, angemessene Arbeitsbedingungen und Umweltschutzziele. Bloß: All diese Regulierungen mindern den Profit, weil sie Kosten verursachen. Folglich werden multinationale Konzerne stets bemüht sein, die Regulierungen so gering wie möglich zu halten, und sie werden alles unternehmen, lästige und »unnötige« Regulierungen zu Fall zu bringen – wobei ihnen die WTO behilflich sein wird. Ihr Glück:

WTO-Recht steht über nationalem Recht, auch über EU-Recht. Hat die WTO einmal entschieden, müssen Nationalstaaten ihre Gesetze zurücknehmen oder so anpassen, dass der Freihandel nicht mehr gestört wird.
Was vielleicht noch wirksamer ist als WTO-Urteile, ist der so genannte »Chill-Effekt«. Nationalstaaten werden – um multinationale Konzerne nicht zu provozieren und sich kein kostspieliges WTO-Verfahren einzuhandeln – gar keine potenziellen Handelshemmnisse mehr erlassen und in den »handelsfremden« Politikbereichen Umweltschutz, Gesundheitsvorsorge, Regionalentwicklung, Entwicklungshilfe oder generell bei der Regulierung öffentlicher Dienstleistungen vorsichtiger zu Werke gehen. Damit ist es um die Demokratie weitgehend geschehen.

Cancún, Modell der neoliberalen Welt?

Die großen Weichen in der WTO werden alle zwei Jahre bei den »Ministerkonferenzen« gestellt. Bisher fanden statt: Singapur 1997, Genf 1998, Seattle 1999, Doha 2001. Die fünfte Ministerkonferenz wird Mitte September 2003 in Cancún stattfinden. Dass die WTO diesmal den Badeort an der mexikanischen Karibikküste wählte, entbehrt nicht einer gewissen Symbolik – wenngleich das ganz bestimmt nicht beabsichtigt war.
Cancún ist eine zweigeteilte Stadt. Was die meisten Touristen als »Cancún« kennen, ist eigentlich die Zona Hotelera, ein mehr als zehn Kilometer langer, perfekter Strand mit weißem Sand und türkisem Meer. Dort reiht sich Fünfstern-Hotel an Fünfstern-Hotel, an deren Swimmingpools US-Amerikaner und Europäer fein säuberlich geschlichtet liegen, hin und wieder auch mal ein Japaner mit Fotoapparat. In den Hotels finden die Gäste alles, was sie brauchen, jedes ist eine kleine komfortable Welt für sich. Wagen sich Gäste doch mal hinaus, erwartet sie sofort ein klimatisiertes Taxi, das sie an jeden Ort bringt, der ihnen einfällt: McDonald's oder BurgerKing, Hard Rock Café oder Thank God It's Friday, eine Diskothek oder doch ein fast originalgetreues mexikanisches

Restaurant – exklusiv für Touristen. Natürlich gibt es auch Mexikaner in der Zona Hotelera, die sind geradezu unverzichtbar. Sie bringen Cocktails an die Swimmingpools, machen die Betten und gießen den Rasen, kochen und putzen, fahren Taxi und verkaufen T-Shirts. Manche stehen auch in weißer Bauerntracht mit bunten Ponchos um den Hals vor Einkaufszentren und machen Musik. Die armen Teufel schauen aus wie die Mäusecombo bei Speedy Gonzales, aber man fühlt sich schlecht, wenn man darüber lacht, und fotografiert sie lieber und drückt ihnen einen Dollar in die Hand.

Was nur wenige Touristen zu Gesicht bekommen, ist die Stadt Cancún. Ein grauer, schnell gewachsener Ort nach dem Reißbrett, teuer für mexikanische Verhältnisse, bettelarm für die Begriffe der Fremden. Die Stadt ist nicht ganz ohne Charme, aber den zu finden dauert etwas länger, als sich die meisten Gringos dort zu verbringen trauen. Da es auch keine Sehenswürdigkeiten gibt, kommen die Touristen ohnehin nur, weil die T-Shirts hier billiger sind als in der Zona Hotelera.

Die Wasserversorgung von Cancún wurde übrigens vor einigen Jahren privatisiert und ging an ein Konsortium aus Suez und Enron. Seitdem zahlen die Fünfstern-Hotels niedrigere Kubikmeterpreise als die Leute in der Stadt. Ob sich die WTO-Delegierten in den Pools wie Fische im Wasser fühlten? Wie Große Weiße im Haifischbecken vielleicht?

Die böse WTO?

Zur Verteidigung der Welthandelsorganisation muss man eines sagen: Manchmal ist sie auch nur ein Sündenbock, den Regierungen vorschieben, um für unpopuläre Maßnahmen nicht die Verantwortung übernehmen zu müssen. Gerade die Regierungen der Europäischen Union sind dafür ein Paradebeispiel.

Die Regierungen der einzelnen Staaten haben eigenständig privatisiert und liberalisiert, wo es nur ging. Wo es nicht mehr ging, etwa aufgrund des Widerstands der Gewerkschaften oder von

Nichtregierungsorganisationen, haben sie dann in der EU entsprechende Liberalisierungsabkommen getroffen. Telekom und Energie sind nur zwei Beispiele. Auf europäischer Ebene ist so etwas leichter durchzusetzen, weil der Widerstand der Gegner nicht länderübergreifend organisiert ist. Dann kehrt jede Regierung heim und erklärt dem eigenen Volk, dass »die EU« diese Maßnahmen beschlossen hat und man sie jetzt eben umsetzen müsse. Ganz so, als hätten die Vertreter der einzelnen Regierungen damit nicht das Geringste zu tun. Schuld sind irgendwie immer die anderen, jede Bevölkerung hat das Gefühl, »von Brüssel« über den Tisch gezogen worden zu sein. Dabei wurden all diese Liberalisierungsabkommen einstimmig beschlossen.
Nun reicht die EU als Bösewicht nicht mehr – oder die Regierenden wollen ihr nicht noch mehr imageschädigende Abkommen anhängen. Die WTO ist da ein willkommener Oberschurke. Beispiel Wasser: Eine vollständige Liberalisierung und Privatisierung der Trinkwasserversorgung wäre in kaum einem EU-Land durchzusetzen. Das britische Beispiel würde reichen, um Massenproteste von Schweden bis Portugal auszulösen. Das Thema ist so emotional besetzt, das es im Rahmen der EU – derzeit – nicht durchzusetzen wäre. Aber im Rahmen der WTO, nach jahrelangen GATS-Verhandlungen, bei denen man Schritt für Schritt dem Druck der Handelspartner und der Konzerne nachgibt, wird wohl genau das geschehen.
Die Regierungen der Mitglieder der Europäischen Union haben an 72 Länder die Forderung gerichtet, ihre Wassermärkte zu liberalisieren und für private Betreiber freizugeben. Die selben Regierungen erzählen uns, dass die europäischen Märkte trotzdem geschützt bleiben. Wie glaubwürdig ist das?
Rufen wir uns noch einmal die Worte von Handelskommissar Lamy ins Gedächtnis: »Wir müssen bereit sein, über alle geschützten Bereiche zu verhandeln, wenn wir einen ›Big deal‹ landen wollen. Das bedeutet Schmerzen in einigen Bereichen [...] wir werden die Zähne zusammenbeißen müssen um das zu bekommen, was wir wollen.«

Handeln. Jetzt.

Was wir wollen?
Eine direkte Frage: Wollen Sie die Privatisierung Ihrer Trinkwasserversorgung? Oder Ihrer Krankenversicherung? Oder der Schule Ihrer Kinder?
Glauben Sie, dass Ihre Nachbarn das wollen? Ihre Freunde? Ihre Arbeitskollegen? Die Leute aus Ihrem Sportverein oder die, die in der Straßenbahn neben Ihnen stehen?
Wir Autoren wissen natürlich nicht, wie Sie diese Fragen beantworten – aber wir haben ein wenig Erfahrung als Aktivisten gegen das GATS und den Privatisierungswahn. Und nach allem, was wir bei Veranstaltungen und Diskussionen, am Telefon und via E-Mail so hören und lesen, gibt es eine ganz signifikante Wahrscheinlichkeit, dass Sie das nicht wollen.
Dann stellt sich aber eine weitere Frage. Wenn wir das nicht wollen und Sie das nicht wollen, und viele Millionen anderer Europäer das auch nicht wollen ... was verhandeln unsere Regierungen dann da? Warum fordern sie von 72 Ländern, ein großer Teil davon bettelarm und manche sogar mit katastrophalen Privatisierungserfahrungen wie Bolivien, genau das zu tun, was wir selbst nicht wollen?
Und warum werden unsere Regierungen letzten Endes in den Verhandlungen »Kompromisse« eingehen »müssen« und auch den heimischen Markt öffnen?
So wird es nämlich kommen, befürchten GlobalisierungskritikerInnen in Deutschland, Österreich und den anderen Ländern der EU. Damit teilen sie die Befürchtungen derer, die in den Ländern des Südens für mehr Gerechtigkeit kämpfen.
Die globalisierungskritische Bewegung hat in den letzten Jahren bewiesen, dass der Neoliberalismus kein Naturgesetz ist, dass man dem Raubtier-Kapitalismus nicht hilflos ausgeliefert ist. Und so hat sich der Widerstand gegen das GATS schon längst formiert, genauso global, genau so vernetzt wie die Verhandler der WTO. Das Ziel ist je nach Gruppe, Netzwerk, Plattform leicht unterschiedlich.

Die Mindestforderung ist wohl eine Demokratisierung des Prozesses und davor ein Verhandlungsstopp, damit die Auswirkungen in einem breiten demokratischen Prozess geprüft werden können. Viele gehen weiter; sie halten das GATS für unreformierbar oder den falschen Ansatz und treten für seine sofortige Aufhebung ein. Schließlich gibt es auch Kritiker, die noch einen Schritt weiter gehen und nicht nur ein einzelnes Abkommen abschaffen, sondern die ganze WTO durch eine neue, gerechtere Organisation ersetzen wollen. Dabei, so stimmen wohl alle überein, sind GATS und WTO nur die Spitzen des Problems, die grundlegende Gefahr ist die neoliberale, demokratiegefährdende Politik an sich.

Die WTO-Verhandlungen sind Alles-oder-nichts-Runden. Es gibt keine De-facto-Mitgliedschaften wie in der EU, wo beispielsweise nicht jedes Land der Eurozone oder dem Schengen-Abkommen beitrat. Ein WTO-Abkommen gilt immer für alle Mitgliedsländer – und daher müssen alle dem Verhandlungsergebnis zustimmen. Das bedeutet aber auch: Wenn die EU aus dem GATS-2000-Prozess aussteigt, ist er gestoppt. Die EU-Regierungen haben sich intern verpflichtet, mit einer Stimme zu verhandeln. Blockiert nur ein einziges Land die Verhandlungen – bricht das Kartenhaus in sich zusammen.

Das ist nicht leicht zu erreichen, aber es gibt ein historisches Vorbild. 1998 sollte still und heimlich das Multilaterale Abkommen über Investitionen (MAI) beschlossen werden, das ähnlich demokratiegefährdende Elemente wie das GATS aufwies. Nur in einem einzigen Land gelang es der damals noch recht unbekannten globalisierungskritischen Bewegung, sich mit ihren Warnungen Gehör zu verschaffen: in Frankreich. Und Frankreichs Weigerung, das MAI zu unterschreiben, hat dieses Abkommen auch allen anderen Ländern erspart.

Gruppen wie ATTAC, die Gewerkschaften, die Hochschülerschaften, Umweltschützer und kirchliche Organisationen sind in jedem Land der Europäischen Union gegen das GATS aktiv. Wenn nur eine dieser Plattformen Erfolg hat, haben alle Grund zu feiern.

Die STOP-GATS-Kampagnen sind keine geschlossenen Veran-

staltungen. Es werden Helfer und Helferinnen gebraucht, je mehr, desto besser. Informationsmaterial muss produziert und verteilt werden. Kreative, auffällige Protestaktionen müssen geplant, organisiert und durchgeführt werden. Bürgermeister, Minister, Abgeordnete müssen kontaktiert werden.
Bei all dem können Sie helfen.
Organisieren Sie doch eine Informations- und Diskussionsveranstaltung im Wirtshaus ums Eck, machen Sie Werbung dafür, hängen Sie Plakate auf. Referenten »bekommen« Sie bei einer Vielzahl von Organisationen, Telefonnummern und Webadressen finden sie im Anhang.
Oder rufen Sie im Rathaus Ihrer Gemeinde an und fragen Sie, welche Auswirkung das GATS auf die Wasserversorgung, die Müllabfuhr und alle anderen kommunalen Dienste haben wird. Lassen Sie sich nicht abwimmeln.
Schreiben Sie den Abgeordneten Ihres Wahlkreises oder dem Wirtschaftsminister oder dem Bundeskanzler einen Brief und verlangen Sie Auskunft über den aktuellen Stand der GATS-Verhandlungen. Fragen Sie nach der Meinung des betreffenden Politikers.
Machen Sie Druck, packen Sie mit an.
Es gibt viel zu tun.

Anmerkungen

KAPITEL 1

[1] BBC News, 23. 1. 2001
[2] The Guardian, 21. 9. 1997
[3] Daniel Yergin, Joseph Stansilaw, Markt oder Staat, Econ Taschenbuch 2001
[4] taz, 16. 7. 1992
[5] BBC News, 20. 10. 2000
[6] taz, 16. 7. 1992
[7] Die Zeit, 5. 9. 1997
[8] Frankfurter Rundschau, 6. 1. 2001
[9] Ebenda
[10] Ebenda
[11] www.railways.dft.gov.uk/directions/04.htm
[12] Japan Railway & Transport Review 29, Dezember 2001
[13] Der Spiegel, Nr. 51/2000
[14] Wenn nicht anders angegeben, beruhen die Informationen in diesem Abschnitt auf dem Artikel von Ian Jack im Guardian vom 3. 4. 2001.
[15] The Guardian, 20. 10. 2000
[16] Frankfurter Rundschau, 17. 10. 2001
[17] BBC News, 20. 10. 2000
[18] Frankfurter Rundschau, 7. 6. 2001

KAPITEL 2

[1] Bernd Senf, Die blinden Flecken der Ökonomie, dtv 2001
[2] Daniel Yergin, Joseph Stanislaw: Markt oder Staat

[3] Ebenda
[4] Ebenda
[5] Ebenda. Kursivsetzung im Original
[6] Ebenda
[7] Ebenda
[8] Ebenda
[9] Susan George, Eine kurze Geschichte des Neoliberalismus
[10] Jenniver Sehring: Post Washington Consensus und PRSP, Johannes Gutenberg Universität Mainz, 2002

KAPITEL 3

[1] Wer zwischen 30 und 39 Quartalen Versicherungszeit aufweisen kann, kann Medicare-A-Schutz um derzeit 174 $ pro Monat erwerben.
[2] J. Court, Making a Killing
[3] San Francisco Cronicle, 13. 9. 1996
[4] Corporate Crime Reporter, 23. 3. 1998
[5] J. Court, Making a Killing
[6] Atlanta Constitution, 4. 2. 1995
[7] J. Court, Making a Killing
[8] San Francisco Chronicle, 5. 4. 1995
[9] CBS News 60 Minutes, »HMO«, 1. 10. 1995, zitiert nach J. Court
[10] ABC 20/20, 26. 9. 1997, zitiert nach J. Court
[11] Corporate Crime Reporter, 23. 3. 1998
[12] SEIU Tenet Report, Dezember 2002
[13] Wall Street Journal, 25. 6. 1996
[14] Corporate Crime Reporter, 23. 3. 1998
[15] Los Angeles Times, 16. 6. 1995
[16] J. Court, Making a Killing
[17] Los Angeles Times, 31. 7. 1997
[18] J. Court, Making a Killing
[19] Journal of the American Medical Association, 3. 12. 1997

[20] www.fbi.gov/hq/cid/asset/wcc.htm
[21] http://neworleans.fbi.gov/wcc.htm
[22] www.fbi.gov/hq/cid/asset/wcc.htm
[23] infact.org; HCA: A Hall of Shame success story
[24] HCA corporate profile, Polaris Institute
[25] Anita Ostroff, Senior Counsel, Department of Corporations, Brief an Paul Brandes, Kaiser Foundation Health Plan, »Re Public Survey Report Kaiser Foundation Health Plan, Inc. Northern California Region«, 14. 8. 1996, File No: 933–0055. pp. 6, 7; zitiert nach J. Court
[26] www.who.int/whr/2002/whr2002_annex5.pdf
[27] www.who.int/whr2001/2001/archives/2000/en/pdf/Statistical-Annex.pdf; Annex 1
[28] Zitiert nach Hartmut Reiners, Ökonomische Dogmen und Gesundheitspolitik, in: Solidarische Gesundheitspolitik, VSA 2002
[29] J. Court, Making a Killing
[30] Ebenda
[31] Oberender, Hebborn, Zert: Wachstumsmarkt Gesundheit, Lucius & Lucius 2002
[32] § 12 SGB V
[33] ATTAC-Grundlagenbroschüre »Wie funktioniert unser Gesundheitssystem?«, www.attac-netzwerk.de
[34] Oberender, Hebborn, Zert, Wachstumsmarkt Gesundheit
[35] Schwartz/Busse und Himmelstein/Wollhandler; zitiert nach Hartmut Reiners, Ökonomische Dogmen und Gesundheitspolitik, in: Solidarische Gesundheitspolitik, VSA
[36] Zitiert nach Langbein/Ehgartner, Das Medizin-Kartell, Piper 2002
[37] Ebenda

KAPITEL 4

[1] Bob Carty, CBC Radio, Februar 2003
[2] Rural Development Services Network, Presseerklärung, Oktober 2000

[3] Damals »Lyonnaise des Eaux« und »Compagnie Générale des Eaux«
[4] Diese erste genehmigte Steigerung betrug 13,5 Prozent. Die Behörde ihrerseits erhält 2,65 Prozent des Betrages, der auf den Rechnungen steht.
[5] ICIJ, The »Aguas« Tango
[6] Defending the Internal Water Empire, International Consortium of Investigative Journalists (ICIJ, www.icij.org)
[7] Wolfgang Lauber (Hg.), Wasser zwischen öffentlichen und privaten Interessen. Internationale Erfahrungen. Perspektiven für ArbeitnehmerInnen und KonsumentInnen, Studie der Arbeiterkammer Wien, Februar 2002
[8] PSIRU, Grenoble sacks Lyonnaise, re-municipalises water
[9] Polaris Institute, Suez – Corporate profile
[10] http://www.suez.com/upload/up970.pdf
[11] Polaris Institute, Enron-Style Corporate Crime & Privatization
[12] Polaris Institute, Vivendi – Corporate profile
[13] Presseaussendung vom 8. 4. 2003
[14] MieterEcho 290
[15] Ebenda
[16] Dirk Schrödter, Möglichkeiten und Grenzen einer Liberalisierung der deutschen Wasserversorgung, 2002
[17] MieterEcho 287
[18] Kommunalmagazin 10/00
[19] Public Citizen, The water privatization »model«
[20] Frank Koller, CBC Radio, 5. 2. 2003
[21] Ebenda
[22] Ebenda
[23] Public Citizen, The water privatization »model«
[24] Interview with Oscar Olivera, Multinational Monitor, Juni 2000
[25] Bolivia's war over water, Jim Shultz, The Democracy Center
[26] New Britisch empire of the damned, gregpalast.com
[27] Interview with Oscar Olivera, Multinational Monitor, Juni 2000
[28] n-tv.de, 9. 4. 2000
[29] Earth Island Journal, Herbst 2000
[30] Passagen dieses Abschnittes stammen aus: Michel Reimon,

Days of Action – Die neoliberale Globalisierung und ihre Gegner, Ueberreuter 2002

[31] Public Citizen; Profit Streams: The World Bank and Greedy Global Water Companies

[32] Polaris Institute, Bechtel – Corporate profile

[33] Ausnahme: der Sicherheitsrat mit seinen fünf ständigen Mitgliedern

[34] ICIJ

[35] Eid, Dialogforum; zitiert nach WEED, Entwicklungshilfe für transnationale Konzerne

[36] Ebenda

KAPITEL 5

[1] APA, 19.–22. 1. und 2. 2. 2001

[2] APA, 2. 4. 2001

[3] APA, 8. 5. 2001

[4] www.gregpalast.com/detail.cfm?artid=211&row=1

[5] APA, 14. 8. und 18. 10. 2002

[6] Neue Zürcher Zeitung, 4. und 25. 1. 2001

[7] APA, 25. 6. 2003

[8] Die Wochenzeitung Nr. 35/29. 8. 2002

[9] Der Standard, 27. 12. 2002

[10] »Volksaktion gegen Energiekrise«, europa-digital, 15. 1. 2001

[11] APA, 8. 5. 2001

[12] ÖGPP – Österreichische Gesellschaft für Politikberatung und Politikentwicklung (2003): »Privatisierung und Liberalisierung öffentlicher Dienstleistungen in der EU«, Zusammenfassung, S. 12

[13] Positionspapier »GATS und Energie« auf www.stoppgats.at

[14] ÖGPP – Österreichische Gesellschaft für Politikberatung und Politikentwicklung (2003): »Privatisierung und Liberalisierung öffentlicher Dienstleistungen in der EU«, Zusammenfassung, S. 13

[15] Berechnungen der Arbeiterkammer Wien

[16] Heinz Högelsberger: »Atomstrom, Lügen und Gesetzesbruch. Ein Jahr Strommarktliberalisierung in Österreich«, Hintergrundpapier Global 2000, Wien 2003

[17] Süddeutsche Zeitung, 6. 9. 2002

[18] Siehe Fußnote 16

[19] Jürgen Schwarz von der deutschen Verbundgesellschaft in der APA, 7. 5. 2001

[20] Ein Negawatt bezeichnet eingesparte Energie ohne Komfortverlust. Zum Beispiel leuchtet eine Energiesparlampe gleich hell, sie konsumiert aber deutlich weniger Strom (und lebt zudem länger).

[21] Siehe Fußnote 16

[22] PSIRU-Report (1999): Electricity Restructuring, privatisation and liberalisation: some international experiences (www.psiru.org)

KAPITEL 6

[1] The Philadelphia Inquirer, 6. 7. 2003

[2] Gerald Bracey: The Market in Theory meets the Market in Practice: The Case of Edison Schools

[3] Ebenda

[4] Ebenda

[5] Ebenda

[6] Philadelphia Business Journal, 26. 11. 2001

[7] Tom Hubmayer: Das 3-Klassen-Bildungssystem der USA

[8] Lichtblau/Ebner, »GATS und Bildung«, 2002

[9] Ebenda

[10] Aus dem Vortrag »Globalisierung, Neoliberalismus und Bildung«, 14. 1. 2003

KAPITEL 7

[1] Der Spiegel, 21. 12. 2001
[2] APA, 10. 2. 2002
[3] APA, 13. 1. 2002
[4] APA, 28. 7. 2002
[5] Bureau of Labor statistics: www.bls.gov
[6] Die Presse, 2. 11. 2000
[7] Michael Moravec in Der Standard, 11.5.2001
[8] Thomas Url: »Die Leistungsfähigkeit und Leistungssicherheit kapitalgedeckter Pensionssysteme«, WIFO-Monatshefte, April 2000, S. 7
[9] ATTAC Deutschland: »Die Finanzmärkte untergraben unser Rentensystem«, Hintergrundpapier
[10] Carmelo Mesa-Lago: *Estudio comparativo de los costes fiscales de la transición de ocho reformas de pensiones en América Latina*, Publikation der Vereinten Nationen, CEPAL, Serie Finanzierung für Entwicklung, Santiago de Chile, März 2000
[11] K. Raffer/H. W. Singer: »The Economic North-South Divide: Six Decades of Unequal Development«, Cheltenham/Northampton 2001
[12] ORF Radio Ö1, *Journal Panorama*, 10. 1. 2001
[13] »Averting the Old Age Crisis«, etwa: Wege zur Abwendung der Pensionskrise
[14] Katharina Müller: »Die Reform der Alterssicherung in den östlichen Transformationsländern: eine Zwischenbilanz«, in Deutsche Rentenversicherung 5/2000
[15] Den österreichischen Lesern wird dieses »Gesetz zur sozialen Sicherheit« bekannt vorkommen. Genau 25 Jahre nach Inkrafttreten des Thatcher-Acts, nämlich 2003, verabschiedete die Bundesregierung eine Pensionsreform, die den Durchrechnungszeitraum von 15 Jahren auf die gesamte Lebensarbeitszeit verlängert. Der Neoliberalismus war mit einem Vierteljahrhundert Verspätung in Österreich angekommen.
[16] John B. Williams: »Social Security Privatization: Lessons from the United Kingdom«, Center for Retirement Research at Boston College, WP 2000-10.

[17] The Observer, 10. 11. 2002
[18] The Guardian, 20. 6. 2003
[19] Die EU-Kommissarin Anna Diamantopoulou möchte diese Ungleichbehandlung mit einer Richtlinie beseitigen, stößt aber auf den verbissenen Widerstand der privaten Versicherungsindustrie.
[20] EU/Economic Policy Committee: »Budgetary challenges posed by ageing populations: the impact on public spending on pensions, health and long-term care for the elderly and possible indicators of the long-term sustainability of public finances«, Brüssel, Oktober 2001 (EPC/ECFIN/655/01-EN final), S. 22
[21] Schlussdeklaration der Konferenz »Privatisation of Public Pension Systems – Forces, Experience, Prospects«, 19.–21. 6. 2003 in Wien
[22] Bernd Rürup, unter Mitarbeit von Ingo Schroeter: »Perspektiven der Pensionsversicherung in Österreich«, Gutachten im Auftrag des Bundesministeriums für Arbeit, Gesundheit und Soziales, Darmstadt 1997
[23] Alois Guger/Christine Mayrhuber: »Arbeitsmarktperspektiven und Pensionsfinanzierung bis 2030«, WIFO-Monatsberichte 9/2001
[24] Ende der 80er-Jahre war das Prognos-Institut noch von einer Beitragssatz-Erhöhung auf 36 bis 40 Prozent ausgegangen. Daraufhin folgte eine radikale Rentenreform, an die sich allerdings kaum jemand erinnern kann: 1989, im Jahr der Verabschiedung der Reform, gab es wichtigere Ereignisse ...
[25] Davic Mum/Gerald Klec: »Mythos Kapitaldeckung. Die Risken der Privatisierung des Pensionssystems«, GPA-Studie, Wien 2002, S. 22
[26] Unter der schon genannten Voraussetzung, dass die Zuwächse zu gleichen Teilen auf Gewinne und Löhne aufgeteilt werden.
[27] Zitiert in Die Zeit 02/2002 (»Seid bescheiden, Börsianer!«)
[28] Robert J. Shiller: »Irrational Exuberance«, Princeton/New Jersey, 2000, S. 5ff.
[29] Gary Burtless: »Social Security Privatisation and Financial Market Risk: Lessons from U.S. Financial History«, Mai 2000, S. 19
[30] Thomas Url: »Die Leistungsfähigkeit und Leistungssicherheit

kapitalgedeckter Pensionssysteme«, WIFO-Monatshefte, April 2000, S. 15

[31] Christian Christen: »Privatisierung der Alterssicherung – Gefährliche Illusionen über den Reichtum für alle«, Hintergrundpapier, S. 16

[32] G. Mackenroth: Die Reform der Sozialpolitik durch einen deutschen Sozialplan, in: *Schriften des Vereins für Socialpolitik,* N.F., Bd. 4 ; Berlin, 1952, S. 41f.

[33] Christian Christen: »Privatisierung der Alterssicherung – Gefährliche Illusionen über den Reichtum für alle«, Hintergrundpapier

[34] Der Spiegel, 32/2000

[35] Whitehouse, Edward (2000) »Administrative Charges for Funded Pensions: An International Comparison and Assessment«, *Social Protection Discussion Paper* No. 0016, Social Protection Unit, The Human Development Network, IBRD

[36] John B. Williams: »Social Security Privatization: Lessons from the United Kingdom«, Center for Retirement Research at Boston College, WP 2000-10

[37] Richard Disney (1999): »OECD public pension programmes in crisis: An evaluation of the reform options«, Weltbank, S. 32. www.worldbank.org/pensions

[38] Peter R. Orszag/Joseph E. Stiglitz: »Rethinking Pension Reform: The Myths about Social Security Systems«, Vortrag bei der Konferenz »New Ideas about Old Age Security«, IBRD, Washington D.C., 14.–15. 9. 1999)

[39] Vorsorgeplus-Plan 2003 der Bank Austria Creditanstalt

[40] Siehe Fußnote 36

[41] Wolfgang Traindl von der Erste Bank in Der Standard, 3. 10. 2002

[42] Der Standard, 7. 5. 2003

[43] LifeInvest der Bank Austria Creditanstalt.

[44] APA, 7. 5. 2003

[45] Ebenda

[46] Dean Baker/Mark Weisbrot: »The role of Social Security Privatization in Argentina's Economic Crisis«, Center for Economic and Policy Research, April 2002

[47] Erik Türk: »Demographiebedingte Sozialstaatdämmerung? Ist Kapitaldeckung und (Teil-)Privatisierung der Alterssicherung tatsächlich das Gebot der Stunde?« in Hans Sallmutter (Hrsg.): *Mut zum Träumen. Bestandsaufnahmen und Perspektiven des Wohlfahrtsstaates*, GPA Eigenverlag, Wien 2000
[48] Alois Guger: »Investment-based Pension Reform for Austria – or Boosting Employment and Growth?«, Beitrag beim »ÖNB-Workshop on Pension Finance Reform: From Public to Financial Economics«, 6. 12. 2002, ÖNB-Geldzentrum
[49] David Mum/Gerald Klec: »Mythos Kapitaldeckung. Die Risken der Privatisierung des Pensionssystems«, GPA-Studie, Wien 2002, S. 45

KAPITEL 8

[1] Österreichische Gesellschaft für Politikberatung und Politikentwicklung: Privatisierung und Liberalisierung öffentlicher Dienstleistungen in der EU; Teil 2: Telekommunikation
[2] Oftel, Presseaussendung vom 22. 1. 2003
[3] Oftel, Presseaussendung vom 27. 6. 2003
[4] heise online, 27. 6. 2003
[5] Deregulated!, Consumers Union, Juli 2002
[6] ÖGPP – Österreichische Gesellschaft für Politikberatung und Politikentwicklung (2002): »Privatisierung und Liberalisierung öffentlicher Dienstleistungen in der EU«, Teil 2: Telekommunikation, S. 14
[7] ÖGPP – Österreichische Gesellschaft für Politikberatung und Politikentwicklung (2002): »Privatisierung und Liberalisierung öffentlicher Dienstleistungen in der EU«, Teil 2: Telekommunikation, S. 6
[8] APA, 13. 9. und 3. 10. 2002
[9] Presseaussendung vom 14. 10.2002
[10] »Effekte der Telekomliberalisierung«, Studie des Instituts für Höhere Studien (IHS), Wien 2003
[11] »Telekom-Tarifanalyse. Ein 5-Jahres-Vergleich 1997–2002«, AK*plus* 36/2000, Wien

[12] APA, 13. 9. 2002
[13] ÖGPP – Österreichische Gesellschaft für Politikberatung und Politikentwicklung (2003): »Privatisierung und Liberalisierung öffentlicher Dienstleistungen in der EU«, Zusammenfassung, S. 10
[14] Der Standard, 3. 4. 2003
[15] Lawrence Lessig, Code und andere Gesetze des Cyberspace
[16] www.opensecrets.org
[17] Der Spiegel, 23. 6. 2003
[18] http://www.petitiononline.com/mod_perl/signed.cgi?eldred
[19] http://www.wired.com/news/ebiz/0,1272,37095,00.html
[20] http://www.heise.de/newsticker/data/axv-26.07.01-001/
[21] http://www.heise.de/newsticker/data/axv-02.08.01-005/
[22] http://news.zdnet.de/story/0,,t110-s2098659,00.html

KAPITEL 9

[1] Die Geschichte des Ralph Garcia beruht auf: Gregory Palast, Free Market in Human Misery.
[2] CorporateWatch Magazine, Sommer 2000
[3] Untangling the octopus, Dr. Steven Mizrach, Florida International University
[4] Spy Magazine, archiviert unter http://prop1.org/legal/prisons/92wack.htm
[5] http://www.group4falckgsl.com/markets/foreign_office.asp
[6] Sylvia Fuller, Assessing the record of public-private partnerships, Canadian Centre for Policy Alternatives, April 2003
[7] Ebenda
[8] Prison Privatisation Report International, Nr. 56, Juni 2003 (www.psiru.org/justice)
[9] Gregory Palast, Free Market in Human Misery
[10] Polaris Institute, Wackenhut Company Profile
[11] Siehe Sylvia Fuller, viele Beispiele auch online: PPRI, www.psiru.org/justice

[12] Polaris Institute, Wackenhut Company Profile
[13] DeuschlandRadio, 27. 11. 99, http://www.dradio.de/cgi-bin/es/neu-hintergrund/150.html
[14] http://www.koetter.de/home/index.html?mode=/sicherheitsbeirat/
[15] Der Standard, 27. 2. 2003
[16] Joseph Stiglitz, Rebalancing Priorities, zitiert nach Der Standard, 13. 10. 2001
[17] http://www.barig.org/dr020905.htm
[18] Asia Times Online, 2003
[19] Der Spiegel, 28. 3. 2003
[20] Wired, Februar 2003
[21] Corpwatch special report, www.corpwatch.org, 23. 5. 2001
[22] Ebenda
[23] Ebenda
[24] Die Welt, 1. 4. 2003
[25] CorpWatch special report, www.corpwatch.org, 23. 5. 2001
[26] Circular A-76, zitiert nach Wired, Februar 2003
[27] Wired, Februar 2003
[28] Ebenda
[29] A. Markusen, The Case against Privatizing National Security

KAPITEL 11

[1] Das Schreiben ging vom Direktor in der Generaldirektion Handel der EU-Kommission, Robert Madelin, an Andrew Baxton, Vorstandssprecher der Barclays Bank. Zitiert in Susan George (2002): WTO: Demokratie statt Drakula, AttacBasisTexte 1, VSA-Verlag Hamburg, S. 17
[2] Von der EU-Kommission eingerichtetes und nach dem Artikel 133 des EU-Vertrags benanntes Gremium, das die Außenhandelsagenden der EU wahrnimmt.
[3] Brief an die GATS-KritikerInnen vom Juli 2002
[4] Salzburger Nachrichten, 20. 12. 2002

[5] WTO-Dokument S/L/93, zitiert in Susan George (2002): WTO: Demokratie statt Drakula, AttacBasisTexte 1, VSA-Verlag Hamburg, S. 66
[6] GATS, Art. I, Absatz 3c
[7] WTO: Health and Social Services. Background Note by the Secretariat. 18. 9. 1998, S/C/W/50, Genf
[8] Ansprache vor dem United States Council for International Business, New York, 8. 6. 2000. Zitiert in Susan George (2002): WTO: Demokratie statt Drakula, AttacBasisTexte 1, VSA-Verlag Hamburg, S. 69
[9] International Trade Reporter (ISSN 1523-2816), Band 20, Nr. 18, 1. 5. 2003, S. 743
[10] GATS, Art. XIX, Absatz 1
[11] Washinton Trade Daily, 4. 6. 1999
[12] »Die Zukunft Österreichs nachhaltig gestalten. Die österreichische Strategie zur Nachhaltigen Entwicklung«, beschlossen im April 2002, geändert am 9. 4. 2003, S. 12. Zu finden auf: www.lebensministerium.at/umwelt/
[13] Forderungen der EU: http://europa.eu.int/comm/trade/services/gats_sum.htm; genauer Text (geheim, nur durchgesickert): www.gatswatch.org/requests-offers.html#outgoing
[14] Ebenda
[15] Thomas Fritz/ATTAC Deutschland: »WTO: Geheime GATS-Dokumente der EU durchgesickert«: www.attac.de/gats/hintergrund/kurzbewertung_eu_request_leak_03_02_25.php
[16] Brief des kalifornischen Senats an Robert Zoellick am 28. 3. 2003
[17] GATS, Art VI (domestic regulation), Absatz 4
[18] ATTAC (2003): Die geheimen Spielregeln des Welthandels: WTO – GATS – TRIPS – MAI, Promedia, Wien, S. 140 ff
[19] Michelle Swenarchuk: »From Global to Local: GATS Impact on Canadian Municipalities«, Canadian Center for Policy Alternatives/Canadian Environmental Law Association, May 2002, S. 7 f. www.cela.ca/international/424gats.pdf

Stopp-GATS-Kampagnen

Die Stopp-GATS-Kampagne in Deutschland:
www.gats-kritik.de

Die Stopp-GATS-Kampagne in Österreich:
www.stoppgats.at

Die Stopp-GATS-Kampagne in der Schweiz:
www.schweiz.attac.org und www.evb.ch

Die Stopp-GATS-Kampagne in Europa:
www.gatswatch.org

Michel Reimon

Geboren 1971, studierte zunächst Verschiedenes, letztlich aber Computer Sciences an der University of Derby. Arbeitet als Journalist und Autor für verschiedene Magazine und verfasste mehrere Bücher, zuletzt: *Days of Action – Die neoliberale Globalisierung und ihre Gegner,* Ueberreuter, Wien 2002; Homepage: www.reimon.net

Christian Felber

Geboren 1972 in Salzburg, studierte Spanisch, Psychologie, Politikwissenschaften und Soziologie. Lebt als freier Autor und Publizist in Wien. Mitbegründer und derzeit Pressesprecher von ATTAC Österreich: www.attac-austria.org. Mehrere Bücher und Buchbeiträge, darunter: *Die Vision vom grünen Juwel* in Zukunft Österreich. EU-Anschluss und die Folgen, UNIPRESS Verlag, Salzburg 1998; *Hacia un futuro ecológico. El paciente España,* Fundamentos, Madrid 1998; Gedichtband *Von Fischen und Pfeilen,* Edition Doppelpunkt, Wien 1999; ATTAC (Hg.): *Die geheimen Spielregeln des Welthandels,* Promedia, Wien 2003.